화백 洌菴 宋正熙 先生 作

2002년 한일 월드컵 우호 휘호 쓰신 서예가

100만 좋은
부모가만드는
행복 대물림

결혼하는 모든 이를 위한
행복한 가족 레시피

대박! 결혼면허증 쉽게따기

박경희 지음

결혼은 지옥문으로 들어가는 것이라고 생각했던 적이 있습니다.
결혼을 하면 내 손에 장을 지지겠다고 호언장담하기도 했었습니다.
30년이 지난 지금은 성공한 결혼생활로 행복합니다. 그 성공비법을 전수합니다.

도서출판 청어

대박! 결혼면허증 쉽게 따기

박경희 지음

발행처 · 도서출판 청어
발행인 · 이영철
영 업 · 이동호
홍 보 · 최윤영
기 획 · 천성래 | 이용희 | 김홍순
편 집 · 방세화 | 이서윤
디자인 · 김바라 | 서경아
제작부장 · 공병한
인 쇄 · 두리터

등 록 · 1999년 5월 3일(제22-1541호)

1판 1쇄 인쇄 · 2014년 4월 15일
1판 1쇄 발행 · 2014년 4월 25일

주소 · 서울 서초구 효령로55길 45-8
대표전화 · 586-0477
팩시밀리 · 586-0478

홈페이지 · www.chungeobook.com
E-mail · ppi20@hanmail.net
ISBN · 979-11-85482-28-6 (03190)

이 도서의 국립중앙도서관 출판시도서목록(CIP)은 서지정보유통지원시스템 홈페이지(http://seoji.nl.go.kr)와 국가자료공동목록시스템(http://www.nl.go.kr/kolisnet)에서 이용하실 수 있습니다.(CIP제어번호: CIP2014009578)

대박! 결혼면허증 쉽게 따기

발문

젊은이여, 청춘을 아끼자

우한용(소설가, 서울대 명예교수)

독자들은 기억하리라, 책 가운데는 여러 유형이 있다는 것을.

책 가운데는 나를 두드려 패는 책이 있고, 나른 매만져 주는 책이 있다. 달리 말하면 나를 부끄럽게 하는 책이 있고, 나를 자랑스럽게 하는 책이 있는 셈이다. 그러나 잘 읽기만 하면 어떤 책도 나에게 도움이 된다.

나의 못된 버릇을 들킨 듯해서 얼굴이 달아오르는 책은 나를 반성하게 한다. 내가 하는 행동과 사고가 그럴듯한 것이라고 일러주는 책은 나의 자존감을 높여준다. 그렇고 그런 내용을 평범하게 서술한 책은 작가와 내가 이 사회의 같은 일원이라는 사실을 환기해 준다. 결국 독자의 독서태도가 책값을 결정한다. 그러한 점에서 독자는 책을 책답게 하는 권리를 가지고 있다고 보아도 좋다.

나는 이 『대박! 결혼면허증 쉽게 따기』를 위에서 말한 세 가지 방향에서 읽었다. 우선 책을 쓰는 사람이라는 필자와 같은 입지, 다음은 나의 젊은 시절 부끄럽게 떠오르는 일들을 반성하는 자리, 그래도 내 삶이 작가가 추천하는 삶과 그다지 다르지 않았다는 위안 등이 그것이다.

우선 나는 이 책을, 책을 쓰는 일이 어렵다는 점을 생각하면서 읽었다. 어려운 만큼 책을 쓰는 일은 소중한 작업이다. 그런 점에서 이런 책을 쓰는 작업은 자신의 삶에 대한 긍지를 가지지 않으면 할 수 없는 일이다. 따라서 이 책 『대박! 결혼면허증 쉽게 따기』는 독자에게 자서전을 기록하고자 하는 의지를 촉발하면서 자신의 삶을 성찰하게 하는 미덕을 지녔다.

이 책은 젊은 배우자로서, 부끄러운 나의 과거를 되돌아보면서 읽게 했다. 젊은 시절에는 어른들이 하는 말치고 귀에 거슬리지 않는 게 거의 없다. 도덕적 훈계를 담은 이야기일수록 늙은이 잔소리로 들린다. 그리고 잘못된 생활습관을 지적해 주는 이야기 또한 곱게 들리지 않는다. 세대차를 환기할 뿐이다. 그런 잔소리와 꾸중이 나를 키웠다는 생각을 하게 하는 것은 뒤늦은 어느 노년의 굽이에서이다. 달리 생각하면, 이 책은 젊은이들에게 이렇게 살아서는 안 된다는 교훈을 단호하게 제안한다. 좋은 약은, 맛이 써서 먹기 거북하나 병을 다스리는 데는 좋다는 옛말이 있다. 젊은이들이 지금 하고 있는 행동에 시비를 거는 이야기가 나오더라도 그게 삶을 올바로 이끌어가는 지침이 된다고 소화하길 바란다. 약효 만점일 터이다.

『대박! 결혼면허증 쉽게 따기』는 이 시대 젊은이들이 현명하게 잘 하고 있는 일들을, 저자의 경험을 바탕으로 긍정적으로 수용하고 있다. 따라서 이 책을 젊은이들의 자존감을 일궈내고 삶을 긍정하게 한다는 점에 주목하면서 읽었다. 우리는 누구나 세계의 중심에 서 있다. 겉으로야 조직의 말단에 속해 있을지도 모른다. 그러나 내가 내 삶을 이끌어가는 데서 나는 내 삶의 주인이다. 내 세계의 중심에 내가 서 있는 것이다. 그렇기 때문에 나 스스로 나를 존중하는 자존감, 삶의 가치를 긍정하는 마음은 윤리의 바탕이 된다. 이 책은 젊은 세대가 삶을 잘 운영하는 측면을 직·간접적으로 드러내 준다. 그런 점에서 교육계에서 일했던 나로서는 이 책이 삶의 교훈을 열정적으로 전하고 있다는 점에 공감하지 않을 수 없었다. 그것은 이 책이 독자에게 주는 위안이기도 하다.

청춘과 젊음은 비슷하면서 다르다. 청춘은 젊은 시절이라는 물리적 시간폭에 초점이 놓인다. 그렇기 때문에 누구나 겪는 시절이고, 또 가뭇없이 달아나기 때문에 거기 오래 머물 수 없다. 젊음이란 청춘기 사람들이 가지는 속성을 일컫는다. 젊음은 일정한 시간폭을 전제하지 않는다. 그렇기 때문에 늙어서도 젊음을 유지할 수 있다. 젊음은 정신적 속성이기도 하다. 감수성, 삶의 태도, 추구하는 가치 등의 측면에서 젊음은 드러난다.

그러한 젊음은 청춘기에 획득해야 하는 중요한 삶의 도구이자 능력이다. 신체적 건강, 살아가는 데 필요한 물질적 기반, 자녀를 낳아 기르는 방법과 거기 따르는 지식, 결혼해서 부부간에 행복을 쌓아가는 지혜 등은 청춘기가 지나가기 전에 준비해야 한다. 이 책은 청춘기에 젊음을 어떻게 단련하고 연마할 것인가 하는 지침을 제공한다.

이 책을 읽는 독자들이 청춘기에 젊음을 구가함은 물론, 평생 젊은 감수성과 젊은 삶의 태도와 지향을 가지고 살기를 바라는 마음에서 이야기가 여기까지 흘러왔다. 열정과 지혜가 겸비된 젊음으로 자신의 인생을 경영하는 독자들이 되기를 진심으로 바란다.

머리말 1

자식이 부모 속을 썩인다고요?

아닙니다.

자식들은 부모 속을 썩이지 않습니다.

부모가 가르친 대로 생각하고 실천하는 것뿐입니다.

자식의 잘못된 행동에는 뿌리가 있습니다.

그 뿌리를 내린 씨앗은 십중팔구 부모님께서 뿌린 것입니다.

부모님께서 유전인자, 기질, 성격, 마음 씀씀이, 행동, 생활습관, 가치관 등을 물려주고 가르친 것입니다.

콩에서 팥이 날 수 없고 배추씨에서 당근이 날 수 없습니다.

말라비틀어진 밭에서 좋은 싹이 나기 힘들고 햇빛과 거름, 그리고 정성이 없는 환경에서 식물이 튼실하게 자랄 수 없습니다.

자식은 부모의 거울입니다.

자식이 말썽을 부린다면 부모가 말썽쟁이나 다름없습니다.

자식에게 잘못된 내 모습이 보인다면 나를 다듬어야 합니다.

나를 다듬듯이 잘 다듬어진 자식은 지혜롭게 성공의 길을 찾아갈 수 있습니다.

머리말 2

부모님들 대부분은 부모교육을 제대로 받지 않은 상태에서 기쁜 마음, 행복한 마음만으로 아이를 낳습니다.

준비되지 않은 부모는 아이와 전쟁을 치를 각오가 돼 있어야 합니다.

어떤 이들은 초보 엄마들이 애를 키울 때, 전투태세를 갖추는 것이 당연한 절차라고 위로합니다.

참으로 무책임한 인기발언입니다.

부모로서 인성과 교육관이 정립되고, 모범적으로 생활하면 애들은 숭굴숭굴 잘 자라므로 애 키우는 것이 힘들지 않습니다.

부모의 잘못된 훈육으로 인해 쇼핑센터에서 갖고 싶은 물건을 안 사준다고 데굴데굴 구르며 한 시간 내내 우는 아이가 있습니다.

부모는 자신이 진땀 뺐다고 하소연합니다.

양심 없는 말입니다.

한 시간 내내 울고불고 데굴데굴 굴러다니는 아이가 더 힘듭니다.

아이야말로 머리에서 발끝까지 쇼핑센터 바닥에 쌓인 먼지와 땀에 젖어 땟국물이 줄줄 흐르고 얼굴은 눈물 콧물로 범벅이 되어 있습니다.

아이 자신이 얼마나 힘들었겠습니까.

몸도 마음도 지쳐있는 사람은 한 시간 내내 몸부림친 아이입니다.

그런 태도와 습관을 누가 만들어 놓았나요?

자식은 부모가 만들어가는 작품이므로 원인 제공자는 바로 부모님입니다.

애를 힘들게 만든 부모님을 보고 '당당하라' 고 위로하는 분들도 계십니다.

'애들은 다 그러면서 크는 거라고'

애들은 절대로 그렇게 크지 않습니다.

양육방법을 몰라 시행착오를 겪는 부모를 보고 '모든 부모가 그럴 수 있다' 고 안심시킨다면, 잠시 마음 편하도록 꼬드기는 겁니다.

잠시 위안 받고 평생 고생하는 것보다 부모교육을 제대로 받아 실천하면 자식 키우기가 한결 쉬워집니다.

어차피 이 세상에 태어났으면 사랑받으며 원하는 삶을 성공적으로 살아야 합니다.

자식들이 성공한 삶을 살 수 있도록 도와주는 것이 부모로서 당연한 도리입니다.

성공이란 특별한 것이 아닙니다.

본인이 세운 삶의 목표를 이루는 것이 성공입니다.

성공의 목표는 내 그릇 크기에 맞추고 금이 가거나 깨지지 않도록 적정선의 눈높이를 잡아야 현명합니다.

성공의 길이 너무 멀고 험하면 모두가 지칩니다.

어렵고 힘든 것을 해낸 만큼 성공에 도달했을 때, 이룬 가치는 있지만 행복하지 않을 수도 있습니다.

성공의 뒤안길에 뿌려지는 슬픔과 아픔의 눈물로 그 과정이 점철되었다면 주변 사람들이 불행할 수 있습니다.

성공의 목표를 통해 가족 모두가 행복할 수 있어야 진정한 승리의 깃발을 나부낄 수 있습니다.

성공의 뒤안길에는 행복이 있어야 합니다.

인간 삶의 최종 목적은 행복이기 때문입니다.

머리말 3

우리 민족은 성공할 수 있는 좋은 두뇌와 유전인자를 뱃속에서부터 가지고 태어났습니다.

유엔보고서에서 밝히고 있듯이 대한민국 국민들과 유태인들의 지능은 세계평균 지능지수(IQ)보다 높다고 합니다.

높은 지능, 전뇌를 다 사용하는 눈대중과 눈짐작이 가장 발달한 나라가 바로 한국이고 우리 민족입니다.

예컨대 외국인들은 액자를 걸기 위해 벽에 못 하나 박을 때도 자로 거리를 잰 다음 박습니다. 우리는 대충 어림짐작으로 못을 박아도 좌우, 높낮이 또는 거리가 잘 들어맞습니다. 자와 못을 사용하지 않고 눈대중만으로 목조기와집을 짓고 눈짐작만으로 옷을 만드는 민족이 바로 한국인입니다. 우리의 집 한옥을 짓는 목수들의 눈대중은 신기에 가깝습니다. 어떤 이들은 우리 민족이 우뇌가 발달하여 그렇다고 하는데, 눈짐작과 눈대중이 발달한 사람들은 우뇌뿐만 아니라 좌뇌, 전두엽, 측두엽, 후두엽 모두를 유기적으로 활용한다는 것입니다.

즉, 우리 민족은 공간지각능력뿐만 아니라 뇌 전체가 잘 발달되어 있다는 말입니다.

이와 같이 우리 민족은 조상으로부터 우수한 지능과 공간지각능력 그리고 끈기와 인내, 집중력까지 물려받은 것입니다.

축구 선수들이 훈련을 받을 때, 유럽에서는 과학의 힘을 빌리던 시기에 우리 선수들은 어림짐작으로 거리와 각도를 맞추며 훈련을 했고, 월드컵 때에는 신체조건을 극복하고 4강까지 올라서는 저력을 보였습니다.

우리나라 선수들의 골격과 체력은 유전적으로 유럽 선수들보다 약하지만, 정신력으로 버텨내는 악착같은 기질과 높은 지능, 그리고 공간지각능력을 겸비할 수 있었던 것은 조상이 물려준 위대한 유전인자의 힘 때문입니다.

우리 조상이 물려준 신체조건, 체력, 두뇌를 가장 잘 활용할 수 있는 스포츠가 골프입니다. 골프야말로 뇌과학으로 인한 눈대중과 눈짐작이 빛을 발하는 스포츠입니다. 대한민국이 세계 골프계를 손아귀에 넣고 쥐락펴락 할 수 있다는 의미입니다.

황우석 박사의 연구실험에서 중요한 역할을 한 것이 젓가락을 사용하여 난자를 분류하는 방법입니다. 소(小)근육을 우리나라처럼 잘 쓰는 나라도 드물다고 합니다. 젓가락 사용은 소근육을 이용하여 뇌를 발전시키고, 집중력을 높이는 우리 조상의 지혜를 물려받은 무형유산입니다. 우리나라 민속놀이 중에 땅따먹기, 비석치기, 자치기, 구슬치기 등이 우리 뇌의 우수성을 개발시키고 고도의 집중력을 높이는 놀이입니다. 조상의 지혜가 묻어나는 놀이입니다. 우리의 놀이문화에도 과학적인 힘이 실려 있는 것입니다. 외세 침략을 받지 않고 세종대왕 시절부터 과학발전에 지속적으로 신경 썼다면 지금쯤은 노벨상을 받은 학자가 수없이 탄생되었을 것입니다.

일부 몰지각한 지도자로 인해 외세 침략을 받고 폐허가 되었었지만, 50여 년이란 단기간에 찌든 가난을 딛고 세계 선진국과 어깨를 나란히 하는 저력이 있는 민족이 바로 우리입니다.

뿐만 아니라 현재 각 기업들은 세계의 두뇌들과의 싸움으로부터 수많은 기적을 이뤄내고 있습니다. 단적인 예로 한국의 삼성이 미국의 글로벌 거대기업 애플과 한판 붙어 짜릿한 경쟁을 할 수 있는 것도 우리 민족의 타고난 두뇌와 근성이 있기에 가능한 일입니다. 작은 영토, 적은 인구로 구성된 우리 민족이지만, 수많은 외세의 침략을 물리쳤고 짧은 기간에 세계를 이끄는 리더국이 되었습니다.

똘똘한 우리 아이들이 조상으로부터 물려받은 우수한 두뇌를 바탕으로 재능을 잘 개발하면 인류에 공헌할 세계적인 인물들이 많이 배출될 것입니다.

아이가 세계적인 인물이 되겠다는 포부가 있다면 부모는 자녀를 위하여 바른 길잡이가 되어 주어야 하며, 인내가 요구되는 거센 세파를 이겨내야 하는 항해에서 포기하지 않도록 힘을 보태야 합니다.

폐허를 딛고 베이비부머들이 힘들게 닦아 건설해 놓은 국력을 바탕으로 우리 자녀들이 지금부터라도 자신의 재능개발에 최선을 다한다면 앞으로 인류에 공헌하는 인물이 더 많이 배출될 것입니다.

머리말 4

두뇌계발을 한다.

영재프로그램 교육을 받는다.

좋은 교재교구를 사준다.

유능한 과외선생님을 섭외한다.

난리법석들입니다.

빈 냄비가 더 요란한 소리를 내듯이 호들갑 교육으로 자식이 성공한다면 치맛바람 일으키는 극성 엄마의 자식들이 몽땅 성공했을 겁니다.

자녀를 성공시키는 방법에 있어서 많은 부모들이 착각하는 부분이 있습니다.

유아시절부터 자녀교육에 우선시되는 것이 많은 교재교구와 좋은 교육기관이라 생각합니다. 청소년기에 성적을 올려주는 것도 학원이나 개인과외라고 생각하는 이가 부지기수입니다. 물론 그런 외적 요인은 나무로 비유한다면 나뭇가지가 뻗어나가는 데 필요한 자양분밖에 안 되는 요건입니다.

성공의 뿌리는 가화만사성(家和萬事成)입니다.

가정이 화목하면 모든 일이 잘 이뤄진다는 가화만사성이란 한자성어를 모르는 사람은 없을 것입니다. 우리가 살아가면서 삶에 가장 기본적인 이 말의 의미를 누구나 알면서 실천하지 못하는 것이 문제입니다.

결국 아이 교육을 성공으로 이끄는 가장 큰 요인은 가정의 화목에 있습니다.

가정이 화목하지 않고서는 자식을 성공시킨다는 것은 거의 불가능에 가깝습니다.

화목하지 않은 가정에서 자란 사람들은 성공을 했더라도 가슴 한 곳이 늘 시립니다.

마음에 그늘이 있고, 마음에 한기가 있으면 사회적으로 성공을 했더라도 반쪽자리 성공에 불과합니다.

그래서 자녀교육의 성공을 위해서 자녀교육은 따뜻하고 평안한 둥지에서 이뤄져야 합니다.

서로를 아껴주고 보듬어주며 위로해주는 가족이 있어야 성공할 수 있습니다.

세계를 이끌어 갈 지도자는 따뜻한 가정에서 길러져야 합니다.

가정사가 복잡하면 폭군이 탄생하고, 세계를 전쟁으로 몰아넣는 흉포한 지도자가 생깁니다. 지도자가 도덕적으로 무절제하면 그 나라에 수많은 불행한 아이들이 생겨날 수밖에 없습니다.

조금만 시선을 돌리면 몇몇의 막가파 세계 정치인들이 나라를 뒤흔드는 꼴을 보게 됩니다. 세계 지도자들의 판단력이 부족하여 세계경제가 위기에 빠진 경우가 있었고, 우리 선조 중에도 무지한 지도자로 인해 나라와 백성이 폐허에서 허덕이던 때가 있었습니다.

그러나 현대에 이르러 똑똑한 지도자가 나타나 나라가 다시 부강하게 되었음을 우리는 알고 있습니다.

국가 구성의 기본이 되는 한 가정을 수십 년 화목하게 이끌어 가려면 초인적인 인내력과 서로의 사랑이 담긴 이해와 양보 없이는 어려운 일입니다.

하물며 세계의 중심에 설 사람이 자기중심적이고 자기 가족도 등한시한다면 올바른 지도자가 될 수 없는 일입니다.

사람으로 태어나면 당연히 부모와 사회로부터 사랑받고 평안하게 자랄 권리를 가져야 합니다. 자녀들이 부모로 인한 마음의 상처 없이 성공하여야 세계평화에 기여할 수 있습니다.

위에서 가지와 뿌리를 살펴보았으니 이제 몸통을 생각해 봅시다.

청소년기에 놀고, 쉬고 싶은 마음을 버리고 자신과의 치열한 싸움에서 이겨 성공을 이룰 수 있는 저력은 이미 태아, 영아, 유아시절부터 길러진 힘입니다.

그 힘은 부모가 준 것입니다.

부모가 성실한 생활태도와 바른 생활습관 그리고 좋은 인성과 올바른 가치관을 지니고 난관에 봉착할 때마다 마음 다스리기를 잘하는 모습을 보였으면, 자녀들도 부모를 그대로 답습하여 자존감을 바탕으로 성실, 인내, 끈기, 승부 근성을 길러 성공의 문으로 들어갈 수 있습니다.

이렇듯 성공은 저절로 이뤄지는 것이 아닙니다.

세계적인 인물을 길러낸 가정을 보면 화목한 가운데 부모님들의 열정과 희생, 그리고 묵묵히 따라주는 자녀들의 성취지향적 열정과 노력의 하모니가 잘 맞춰져 있습니다.

성공은 화목한 가정 분위기 속에서 내 아이만의 재능과 발달 정도에 맞춰 계획하고, 성취하기 좋은 교육환경을 제공하여 뚝심 있게 실천하도록 도와야 이뤄질 수 있습니다.

머리말 5

아이의 탄생을 축하하며 큰 기쁨을 나누는 가정이 있고, 아이를 잉태해서도 낳아야 하나 말아야 하나 고민하는 가정도 있습니다.

누구나 성장과정에서 현실적인 고통을 많이 경험했고 드라마나 주변에서 가정이 해체되는 것을 수도 없이 보았기에, 자신이 부모가 되었을 때 아이를 잘 키울 수 있다는 자신도 없고, 가정이 해체되었을 때 감당해야 할 문제를 생각만 해도 두려운 감정이 앞서 부모가 되는 일에 거부감이 나타날 수 있습니다.

이런 중압감 때문에 아이 낳기를 두려워해 우리나라 출산율이 경제협력개발기구(OECD) 중에 최저의 출산율국가로 나타나는 것입니다.

우리 부부도 처음에 자식을 낳아 키운다는 것이 두려웠습니다.

남편과 나는 자식을 낳아놓기만 하고 가정을 돌보지 않는 아버지를 만났습니다.

사회에서는 덕망 있다고 칭송받는 장로이면서도 외도를 밥 먹듯이 하며, 씨앗만 뿌리고 다니는 아버지란 사람에게서 자상하고 가정적인 아버지를 경험하지 못한 남편은 아버지 노릇을 배울 기회가 없었습니다.

조강지처인 어머니의 눈물을 보며 자란 남편은 아빠가 되는 것을 두려워했고, 저 역시도 도박, 여자, 술주정으로 인생을 탕진한 아버지를 보며 독신으로 살 생각을 했던 처지라 지금의 남편과 결혼은 했지만 자식을 갖는 것에 대해 거부감이 있었습니다.

우리 부부는 이 세상에서 아이 없이 살다가 흔적을 남기지 말고, 같은 날 같은 시간에 같이 손잡고 저 세상으로 가자고 할 정도로 자식을 갖는 것이 부담스러웠습니다.

그런데 덜컥 임신이 되고 말았습니다.

좋은 부모가 될 자신이 없었습니다.

부모 노릇을 한다는 것이 두려웠습니다.

아이를 잘 키울 자신도 없었습니다.

아이를 불행하게 만들까 봐 두려웠습니다.

아이 없이 살자는 데 뜻이 맞아 결혼을 했는데, 결혼과 동시에 하늘에서 아이를 보내주셨을 때 벼락 맞은 느낌이었습니다.

나와 남편이 부모를 가졌듯이, 자식이 우리에게도 온 것입니다. 하늘이 이렇게 훌륭한 선물을 주셨지만, 선물이 보물이란 것도 모르고 한동안 고민에 고민을 거듭했습니다.

'아이를 어떻게 키워야 하는지 모르잖아.'

'잘 키울 수 있을까?'

'좋은 부모가 될 수 있을까?'

'남편의 월급으로 둘이야 먹고 살겠지만 아이에게 줄 방도 없는데.'

'감기약도 한 줌이나 먹었는데 기형아가 태어나면 어쩌지.'

중절 수술을 생각했습니다.

남편과 몇 날 며칠을 머리를 맞대고 밤을 새웠습니다.

일단 아이에게 훌륭한 부모는 아니더라도 좋은 부모가 되도록 둘이 노력하자는 데 합의를 보고 하늘이 보내준 아이를 받아들여야 했습니다.

거역할 수 없는 숙명으로 하늘의 뜻을 받았습니다.

남편은 하나만 잘 키우자고 딸을 낳고 바로 예비군 훈련장에서 정관 수술을 했습니다.

청혼 때의 약속을 지켜준 것입니다.

그만큼 우리 부부는 부모가 되는 것에 겁을 냈습니다.

임신을 알고 처음에는 우울했는데 태아가 나에게 인사를 했습니다.

뱃속에서 꼬물거리기 시작했습니다.

좀 더 시간이 지나니 발로 톡톡 쳤습니다.

의사가 뱃속 사진을 보여줘도 실감이 나지 않았었는데, 뱃속에 생명이 자라서 반응하는 경험을 하면서 임신이 축복이란 생각으로 바뀌기 시작했습니다.

아이가 내 몸에서 자라면서 서로 교감을 할 수 있다는 것이 신기했고 행복했습니다.

아이가 태어나고 자식이 생기면서 인생관이 많이 달라지기 시작했습니다.

그래서 딸은 내게 신세계를 가르쳐 준 스승이며 보물입니다.

딸은 내게 진정한 사랑이 무엇인가를 가르쳐주고 행복을 심어주었습니다.

딸을 키우며 내 모든 것을 줄 수 있는 계산 없는 사랑과 하루하루 행복한 기분이 '이런 느낌이구나' 를 배웠습니다.

자식이 생겼으므로 세상을 바라보는 가치관이 달라졌고 모든 초점이 딸에게 맞춰졌습니다.

딸은 자식에 대한 책임과 인내를 가르쳐주고 기쁨을 전해줬습니다.

자식이 생겼다는 책임감으로 가정을 행복하게 만들고자 참고, 인내하고, 자식에게 본보기가 되고자 더욱더 노력하게 되었습니다.

딸이 없었다면 결혼생활도 지탱하기 쉽지 않았을 것 같습니다. 딸이 있었기에 자식에게 모범이 되고자 엄마로서 좋지 않은 습관이나 성격을 다듬을 수 있었습니다.

딸은 나에게 호르몬 변화라는 기적의 선물도 주었습니다.

딸이 선물로 준 호르몬 변화로 인해 결혼 전 10여 년 동안 지속되던 불면증이 사라진 것입니다.

결혼 전에는 불면증으로 잠을 못 자 늘 예민했었는데 딸을 임신하고부터는 먹고, 자고, 또 먹고, 자고를 임신기간 내내 할 수 있어서 불면증이 사라진 것입니다.

깊은 잠을 잘 수 있다는 것만으로도 뱃속의 딸에게 고마워했습니다.

딸을 낳고 갱년기가 지난 지금까지도 결혼 전에 겪던 불면증이 싸악 없어졌으니 나에게는 딸이 행복을 갖고 온 복덩이가 맞습니다.

딸은 나를 교육전문가로 만들었습니다.

딸을 맞이하기 위해 열심히 태교와 양육에 대해 공부했고, 전문가가 되었습니다.

딸을 통해 아이를 사랑하는 방법을 배우고 실천하는 기쁨을 누렸습니다.

딸을 키우며 나를 엄마로 만들어 준 것에 감사했습니다.

딸을 만난 것은 내 인생의 가장 큰 신의 축복이었습니다.

자식은 신께서 인류 발전을 위해 부모에게 잠시 맡긴 보물이라 생각합니다.

이 글을 끝까지 읽은 여러분들께서도 보물을 선물로 받는 행운을 누려 보시기를 바랍니다.

독신을 주장했었고 자식을 갖는 것이 두려웠던 내가 운명적으로 결혼했고, 숙명적으로 아이를 얻었습니다. 30년 세월이 지난 지금은 결혼과 자식을 얻은 것이 축복으로 여겨집니다.

내가 주장하는 글은 누구나 알고 있으면서 실천하지 못하고 있는 것들입니다.

옆에 두고 마음이 흐트러질 때마다 읽어보면, 나를 치유하고 나를 성공으로 이끄는 데 도움이 될 수 있으리라는 생각이 듭니다. 심심할 때마다 읽다 보면 자녀를 성공적으로 키우는 데 도움이 될 것입니다.

누구나 쉽게 접할 수 있도록 평이한 단어와 문장들로 서술하여 읽는 것에 부담이 없으리라 생각됩니다.

이 글과 인연을 맺어 주신 분들 삶에 행운이 가득하기를 기도합니다.

Contents

제1장 배우자 선택에서 시작되는 자식 성공의 길

제2장 자녀교육, 탄탄한 부모 기본기

자녀교육의 시작, 태육(胎育)

자녀교육을 위해 사회 속 어려움을 극복하는 부부

자녀의 인생을 위해 치료가 필요한 배우자

자녀의 운명 바꾸기

제1장

배우자 선택에서 시작되는 자녀 성공의 길

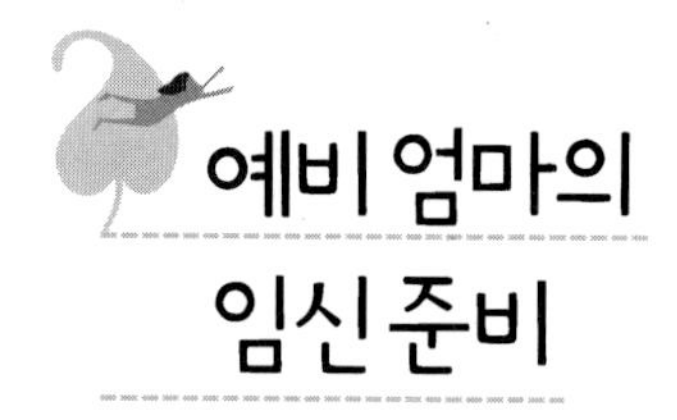

예비 엄마의 임신준비

황폐하고 병든 밭에 종자를 심으면 농작물이 제대로 자라지 못한다. 밭이 병들어 있으면 그 밭에 맞는 거름을 만들어 주어 밭을 치유해야 한다. 밭이 메말라 있으면 수분이 많은 거름을 만들어 밭에 공급해줘야 하고, 밭의 흙이 너무 굳어있으면 봄에 부드럽게 밭을 갈아줘야 하고, 농작물에 병충해가 있으면 겨울에 밭을 갈아엎어 해충과 해충 알을 얼어 죽게 해야 좋은 농작물을 수확할 수 있다. 밭이 연작으로 인해 지쳐있다면 밭이 휴식을 취하도록 쉬는 기간도 있어야 한다. 땅도 안식이 필요하기 때문이다.

좋은 환경을 만드는 일도 밭을 건강하게 만드는 데 매우 중요한 일 중의 하나다. 거름 만들기는 수분의 비율이 매우 중요한데, 건조하면 발효가 늦어지고 습하면 공기 공급을 방해하여 발효보다는 부패작용이 커지게 된다. 거름이 제대로 발효되지 않으면 토양에 미치는 비료의 효과가 떨어지고 악취와 더불어 파리나 구더기 같은 벌레가 끼어 병충해 발생을 확산시킨다. 거름은 다음 해에 쓸 것을 미리 늦가을에 만들어 준비해 두어야 충분히 숙성된 거름이 되어 흙에 영양분을 공급할 수 있게 된다.

사람도 마찬가지다. 엄마가 되기 위해서 미리미리 자녀를 맞이할 준비를 해야 한다. 갑자기 찾아온 배필을 맞아 허둥지둥 잉태부터 하여 아이를 낳는다는 것은 불모지에 씨앗을 뿌리는 것과 같은 어리석은 짓이라고 볼 수 있다. 씨앗에서 여린 싹이 나와 온갖 시련을 겪으며 태풍이나 병균에 맞서다가 고개 한 번 바짝 쳐들어 보지도 못하고 사라지는 것처럼 인생이 만신창이가 되어 어렵고 힘겹게 살아가는 험로를 걷는 원인이 되는 것이다.

그럼에도 요즘은 혼전 임신을 자랑스럽고 당연하게 받아들이는 추세다. 사랑하고 아이를 갖는 것은 자연스러운 일이다. 그런데 부모가 될 준비를 하고 아이를 낳는 것과, 준비하지 않고 무턱대고 낳는 것은 큰 차이가 있다. 시험 볼 때 공부를 하고 임하는 것과 '사지선다형이니 어떻게든 되겠지' 라는 생각으로 요행을 바라는 것은 결과가 판이하게 다르듯, 부모가 될 준비를 하고 아이를 갖는 것이 현명한 처신이라 할 수 있다.

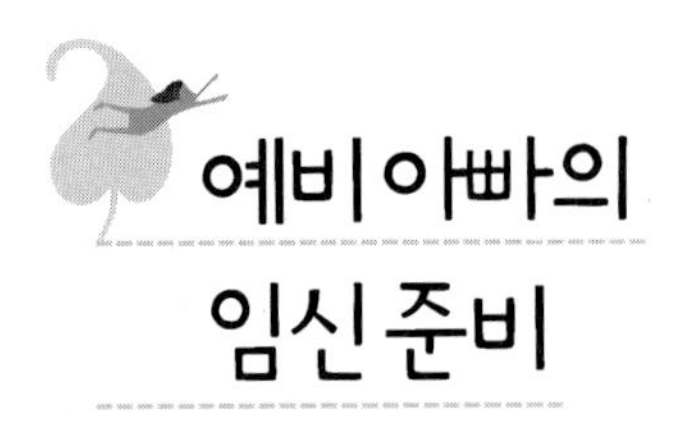

예비아빠의 임신준비

자식을 얻는 데 좋은 밭만으로는 소용이 없다. 기름지고 좋은 밭에 좋은 씨를 뿌려야 품질 좋은 열매를 얻을 수 있다.

이러한 이유로 아빠가 되기 위해서는 품질 좋은 씨를 만들도록 노력해야 한다.

1. 완숙한 종자의 배(胚)에서는 싹이 잘 나고 잘 자란다

- 완숙한 종자는 이미 싹을 틔울 준비가 끝난 종자나 다름없다.

아빠가 될 준비를 하고 있는 여문 종자여서 몸과 마음, 겉과 속이 건강하다.

- 출발 선상에서 준비 운동을 끝내고 훌륭한 자식을 잉태시킬 자세

를 갖췄다.

불장난으로 준비도 없이 어쩌다 잉태시키고 무책임하게 끝내는 종자가 아니다.

🍂 자식이 성인이 될 때까지 장거리 마라톤을 완주시킬 책임감 강한 종자다.

가는 길이 아무리 멀고 험난해도 완숙한 종자에서 틔운 싹은 건강하게 잘 자란다.

🍂 완숙하지 못한 종자는 탈이 난다.

– 호기심으로 또는 충동을 이기지 못해 본능 해소를 위해 아이를 잉태시키고, 자식 인생을 미물 다루듯이 함부로 다루는 사건들이 자주 발생하고 있다. 우리가 먹는 사과도 화장실에는 버리지 않는다. 그런데 아이를 살해하거나 화장실에 버리는 일들이 벌어지는 것을 보면 개탄하지 않을 수 없다.

– 인간의 존엄성이란 단어조차 들어본 적 없는 사람들이 씨앗을 뿌린다는 것도 슬픈 일인데, 자식을 버리는 일이 생긴다는 것은 경악을 금치 못하게 하는 일이다.

– 가정은 물론 학교와 사회까지 합심하여 인간의 존엄이 바닥에 팽개쳐지는 일은 막아야 한다. 인성을 기르기 위해서는 일차적으로 가정에서부터 인간의 존엄성에 대해 가르쳐야 한다. 따뜻하고 반듯한 가치관이 형성된 가정에서 자란 사람들은 이런 행위를 절대로 행하지 않는다.

이차적으로 학교에서 학생과 학부모에게 성교육과 인성교육을 제대로 시킬 수 있는 교육 환경을 만들어야 한다. 그래야 부모와 아이들의 가치관이 바로 정립되어 극한 행동을 하지 않게 된다. 부모교육을 자주 시행하여 부모가 해야 할 일과 해서는 안 될 일들을 자주 인지시켜야 한다. 한 번의 교육으로 끝날 일이 아니다. 부모가 바로 서면 자식들을 방치하지 않을 것이고, 그 자식들이 성장하여 무책임한 행위를 하지 않을 것인데, 현 교육제도가 이를 뒷받침하지 못하여 매우 안타깝다.

삼차적으로 일탈된 사회 현상적 책임이다. 청소년들의 도덕 불감증은 성인들의 물질만능주의, 출세지상주의, 내 자식 과잉보호주의, 자녀교육 방임주의, 부모역할 회피주의 등에 기인한 현상이란 생각이 든다. 더구나 공부만 잘하고 시험만 잘 보면 다른 나쁜 행위들은 면죄부를 받는 얼빠진 일들이 늘어나는 추세여서 문제가 심각해지고 있다.

부모역할을 포기한 완숙되지 않은 종자들은 인간의 존엄성이 무엇인지 모른다.

부모역할을 포기한 완숙되지 않은 종자들은 도덕 불감증으로 사회에 검은 구름을 몰고 다닌다.

부모역할을 포기한 완숙되지 않은 종자들의 배(胚)에서 나온 싹은 겉은 멀쩡하지만 속이 썩어 있다.

개중에는 부모로부터 깊은 상처를 받아, 짜고 또 짜내도 고이는 고름을 안고 살아가는 아이들도 있고, 청소년기의 상처를 안고 거리를 방황하며 인간으로서의 삶을 포기하는 아이들도 있다.

그래서 반드시 완숙된 종자 즉, 준비된 종자로 씨를 뿌려야 한다.

2. 묵지않은 신선한 종자가 발아되기 쉽다

아이를 낳을 계획이 있다면 밭도 건강하고, 씨앗도 탱탱하고 팔팔할 때 낳는 것이 현명하다. 난자도 정자도 젊고 싱싱할 때 결합되는 것이 태어날 아이에게 좋은 일인데, 결혼 연령이 점점 높아져 만혼이 흔하게 일어나고, 맏이가 성인이 된 뒤 경제적인 기반이 다져졌다고 또는 부부만 살기 적적하다며 회춘의 희망을 안고 늦둥이 막내아이를 낳는 경우가 있어 문제를 야기하는 원인이 되기도 한다.

노산에 비례해서 장애를 갖고 태어나는 아이들이 많아지고 있다. 염색체의 수나 형태에 이상이 생겨 그것이 자손에게 전해지면 돌연변이의 원인이 되는 것인데, 노산일 경우 다운증후군이나 자폐증 등 여러 가지 질병이 나타날 확률이 평균치보다 높다. 다운증후군은 21번째의 염색체가 한 개 더 많아져서 일어난다고 알려져 있고, 자폐증은 아직 정확한 원인 규명이 되지 않고 있다. 자녀들의 미래를 위하여 자녀 출산계획 시기를 한 번쯤 생각해 보아야 한다. 사정상 노산이 될 경우 전문가와 의논하여 건강한 아이가 태어날 수 있도록 최선을 다하여야 한다.

3. 깨끗한 종자에서 건강한 싹이 난다

밭도 유기농 농사를 지으려면 한두 해 쉬게 해서 자생 정화를 유도하거나 메밀같이 밭을 정화시키는 작물을 심어서 밭을 깨끗하게 만든 다음 거름을 주고 건강한 씨를 뿌리듯이, 사람도 난자는 물론 자궁의 환경이 좋아도 병든 씨앗을 받아들이면 건강한 아이가 태어나기 힘들기 때문에 좋은 종자가 그만큼 중요하다.

우리가 즐겨 먹는 쌀을 생산하는 볍씨에도 각종 유해균들이 침투해 있는 경우가 있다. 그래서 볍씨를 파종하기 전에 소독을 꼭 해야 한다. 만약 점검을 하지 않고 파종했을 경우 벼가 자라면서 키다리병, 도열병, 깨씨무늬병, 세균벼알마름병, 벼잎선충들에 감염되어 독한 농약을 뿌려야 겨우 살아남는다. 그래서 그 농약 먹은 쌀은 우리의 건강을 해치는 식품으로 변질되고 만다. 이런 문제를 미연에 방지하기 위해 볍씨를 미리 소독하고 발아시키면 농약을 뿌리지 않고도 쌀을 수확할 수 있게 된다. 사람도 마찬가지로, 아이를 잉태하기 전에 미리 건강 검진과 유전자 검사를 받아 치료할 것이 있으면 치료한 후 자녀 갖기에 정성을 쏟아야 건강한 자녀를 얻게 된다.

4. 건강한 종자라야 발아가 활발하다

우리 가정은 집에서 콩을 발아시켜 콩나물로 키워먹고 있는데, 콩나물을 만들기 위해 쟁반에 콩을 펼쳐 놓고 고를 때 자세히 들여다보면 사람들 모습이 다양하듯이 쥐눈이콩도 모양과 크기가 다양하게 생긴 것을 볼 수 있다. 새까맣게 동글동글한 것, 크고 탱글탱글한 것, 작고 탱글탱글 한 것, 동그랗지 않고 조금은 기운 것, 동그랗지만 쭈글쭈글한 것, 검은 것 같으면서도 갈색 빛이 도는 것. 작은 쥐눈이콩 중에도 멋진 자태를 뽐내는 종자들이 있다.

콩나물 재배는 다른 놈들보다 크며, 반들반들하고, 유난히 새까맣게 고개를 쳐든 애들을 골라 미지근한 물에 하룻밤 재운 뒤 시간 날 때마다 예쁘게 고개를 내미는 녀석들에게 물을 주며, 칭찬을 해 주면 쑥쑥 키를 높이고 있는 모습을 보게 된다. 그렇게 정성을 쏟아주어도 일주일 뒤에 보면 몇 녀석들은 발아를 제대로 못하고 키 큰 녀석들 뿌리 밑에 찌부러져 누워있는 꼴을 볼 수 있다.

사람도 결혼 전에 씨앗을 튼튼하게 만들어야 한다. 그래야만 건강하고 튼튼하게 자랄 수 있는 자녀를 낳을 수 있다.

5. 밭의 토양과 맞는 종자라야 생육활동에 어려움이 없다

토양에 맞는 농작물과 맞지 않은 농작물들이 있다.

메밀, 콩, 도라지 등은 척박한 땅에서 잘 자랄 수 있지만 벼는 척박한 땅을 싫어하고 물을 좋아한다. 바위를 녹이며 자라는 소나무가 있고, 물을 정화시키며 자라는 연꽃이나 미나리가 있듯이 부부도 서로 맞는 궁합이 있다. 부부는 속궁합이 잘 맞아야 한다. 속궁합은 외모나 겉모습이 아닌 서로의 성격, 성향, 취향, 가치관 등이 맞는지를 보는 것이다. 요즘 이혼사유 1위가 성격차이다. 다른 유전인자, 다른 문화 속에서 20년이 넘도록 따로 살다가 합쳐가는 과정이므로 서로 상이한 점을 맞춰 가기 위해 부단히 인내해야 한다. 극한 대립적 성격이나 성향을 가진 사람들끼리 만나면 늘 불협화음으로 고통스럽다. 서로 추구하는 삶의 방향과 품성이 맞아야 백년해로하고, 자녀교육도 뜻을 함께 할 수 있어야 가정을 꾸리는 삶에 애로사항이 적어진다.

6. 유전적으로 우수한 종자가 좋은 환경을 만나면 훌륭하게 자랄 확률이 높다

사람의 경우 난자 염색체 23개와 정자 염색체 23개를 받은 체세포(體細胞)의 염색체(2n)수는 46개다. 부부가 결혼하여 아기를 가질 때 양쪽 부모의 DNA는 각각 절반씩 나눠 난자에서 23개(n), 정자에서 나머지 23개(n)가 아기에게 전달된다. DNA 속에 생물의 모든 특징을 결정짓는 유전인자가 들어 있다. 아버지는 할아버지와 할머니의 DNA를 절반씩, 어머니는 외할아버지와 외할머니의 DNA를 절반씩 가지고 있기 때문에 부부의 유전인자가 우월하더라도 자녀는 우월 유전인자를 가질 수도 있고, 열성 유전인자를 가질 수도 있다. 아빠, 엄마가 키가 작은데 자식이 키가 큰 것은 조상 중에 키가 큰 사람이 있었던 것이다. 아빠, 엄마는 두뇌가 우수한데 자식은 평균 이하의 두뇌를 갖고 태어나는 경우도 있다. 그렇지만 부부 둘 다 우월한 유전인자를 갖고 있다면 자녀들이 우성인자를 갖고 태어날 확률이 높을 것이다.

그런데 밭이 좋고 씨앗이 좋다고 좋은 농산물이 생산되지는 않는다. 생육 환경에 따라 엄청나게 다른 농작물을 수확하게 된다. 오이를 예로 든다면, 잘 자라다가 가뭄이 들어 물이 부족했을 때 적절한 시기에 수분 공급을 못해주면 크기나 겉은 멀쩡해도 맛이 써서 못 먹는 오이를 수확하게 된다. 이는 곧 인성교육을 받을 시기에 지식만 공급받은 아이들은 성인이 되면 이 사회에 쓴 오이가 되는 이치다.

우리의 주식인 벼농사를 예로 들면, 모내기를 잘한 뒤 온갖 정성으로 잘 키웠더라도 태풍에 적절한 대비를 하지 못하면 벼가 물속에서 썩어 버린다. 썩지 않도록 물고를 터주고 정성을 다해 위기를 넘기면, 태풍이 지나간 뒤 황금벌판으로 재탄생되는 자연현상을 보게 된다. 그렇듯이 사람도 성장 환경에 따라 아이가 어른이 되는 과정에서 성공에 이르기까지 반전과 반전을 거듭한다.

자식을 잘 키워 성공시키는 것은 마라톤 경주다. 처음부터 숨 고르기를 잘하여 끝까지 완주할 수 있도록 도와야 한다.

자식을 잉태시키고 낳아 기를 때 여러 가지 복합적인 조건들이 맞아야 하겠지만 큰 몸통만 추려보면 기본적으로 완숙한 종자, 묵지 않은 신선한 종자, 깨끗한 종자, 건강한 종자, 밭의 토양과 맞는 종자, 유전적으로 우수한 종자를 각자 환경과 조건에 맞게 선택해서 정성과 사랑을 듬뿍 주면 행복을 아는 성공인을 키워낼 수 있다. 이 글에서 행복을 강조하는 이유는 본인이 원하던 성공 줄은 잡았지만 마음이 행복하지 않으면 허수아비 인생이 되기 때문이다.

이 글을 쓰는 우리 부부는 밭과 씨가 좋으냐고요?

우리 부부는 준비가 덜 되어 있었습니다.

아이를 갖기 전에 부모가 되기 위한 준비를 했더라면 내 아이가 태어난 후 아픔을 겪지 않고 건강하게 자랐을 것입니다.

사전 준비 없이 덜컥 아이를 잉태하는 바람에 아이가 생사를 오고가는 아픔을 많이 겪었습니다.

그래서 극복하는 동안 아이도 힘들었고 가족의 마음도 많이 아팠지만, 그것을 극복하기 위해 좋은 환경을 조성하고자 똘똘 뭉쳤고 더 챙겨 보듬어가며 살았습니다.

난 2,000g도 안되게 태어난 관계로 성장기에 몸이 허약해 늘 감기와 위장병을 달고 살아 비리비리했죠. 성인이 되어서도 예민한 성격으로 건강한 신체를 갖추지 못했었습니다. 결혼 전에 운동을 하면서 건강한 몸으로 만들어야 했습니다.

남편은 키 180cm, 몸무게 54kg에 폐병을 앓았던 사람입니다.

둘 다 건강한 사람들에 비해 조금 부족했기에 궁합은 맞았지만 우리 아이에게는 미안했습니다.

우리 딸은 당연히 아빠를 닮아 폐가 약했고, 산모가 감기를 달고 살아서 그런지 태어났을 때 왼쪽 눈이 이물질들에 덮여 눈을 뜨지 못하여 약품으로 닦아내고서야 눈을 떴습니다. 자라면서도 폐에 물이 자주 찼습니다. 아기 때부터 초등학교 4학년 때까지 폐뿐만 아니라 천식과 아토피로 고생이 이만저만이 아니었습니다.

소아병동 의사와 간호사들이 아예 병원에 출석부를 만들자고 했을 정도로 병약했던 딸이지만 지금은 매우 건강합니다. 초등학교 4학년 여름방학 이후 감기도 잘 걸리지 않습니다. 체질이 강골이 되었습니다.

비법이 뭐냐고요?

자식을 내 목숨보다 더 사랑하는 마음으로 전문가의 도움을 받으며 최선을 다해 보살피면 되더라고요.

연애를 하게 되면 상대방에게 최선을 다하죠.

사랑하는 사람에게는 내 모든 것을 다 주고 싶죠.

자식이 성인이 되기까지 사랑하는 사람에게 노력했던 것 이상으로 최선을 다해 보살펴야 합니다.

내 딸은 어릴 때부터 초등학교 4학년 때까지 편도선이 잘 붓고, 폐렴이 악화되어 폐에 물이 차는 등 자주 열이 39도에서 40도 가까이 치솟았고 우리는 뜬눈으로 밤을 지새우는 날이 많았습니다. 시어머님께서 천식이 있는데 내 딸도 천식과 아토피로 고생을 하였습니다.

천식과 아토피를 고치려고 많은 노력을 했지만 모두 허사였고, 결국 우리 부부는 딸을 위해 서울을 떠나기로 결정을 하였습니다. 산과 바다와 계곡이 있는 시골로 내려갔습니다. 집은 옛날부터 내려오던 흙집이었고 아궁이가 있는 부엌에서 나무로 불을 지피고 무쇠솥에 밥을 해 먹였습니다. 채소는 텃밭에서 유기농으로 길러 먹였습니다. 생선은 새벽에 배에서 내리는 싱싱한 것을 구입하여 먹였습니다.

산과 들로 뛰어 다니며 놀아서 그런지 천식과 아토피는 1년 만에 기적처럼 없어졌습니다. 그런데 편도의 붓기와 폐렴이란 복병은 징그럽도록 수시로 아이를 공격했습니다. 아이가 5살 때는 편도에 고름이 차고 열이 너무 심하여 뇌에 영향을 줄 수 있다고 하여 결국 편도를 잘라냈습니다. 편도를 잘라낸 이후에도 폐렴은 여전히 찾아왔고 나는 딸을 부둥켜안고 울기를 반복했습니다.

초등학교 4학년 때 의사 선생님께서 반대했지만 지인의 권유대로 우리는 동해안 바닷가에 텐트를 치고 극약처방에 들어갔습니다.

비가 오나 해가 쨍쨍 비추거나 날씨에 상관없이 여름방학 내내 파도타기와 땡볕에 뜨거운 모래 밟기를 시켰습니다. 아침은 꿀물과 채소를 듬뿍 넣은 생선죽이나 순두부, 점심은 회와 각종 해조류, 저녁은 생선구이나 매운탕 그리고 신선한 쌈 종류. 간식으로 과일, 고구마, 감자, 옥수수를 먹여 영양 보충을 시켰습니다. 여름방학 동안에 발바닥이 몇 번 벗겨지더니 발바닥이 소가죽처럼 단단하게 바뀌었습니다. 폐활량도 엄청나게 늘었습니다. 온몸과 얼굴도 화상을 입어 몇 겹 벗겨졌습니다. 비가 퍼붓는 날도 바닷가에서 잤습니다.

딸은 4학년 여름방학 이후 감기도 잘 걸리지 않는 건강한 체질로 바뀌었습니다.

주사 맞는 것이 너무 아프고 지겹다고 우는 딸을 붙들고 같이 울던 기억이 아직도 생생하네요. 지금 내 딸은 아빠 체질을 닮아

삐쩍 말랐지만 폐활량은 또래보다 좋고 천식도 없어졌고 아토피도 없이 아주 건강합니다. 먹는 것도 아빠를 닮아 두세 사람 분량을 먹는데 살이 찌지 않습니다. 그래서 우리 집은 세 사람이 먹어치우는 식비가 5인 가족과 맞먹습니다.

좋은 유전인자를 물려준 건가요, 좋지 않은 유전인자를 물려준 건가요.

지혜로운 배우자

지혜로운 부모는 인내심이 많고 성실하며 가정교육과 경제를 적절히 책임질 줄 안다. 부모가 지혜롭지 못하면 자녀들이 어리석은 행동으로 물의를 일으켜 속을 태우기도 한다. 간혹 자녀들이 외부적인 환경에 의해 삐뚤어진 행동을 해도 지혜로운 부모가 있다면 자녀가 멀리 갔더라도 풍랑을 만나지 않고 안전하게 돌아오도록 조처를 한다. 만약 지혜롭지 않은 부모가 조정을 한다면 삐뚤어진 행동을 했던 자녀가 난파될 확률이 높다.

부부로 긴긴 세월을 살다보면 서로 무한한 인내심도 필요하고, 녹슬고 삐걱거릴 때 삶의 지혜도 필요로 한다. 결혼 전 좋은 부모가 되기 위한 몸도 마음도 준비가 되어 있는지 분명히 짚어봐야 한다. 태어날 자녀를 어떻게 키울 것인지, 자신이 생각하는 양육방법에 적합한 인격과 경제력은 갖추었는지, 자녀 양육방법에 대해 한 번쯤 공부는 해 보았는지, 부모가 될 준비는 얼마큼 했는지, 가정을 어떻게 이끌어 갈지 비전을 제시하고 실천할 지혜가 있어야 한다.

지혜는 하루아침에 형성되는 것이 아니다. 창의력도 많은 것을 모방하다가 나오듯이 지혜도 준비된 기반을 바탕으로 나온다. 지혜가 있는 가정은 '남편 : 아내 : 자식' 관계가 'WIN : WIN : WIN' 으로 만들어진다.

가정을 화목하게 만들고 자식을 성공시키는 지혜로운 부모들 행동 유형을 보면 다음과 같다.

- 가화만사성을 본으로 삼고 이성적인 행동에서 벗어나지 않는다.
- 가족 모두를 인격적으로 대한다.
- 유머가 있다.
- 현재 자신의 상황이 좋지 않더라도 투덜대지 않고 긍정적으로 생각한다.
- 어떻게 하면 가족을 웃게 하고 자녀들을 성공시킬 수 있는지 그 방법을 찾아낸다.
- 사회가 흘러가는 방향과 자식의 재능이 맞는지 분석을 한다.
- 자식이 할 수 있는 일 중에 가장 미래 가치가 있는 것이 무엇인지 찾는다.
- 역경이 닥치는 순간순간 현명하게 판단하며 위기를 기회로 만든다.
- 자식을 위해 자신감을 갖고 열정적이고 성실하게 행동으로 실천한다.

• 급하지 않게 때를 기다리며 하나하나 차곡차곡 이뤄 나간다.

잘났다는 부모 중에 권력·명예·돈을 위해 피라미드 끝까지 사다리를 타고 올라가려고 부모라는 직책을 무의미하게 여기는 사람도 있고, 아빠라는 자리를 엄마가 대신하면 된다는 남자들도 있다. 또 여러 가지 구실을 만들어 바람피우는 엄마도 있을 수 있고, 술과 도박으로 인생을 탕진하는 정신 나간 사람도 있다.

지혜로운 부모는 절대로 감정적 사고방식을 채택하지 않고 아이와 부딪칠 때마다 슬기롭게 대처를 잘해나간다.

내 아이 아빠는 딸의 교육을 위해 아내에게 아이를 키우면서 도움이 될 수 있는 공부를 하도록 도왔습니다.

국어교육학을 전공한 아내가 자식 교육을 위해 다시 대학에 입학하여 영재교육학을 시작으로 유아교육학, 카운슬러교육, 청소년지도학을 공부한다고 했을 때 흔쾌히 허락했습니다. 10년 세월을 적극적으로 외조를 했습니다. 딸을 보살피기 위해 어린이집, 유치원을 설립하게 되었는데, 그 활동으로 나는 다른 가정의 아이들과 청소년들에게 봉사할 수 있는 길을 열었고, 무남독녀인 딸은 많은 동생을 얻게 되어 맏언니다운 배려와 사랑으로 리드하는 후덕하고 넉넉한 마음을 배웠습니다.

딸은 내가 어렸을 적 오빠들이 나를 돌보았듯이 방과 후 어린이집 아이들을 돌보며 놀았습니다. 그래서 딸이 엄마 직장에서 함께 생활하고 같이 공부하는, 늘 학구적인 분위기가 형성된 가정이 될 수 있었습니다.

내가 지혜로운 배우자를 만난 것은 행운이라 생각합니다. 딸과 아내를 위해 외조를 잘 해준 덕분에 가족 모두 내 위치에서 어렵지 않게 성공할 수 있었습니다. 즉, 가화만사성을 이룰 수 있도록 뒷바라지를 한 지혜로운 배우자(配偶者)입니다.

가화만사성(家和萬事成)이란 흔한 그 말이 인생의 진리입니다.

화목하지 않은 가정에서 성공한 사람은 성공 속에 그늘을 갖고 있습니다.

성공 속에 허함이 있습니다.

행복한 가정은 운명처럼 찾아오는 것도 아니고 생각만으로 되는 것도 아닙니다.

서로를 위하며 각자의 위치에서 열심히 노력하고 실천하면서 만들어 가는 것입니다.

강인한 정신력을 가진 배우자

강인한 정신력이란 부드러움 속에서 뿜어져 나오는 이성적인 힘을 말한다. 강인한 정신력과 본능보다 이성적인 사고로 살아가는 사람들은 뇌가 안정적으로 잘 발달된 사람들이다. 정신적 힘은 뇌과학에서 증명되었다. 뇌 중에서도 전두엽에 포함된 전전두엽이 잘 발달된 사람이 강인한 정신력을 소유한 사람이라고 알려져 있다.

우리의 마음과 행동의 바탕에 뇌가 있다. 전두엽은 우리 뇌의 가장 넓은 부분을 차지하고 있는 부위이다. 전두엽의 앞부분인 전전두엽이 잘 발달된 사람은 도덕적인 사고와 의사소통에 뛰어나 대화에 유연성을 보인다. 그러므로 어떤 일이 발생했을 때 현명하고 빠른 판단력으로 대처할 수 있다.

생리적으로 전전두엽 발달은 키 성장이 멈추듯이 20대에 거의 멈춘다고 한다. 우리 인간은 대부분의 경우 20대에 뇌 발달의 완성과 더불어 인격이 완성된다고 보면 된다. 20살 이후 부모로부터 독립하라는 것은 뇌가 완성되어 자신의 판단으로 살아갈 나이가 되었기 때문에 부모가 더는 해줄 것이 없다는 뜻이기도 하다. 뇌과학에서 보면 20세가 넘으면 이미 강인한 사람, 허약한 정신력을 가진 사람, 분노조절을 못하는 사람 등으로 구분할 수 있다.

전전두엽이 발달되면 감정조절을 잘하고 어떤 사건을 처리하는 데 있어 계획, 의사 결정, 실행을 현명하게 빨리 처리하여 타인으로부터 인정받는 삶을 살게 된다. 그래서 감정에 기복이 없고 생활이 정서적이다.

전전두엽에 적신호가 켜진 사람은 집중을 못하고, 무책임하고, 분노를 참지 못하고, 작은 스트레스도 밖으로 표출하여 가정생활도 사회생활도 엉망이 된다. 분노조절을 잘 못하는 사람들은 언어로 소통하기 힘들고 순화된 언어보다 욕설을 잘 사용하며, 말보다는 주먹이 먼저 나가게 된다. 전전두엽이 제대로 발달한 부모들은 자녀들이 충동적으로 옳지 못한 행동을 했을 때, 구박하기보다는 아이의 발달 상황을 체크하며 내 아이에 맞는 대화를 하겠지만, 전전두엽이 제대로 발달하지 않은 부모는 아이 행동이 잘못되었다는 생각이 들면 분통을 터뜨리며 자녀들과 불협화음을 만들어 낸다.

전전두엽이 계속 만들어져 가는 과정에 있는 청소년들은 사고와 판단력이 미숙하므로 부모의 도움이 절대적으로 필요하다. 전전두엽의 발달은 가정환경과 밀접한 상관작용을 한다. 현명한 부모는 자녀들의 신체 발달을 돕기 위해 질 좋은 음식을 먹이고 운동을 하도록 격려하듯 뇌 발달을 위해서도 노력해야 한다.

뇌 발달을 위해서는 우선적으로 유기농 재료로 만든 질 좋은 음식으로 뇌에 영양 공급을 해야 하며, 이차적으로 자녀들의 인격을 존중하고 아이의 나이에 맞는 정신적·육체적 발달 단계와 자녀의 현재 눈높이에 맞는 교육을 해야 한다.

현명한 부모는 자녀들이 지킬 수 있는 범위에서 목표를 계획하고 스스로 실행하도록 돕는다. 자녀들이 끈기와 인내를 가지고 목표하는 곳까지 도달할 수 있도록 돕는 데는 부모의 인내와 끈기, 그리고 격려가 필요하다. 독립된 인격체로서 인정하고 부드럽게 바른 길로 이끌어준 자녀들은 전전두엽이 건강한 두뇌로 성숙하게 된다. 전전두엽이 잘 발달되었다는 것은 다른 뇌들도 건강하게 잘 만들어졌다는 것을 의미함과 더불어 온화함 속에 강인한 정신력이 뿜어져 나올 수 있는 힘을 갖게 되었다는 것을 의미한다.

20대가 지나면 전전두엽이 거의 완성되어 있으므로 결혼 후 배우자를 변화시키기에는 스트레스가 너무 많다. 그러므로 사람을 사귈 때, 그 사람의 정신력이나 인품을 잘 보고 결정해야 한다.

정신적으로나 사회적으로 강인한 힘을 갖춘 부모가 가족을 늘 평안하게 지키고, 자녀 역시 강인한 정신력을 갖추도록 도와 성공의 길로 이끌 수 있다는 것을 명심하고, 배우자(配偶者)를 선택해 보는 것도 좋을 듯하다.

경제력을 키우는 배우자

나라가 가난하면 이웃나라로부터 핍박을 받고 권리 주장도 제대로 못하듯이, 결혼생활도 가정이란 작은 정부를 꾸려 나가는 것이므로 적절한 경제력이 필요하다. 결혼에는 사랑과 실천적 책임감이 절대적으로 필요하다. 결혼생활에서 돈이 행복의 전부는 아니지만 행복해질 수 있는 요인 중에 큰 비중을 차지한다는 것을 부인할 수 없는 게 현실이다.

사랑만 있으면 된다고 말하는 사람들은 이중적 사고로 인기 발언을 일삼는 사람들이란 생각이 든다. 사랑만 있으면 결혼하라는 사람들 마음에 위선은 없는지 묻고 싶다. 아기를 낳기만 하면 자기 먹을 복을 갖고 태어난다고 말하는 사람들도 있다. 그 사람들에게 그들 스스로 솔선수범하여 10여 명 정도 낳아 키워 놓고, 그런 말을 하라고 일침을 놓고 싶다. 과거 농경사회에서는 수많은 실개울에서 용이 승천했다며 마을마다 경사스런 잔치가 자주 열렸다. 지금은 '개천에서 용 났다' 는 케이스가 거의 없다. 가난한 아이가 어쩌다 성공하면 뉴스거리가 되는 세상이다. 그래서 나라마다 경제 살리기에 온 힘을 쏟듯이 가정에도 경제 살리기가 중요하다.

부족한 경제력 때문에 아이를 데리고 살 곳이 없어 떠돌아야 한다는 것은 특히 비참한 일이다. 아이가 생기면 살 곳이 안정되어야 하고 아이 양육에 수반되는 돈은 필수 불가결한 요소이다. 그러므로 가족의 안정된 미래를 위하여 돈은 당연히 벌어야 하고, 좋은 학군에서 살아야 하며, 신의 직장에 있어야 자식들도 취업이 술술 된다. 그런데 이러한 현실은 대부분의 서민 아버지들에게는 슬픈 이야기일 수밖에 없다. 승진은 못하더라도 회사에서 잘리지 않으려면 퇴근 후 술자리에 뛰어들어, 간이 망가지고 얼굴이 누렇게 병들도록 마셔야 겨우 자리보존이 가능한 시대다. 이른 새벽에 집을 나와 다음 날 새벽에 귀가하는 하숙생들이나 다름없는 생활을 한다. 그렇게 해도 내 집 마련이 힘들고, 사교육비를 감당하기가 힘들다. 자식들과 살 곳이 마련되지 않으면 임대계약서를 다시 쓸 때마다 불안하다.

가족 모두 안정적이고 평안하게 생활하게끔 만들어 주려면 의식주 중에 특히 주거에 신경 써야 한다. 내 집이 일찍 마련될수록 생활의 기반이 빨리 잡힌다. 현재 40~50대까지만 해도 젊은 시절 아파트를 사 놓으면 저절로 부가 이뤄졌다. 몇 년 지나면 저절로 집값이 올라갔고 재산가치가 덩달아 늘었다. 하지만 지금은 어림도 없다. 집 없이 결혼하면 월급의 절반은 집세로 나가야 한다.

이제는 입을 것과 먹는 것에는 거의 걱정이 없는 시대에 접어들었다. 옛날처럼 굶는 사람도 없다. 먹을 것이 넘쳐나 비만이 걱정인 시대다. 옷도 명품을 고집하지 않는다면 싸고 좋은 것들이 넘쳐난다. 절약한다면 의·식에는 부담이 없다는 이야기다. 그런데 주거문제는 심각하다. 특히 직장이 서울특별시에 있으면 특별한 시민답게 주거로 인해 더 큰 고통을 받는다. 신혼부부들은 집세 감당이 힘들고, 주거 복지제도가 있어도 혜택을 못 받는 신혼부부가 대다수다.

결혼을 앞둔 노총각 현이도 주거복지 혜택을 못 받는 상황이다.

저녁 준비로 마트에 콩나물을 사러 왔다가 몇 시간 동안 한숨을 들이쉬고 내쉬며, 푸념을 하다가 밤늦게 돌아갔다. 마흔 넘어 쉰을 바라보는 노총각이 결혼식 날짜를 받아 놓고 가슴이 답답한 것이다. 불혹을 넘어 지천명 가까이 되어서야 인생의 반쪽을 만났는데, 행복에 겨워 팔짝팔짝 뛰어야 할 예비 신랑이 어깨가 푹 처져있다.

부모가 가난하여 성당 신부님 도움으로 일류 대학원을 나와 개천에서 용 났다는 말을 듣는 현이가 동생들 학비와 부모님 생활비까지 부담하고 있다. 이렇게 착한 효자 현이가 신혼집을 마련하지 못해 마음이 무거운 것이다. 요즘 전세 가격이 집값과 연년생 형제하자고 대들고, 매년 날아 올라가는 월세 가격에 가슴에 돌덩이를 매달아 놓은 느낌을 받는다고 했다. 결혼을 앞둔 현이는 부동산 중개소 유리창에 붙은 월세 가격 동그라미를 세노라면 결혼을 포기하고 싶다고 한다.

대학 교수라는 체면도 버리고 편의점에서 삼각 김밥으로 허기를 채우는데, 14살 연하인 어린 아가씨는 결혼식만은 호텔에서 하기를 바란다고 했다. 여자의 집 반대를 무릅쓰고 결혼하는 처지라 신부가 원하는 대로 해야 한단다. 결혼과 동시에 다시 푸어(poor) 행렬로 진입하고 자식들에게도 가난을 대물림할 것 같아 결혼이 두렵다고 했다. 현이가 시중에 떠도는 20여 가지 푸어(poor) 중에 자신이 우선 6가지 푸어에 들어가게 될 것 같다고 했다.

1. 웨딩 푸어

신혼집 장만 등, 비싼 결혼 비용 때문에 가난해진 신혼부부와 그 부모들이다. 한 번뿐인 결혼이라고 기분 내다가 오랜 기간 가난으로 허덕여야 한다. 어디 신혼부부만 그런가, 부모들도 마찬가지다. 부모가 살고 있는 집을 담보로 대출을 내서 결혼을 시키거나 살던 집을 팔아 자녀 결혼 비용을 대는 것을 주변에서 많이 볼 수 있다. 주변에 심심치 않게 발생하는 일들이다.

얼마 전 지인이 청첩장을 보내왔다. 청첩장을 받고 가지 않는 것도 결례인 것 같아 호텔 예식장으로 갔는데 식사 1인분이 10만 원이라고 한다. 축의금 20만 원을 냈으니 밥값만 충당한 셈이다. 꽃값 3,000만 원을 비롯하여 총 1억 5,000만 원이 결혼 비용으로 들어갔다고 했다. 지금 그분들은 여의도 아파트를 팔고 낙향하여 죽집을 운영하며 근근이 생활하고 있다. 그 딸도 시댁 집을 담보로 보증금을 마련하고 월세를 얻었기에 열심히 이자와 월세를 내고 있다는 말을 들었다. 현이는 다행히 월세 보증금은 저축해 놓은 것으로 해결된다고 했다.

2. 출산 푸어

젊은 부부들은 자녀 출산과 비싼 양육비 때문에 생활이 빈곤하다. 계층 간의 갈등은 산후조리원에서부터 불거진다. 산후조리원에서 보름 머무는 데 천만 원인 곳도 있다. 서울시 박원순 시장이 이 문제를 해결하기 위해 이백만 원 안팎의 경비가 드는 산후조리원을 만든다고 하지만 서민 입장에서는 이백만 원도 거금이다.

아기 용품이나 아기에 관련된 지출은 수입 대비 분수에 맞지 않아도 저질러 놓고 본다. 백일잔치도 어른들 환갑잔치를 방불케 한다. 돌잔치는 더 어마어마하다. 어릴 때부터 내 아이 기죽이지 않으려는 부모들의 갸륵한 마음이다. 애들을 남들과 차별 없이 키우려니 부모는 숨 막히는 삶을 살아야 한다.

부모의 마음은 부자나 가난한 사람이나 같다. 자식만은 최고는 아니더라도 남에게 뒤지지 않게 키우고 싶다는 욕망의 소산이다. 현이 역시 남하는 것 다 하자니 '뱁새가 황새 쫓다가 가랑이 찢어진다는 속담이 생각난다' 고 했다.

3. 하우스 푸어

1970년대 이후부터 2006년까지 수직으로 뛰어 오르는 집값은 사람들을 숨 막히게 했다. 내 집 없이 떠밀려 사는 설움으로 가슴을 후벼 파인 아픈 경험들이 있다. 떠돌며 살다가 겁도 없이 은행이나 지인들의 돈을 빌려 막차 탄 사람들이 그 예다. 이자를 내더라도 언젠가는 그 이자를 제하고도 돈이 남으리란 생각으로 무리하게 집을 매입한 사람들, 또는 투기 목적으로 집값 절반 이상의 은행돈으로 전세를 끼고 몇 채의 집을 낚아 챈 사람들이다. 현재 주택 매입 금액보다 집값이 절망적으로 떨어졌는데, 이자는 꼬박꼬박 내다 보니 생활비가 없는 경우가 발생하는 것이다.

집은 덩그러니 큰데 겨울 내내 보일러를 돌리지 못하고 달달 떨면서 지낸다. 날이 어두워져도 전등불을 끄고, 휴대전화로 연속극을 보는 집은 그나마 다행이고, 경매 처분되는 극한 상황까지 간 경우가 허다하다. 그런데 하우스 푸어라고 자처하는 사람들 대부분이 베이비부머(1955~1963년생) 세대의 은퇴와 맞물려 더 심각한 문제로 나타나고 있다.

현이도 시골 부모님 대출 이자를 갚아주고 있는데 결혼 후에도 멈출 수가 없다는 것이다. 결혼하면 자신의 주거 월세도 감당해야 하는 이중고에 시달리게 되는 것이다.

4. 의료 푸어

의료보험이 있다고는 하지만 고령화 사회로 접어들면서 가계 의료비 부담이 증가하고 있다.

환갑을 고비로 생을 마감하던 우리의 수명이 80세를 넘어 앞으로 100세를 바라보게 되었다. 노후 대책이 제대로 이뤄지지 않은 가정에서 의료비 지출을 감당하지 못하는 것도 문제지만, 집안에 환자가 있으면 가족 중 누군가 환자를 돌보는 데 매달려야 하기 때문에 경제 활동을 못하게 되어 가정불화까지 초래하게 된다. 앞으로 심각하게 다뤄져야 할 사회문제들이다.

내 친구의 친정어머니는 중풍으로 쓰러지셨고 시아버지는 치매에 걸리셨다. 친구는 병간호와 치료비 문제로 형제들과 인연을 끊었고, 심적 고통을 이기지 못하고 자살을 시도했다가 다행히 목숨을 건졌다.

현이 역시 부모님 집 대출 이자는 물론 부모님 병원비까지 부담하고 있다. 경제적인 요인으로 결혼도 마흔이 넘어서 용기를 냈는데 한숨만 나온다고 했다.

5. 교육 푸어

수입에 비해 교육비 지출이 너무 높아 빚을 지는 가정들을 일컫는다.

가정 경제 규모에 맞춰 교육을 해야 하는 것은 맞지만, 사회가 돌아가는 시스템을 보면 그들만을 탓할 수 없다. 자녀를 로스쿨에 보내기 위해 대학 입학과 동시에 또 사교육이 시작된다고 한다. 말로는 요즘 '사' 자가 별 볼일 없다 하면서도 여전히 '사' 자가 들어가면 좋아한다. 은행에서도 '사' 자 직업군에는 대출도 후하게 해 준다는 소리를 들었다. '사' 자를 잘 달면 맞선 아르바이트를 해도 직장인 한 달 월급보다 많다고 한다.

맞는 말인지. 부풀려진 말인지. 어쨌든 시대상을 반영하는 농담이기를 바라는 마음이다. 그래서 요즘 엄마들은 빚을 내서라도 '사' 자와 '5급·7급 공무원' 자식을 만들어 놓으면 돈 많은 집 자식이 걸려든다고, 무슨 수를 써서라도 '사' 자와 '5급·7급 공무원' 을 만들어야 한다는 끔찍한 소리를 한다. 강남에서 단칸방 월세를 살더라도 또는 은행 빚을 내서라도 '사' 자와 '5급·7급 공무원' 을 만들어 놓으면 한 방에 빚을 갚아주는 배우자를 만날 수 있다며 사교육에 열을 올린다.

한 방에 빚을 갚아주는 배우자를 만날 수 있는 자식을 만들기 위해 지금도 고군분투하는 분들께 뭐라고 손가락질하기에 앞서 이 사회가 왜 그렇게 되어가는지를 생각해 봐야 할 것 같다. 사교육 시장이 정리되지 않고 이대로 흘러간다면 천지가 개벽하지 않는 한, 부가 자손대대로 대물림되고 가난이 가난을 낳는 것이 뻔히 내다보이므로, 자식을 낳지 않든가 아니면 한 명만 낳아 살겠다는 젊은이들의 생각을 바꾸기는 힘들 것 같다.

현이도 이미 뱃속에 있는 아이 하나로 만족한다고 말했다. 조카 현이 역시 내가 신혼 때 겪었던 걱정을 똑같이 하고 있었다. 서민의 자식들은 모두 공통된 마음을 가진 것 같다.

6. 자동차 푸어

집은 없어도 차만은 고급차로 으스대고 싶어, 자신의 경제 능력에 맞지 않는 차를 할부로 구입하여 기분 내다가 쪽박 차는 사람들이다. 원룸에 살며 월세를 근근이 내며 살더라도 차만은 고급으로 타고 신바람 내며 살다가 부도를 내고 마는 경제 개념이 없는 젊은이들이나, 사업이 잘되는 것처럼 보이기 위해 분수에 맞지 않는 차를 몰고 허세를 부리다가 부도나는 사람들이다.

어차피 쪽박 차는 인생이라면 젊어서 한 번 객기라도 부려 보자는 심산인데, 그 잠깐의 객기가 평생을 고통 속으로 몰아넣을 수도 있다.

현이 같은 경우는 상황이 다르다. 지금까지 차 없이 근검절약하며 살았다. 배우자가 혼전 임신이 되어 곧 아기를 낳아야 한다. 장인이 임신한 딸을 위해 차를 사주셨는데 남은 월부금은 현이 부부가 매달 지불해야 한다고 했다. 결혼과 더불어 전임강사인 현이가 20여 종의 푸어 행렬 중 여섯 종류에 탑승하게 된다며 한숨을 내쉬는데, 축복 받으며 유쾌하게 해야 할 결혼이 한숨 속에서 진행되는 것이 안타깝다.

요즘 젊은이들에게는 주거복지 제도라도 것도 있는데 우리 부부가 결혼할 시기에는 주택복지 제도는 생각하지도 못했다. 지금처럼 신혼 부부 주거 환경에 정부가 관심조차 가져 주지 않았던 시기다. 그렇지만 월급 대비 집 마련이 지금처럼 힘들지는 않았다. 지금은 월급 대비 집값이 터무니없이 비싸다. 정부는 집값이 많이 내렸다고 부동산 활성화를 위해 각종 제도를 내놓는 판이지만 빈털터리 신혼부부들은 그림에 떡이다. 돈이 없어도 사랑만 있으면 된다는 말은 아이가 생기기 전 이야기다.

아이가 없으면 벌거숭이로 살아도 불편함이 없다. 하지만 결혼생활은 사랑만으로 되는 것이 아니라는 것을 자식을 낳게 되면 뼈저리게 알게 될 것이다. 특히 사교육은 부모의 숨통을 조인다.

가난하게 출발하는 맞벌이 부부가 개미같이 일해 10년에서 20

년 안에 대출을 안고 집을 마련했다고 치자. 대출 이자가 나가는 상황에서 자녀들 사교육비까지 감당하기에는 숨이 가쁘다. 사교육비를 감당하자면 집 마련이 힘들고, 대출을 끼고 집을 마련했다면 다시 집을 팔아서 사교육비를 감당해야 하는 상황이 온다.

왜 서민들 기죽이는 말을 하냐고 따질 수도 있다. 하지만 단지 지금 우리나라 현실을 이야기하는 것이다. 피하고 싶어도 피할 수 없는 사회현상이다. 정부가 공교육만으로 대학에 갈 수 있는 사회를 만들지 않는 한 부모는 자식의 사교육비를 마련하기 위해 투잡(two job)을 해서라도 돈을 벌어야 하는 것이 우리의 현실이다.

빈익빈 부익부가 되지 않도록 교육만은 빈부격차 없이 동등하게 받도록 하여, 경쟁할 수 있는 사회가 되어야 한다. 신혼부부들이 자녀들 사교육비와 주거문제에서 해방되면, 굳이 아이를 낳으라고 독려하지 않아도 아이를 풍덩풍덩 낳아 국가발전에 이바지하게 될 것이다.

부모에게 효도하는 배우자

이 시대의 효도는 어른을 모시고 같이 살라는 것도 아니고 뭔가를 바리바리 챙겨드리라는 것도 아니다. 부부가 사랑하는 마음으로 자녀를 따스하게 보살피고 사는 모습을 보여주고, 부모와 따뜻한 마음과 눈길로 소통할 수 있으면 효의 근본을 세우는 것이다.

진정한 효는 부부가 불협화음을 일으키지 않는 것이다. 가족과 불협화음을 일으키면서 부모에게 잘하는 사람은 효도를 잘하는 것이 아니다. 배우자의 동의 없는 부모 보살핌은 배우자와 자식에게 또 다른 상처를 줄 수 있기 때문이다. 효도는 자녀와 배우자가 함께 즐거운 마음으로 행해져야 진정한 효도라 할 수 있을 것이다. 부모에게 효도하는 사람은 인격적으로 잘 성장한 사람이고 가정을 원만하게 잘 이끌어가는 사람이라고 단정할 수 있다.

간혹 각자 살아온 문화 차이로 인해 효도는커녕 가정까지 깨지는 모습을 부모에게 보이는 경우가 있다. 20년이 넘도록 서로 다른 환경에서 자랐기 때문에 신혼 초 서로 삐걱거리기 일쑤다. 그러나 이해하며 살다보면 어느 시점에 부부가 닮아 있음을 실감하게 된다. 서로 새로운 문화에 불만을 갖게 될 때, 경망스럽게 흉을 보거나 배우자의 식구들과 불협화음을 만들지 말고 시간을 갖고 기다려야 한다.

아이의 가정생활도 조부모님과 함께 한 아이들이 정서적으로 안정되어 있는 경우가 많다. 효가 있는 가정에서 자란 아이들은 성인이 되어서도 사회생활이나 자신을 다스리는 데 있어 모나지 않고 둥글면서도 올곧다.

서로 다른 가치관으로 힘들 때도 있지만 일단 큰 줄기를 생각해야 한다. 가족의 행복 추구를 위해 같은 마음을 갖고 행동할 수 있다면 서로 현명하게 대처하여 성공적인 가정을 이룰 수 있다.

효를 멀리하는 사람들을 보면 성장과정에서 그 부모에게 많은 문제가 있음을 알 수 있다. 서로 아끼는 마음이 없을 정도로 찬바람 맞고 자랐거나, 과잉보호로 버릇없이 자라 자기만 아는 사람이다. 만약 그런 부모 밑에서 아이들이 자라나면 부모를 보고 배워 냉정한 사람이 될 확률이 높다.

딸 6명에 막내아들 1명인 집안에 시집간 친구가 있다. 친구의 남편은 지극히 자기중심적이어서 하는 짓마다 눈에 거슬리게 하므로 다른 이들과 부부동반으로 만나 식사하기가 꺼려진다고 했다. 지금 그 친구는 화병이 생겨 몇 년째 한의원에서 침도 맞고 한약도 먹는데, 60세가 가까워진 남편은 아직도 이기적인 생활을 버리지 못하고 자신만을 생각하며 산다고 한다.

성인이 되기 전에 형성된 사고방식은 죽는 날까지 잘 변하지 않는 것 같다. 과잉보호 속에서 잘못된 애정을 받고 자란 사람은 매우 유약하거나 너무 독선적이어서 부부생활과 자식 농사에도 마찰이 많을 수 있다. 요즘은 아들 딸 구별 않고 한 명만 낳은 가정이 대부분이므로 마마보이와 마마걸, 파파걸들이 양산되고 있다.

인구가 줄어들고 의술 발달에 힘입어 노령화 사회가 진행되면서 부모 부양이 사회문제로 떠오르고 있다. 또한 효 문화가 사라진다고 개탄을 하고 있다.

왜 그렇게 되었는지 살펴보자.

효 역시 부모로부터 배워서 익힌 것이다. 성인이 되어 부모를 멀리하는 사람들을 보면 부모를 찾아뵙기 힘들 정도의 사연이 있을 수도 있지만, 성장기에 부모가 가정생활을 황폐하게 만들었거나 이기적인 사고를 갖도록 성장시킨 경우가 많다. 또는 성장기에 부모가 가족의 인격에 타격을 입히는 말과 행위를 습관적으로 했을 가능성도 있다.

한평생을 살면서 싸우지 않고 살기는 힘들지만, 부부나 자식 간에도 서로 폐부를 찌르는 말이나 폭력을 사용해서는 절대로 안 된다. 부부가 서로 깊은 상처를 남길 만큼 치열하게 싸우면, 서로의 가슴에 아픈 자국으로 남는 것이 문제가 되는 것이 아니라 자식의 마음이 곪아 터지면서 성장 세포 속으로 그 상처들이 흘러들어 평생 고질병이 된다는 것을 알아야 한다. 자녀를 소유물로 생각하고 함부로 자식 인생을 휘둘러 회복하기 힘든 상처를 내면 절대로 안 된다.

어린아이도 청소년들도 인격체임을 인정하고 존중해야 한다. 아이가 정신적으로나 육체적으로 미성숙하다고 하지만, 그 아이들만의 세계에서도 인격이 유지되어야 한다. 아이의 존엄성을 인정하여야 한다. 그래야만 성인이 되어서도 선하고 남을 배려할 줄 알고 자신을 사랑할 줄 아는 자존감 강한 사람으로 살아갈 수 있다.

자존감이 제대로 형성되지 않은 아이들은 부모에게 불만이 많고 잘못된 자존심으로 인해 평생 열등감 속에서 살아가게 된다. 열등감이 강한 사람들이 부모에게 불만과 분노가 많고, 부모에게 함부로 한다. 열등감이 깊은 사람은 대부분 어릴 때 환경이 열악했거나 부모의 생활태도로 인해 자녀교육이 잘못된 사례가 많다. 그래서 열등감에 휩싸인 사람들은 행복한 마음을 찾는 방법도 서툴고 부모에 대한 원망으로 부모를 멀리하기도 한다.

황폐한 환경에서 자란 사람들은 자기 마음이 곪아 있어 평생 스스로를 치료하며 살아야 하기에 부모에게 효도할 여력이 없다. 사랑을 많이 받으며 독립적으로 잘 자란 사람은 몸도 마음도 건강하여 가족을 화목하게 이끌고, 부모에게 효도를 하는 사람이 될 수 있다.

자녀가 효도하는 사람으로 성장하여야 가정이 평온하고 나라가 평안하다.

고난과 역경을 슬기롭게 극복하는 배우자

살다보면 누구에게나 인생의 고비가 찾아온다. 개인의 인생 역사를 들춰보면 다양한 사연 속에 힘들게 극복한 이력들이 있다. 인생의 길목에서 악재가 찾아올 때는 신이 야속할 정도로 쓰나미같은 삶이 덮친다. 그때 휘청하여 파도에 휩쓸려 가면 가정이 풍비박산 나고 만다. 쓰나미가 덮칠 때 파도에 휩쓸려 사라지는 사람도 있고, 불구자가 되는 사람도 있는 반면 건강하게 살아남는 사람도 있다. 전쟁이 터졌을 때도 가난으로 폐인이 되어 살아가는 사람이 있는 반면 살아서 폐허를 기반으로 갑부가 되는 사람도 있다.

어떤 고난과 역경이 와도 슬기롭게 헤쳐 나갈 수 있는 자만이 성공을 움켜잡는다.

주변에서 우리 가정을 지켜보는 사람들은 모두 저의 가족 모두가 축복받은 인생이라고 합니다. 그럼에도 시련은 있었습니다. 평생 시련 없는 가정은 없다고 생각합니다. 가정에 쓰나미가 덮쳤을 때, 어떻게 얼마나 유연하게 서로에게 상처를 남기지 않고 잘 극복하느냐가 관건입니다.

첫 번째 시련은 딸이 돌이 되기 전 3층 옥상 계단에서 굴러 떨어진 사건입니다.

지금처럼 의술이 발달하지 않은 시절이었습니다. 아이를 잃을 수 있거나 뇌가 잘못될 수 있다는 걱정과 두려움으로 1년을 마음 졸이며 경과를 지켜보았습니다. 구역질이 나거나 토하면 뇌가 잘못된 것이니 바로 병원으로 달려와야 한다는 의사 선생님 말에 1년 넘게 깊은 잠을 자보지 못했습니다.

그렇지만 순간순간 아이가 행복감을 느끼고 까르르 웃으며 유쾌하게 지낼 수 있도록 유도했고, 남편도 집안 걱정으로 회사 생활에 지장을 받지 않도록 하루하루를 즐겁게 지내고자 노력하였습니다. 아이를 제대로 돌보지 못해서 사고가 난 것 같아 죄인이 된 기분이었지만 당당한 척 행동했고, 아이가 넘어져도 급체가 있어도 내 가슴과 손발이 바들바들 떨리는 시간을 보내면서도 태연한 척 웃어야 했습니다. 아이가 잘못될까 겁이 나서 밖에 데리고 다니는 것보다 집 안에서 데리고 놀아야 했습니다.

만 9개월에 첫 발걸음을 뗀 이후로 걷는 것이 능숙했고 다리가 튼튼한 아이였는데, 다리 힘이 많이 약화되어 밖에 나가면 자주 넘어지고 엎어졌습니다. 성장발달단계를 보면 보통 12개월이 지나야 걷는데 9개월이 지나면서 걷는 아이가 기특하여 빨리 걷는다고 좋아했었는데 사고 후 24개월 된 딸은 걷는 것과 뛰는 것이 불안정했습니다. 밖으로 나가는 대신 집 안에서 책 읽기, 동요 부르기, 시조 읊기, 종이접기, 지점토 놀이, 만들기 놀이, 한글·숫자 놀이로 하루하루를 채워갔기에 다리 근육이 약화된 결과였습니다. 대신 생후 24개월이 되자 동시를 더듬더듬 읽게 되었습니다. 특히 시조를 어렵지 않게 암송했습니다. 집 앞에 있는 미술학원에 매일 초빙되어 장기자랑을 했습니다. 동네 할머니들에게 인기를 얻어 우리 집에 동네 할머니들께서 아이의 시조와 노래를 듣기 위해 놀러오셨습니다. 동네 할머니들의 공동 손녀딸로 자란 덕분에 성격이 밝고 명랑하게 되었습니다.

큰 사고로 인해 잃은 것도 있지만 얻은 것도 많았습니다. 1년이 훨씬 지난 뒤 의사로부터 안심해도 된다는 통보를 받았고, 다행히 딸은 아직까지 뇌도 다른 신체에도 이상이 발견되지 않고 잘 생활하고 있습니다.

두 번째 시련은 딸이 만 4살 때 겪은 교통사고입니다.

그 사건 역시 악몽이었습니다. 아이가 차 문밖으로 튕겨져 나갔습니다. 끔찍한 일이 발생했는데 그나마 다행스러운 것은 겨울철이라 아이가 자라는 것을 감안해 외투를 몇 년은 입을 수 있도록 큰 것을 사 입혔다는 것입니다. 두꺼운 모직 외투가 아이 몸을 어느 정도 보호하였습니다.

그 이후 딸에게 나쁜 사고가 또 일어날까봐 전전긍긍했습니다. 인간인 내가 할 수 있는 것은 '내 딸에게 더는 나쁜 일이 일어나지 않고 건강하게 살 수 있도록 도와주소서', '나쁜 악운이 있으면 모두 제게 몰아주십시오' 라는 신을 믿고 매달리는 기도와 아이가 하루하루 웃으며 살 수 있는 환경을 만들어 주는 것뿐이었습니다.

자동차 사고 기억으로 나쁜 후유증이 나타날까 봐 딸에게 주문 외우듯이 세뇌를 시켰습니다. "우리 딸은 두 번이나 날아다니는 슈퍼우먼이네. 하늘이 보호하는 것을 보면 위대한 인물이 될 거야. 넌 신이 보호하므로 엄마는 걱정 안 한다. 넌 신이 돕는 사람이다."라고 각인시켰습니다. 아직도 사고 때 생긴 상처가 왼쪽 눈 밑에 남아 있습니다. 상처 흔적을 지우기 위해 성인이 된 후 여러 번 레이저 치료를 받았는데도, 상처의 흔적이 깊어 사라지지 않고 남아 내 마음을 아프게 합니다.

세 번째 시련은 딸이 대학 졸업반일 때 찾아왔습니다.

이 쓰나미는 가족 전체에게 찾아온 것입니다. 시골 민둥산을 넓게 깎고 집을 지었는데 건축업자가 공사비를 받아 챙기고도 건축주에게 돈을 못 받았다고 하청업자들을 속이고 공사비를 지불하지 않았습니다. 그리고 토목공사와 옹벽공사를 부풀리는 수법으로 가짜 증빙서류를 만들어 건축주인 나에게 5억 원 가까운 추가 공사비를 요구하며 소송을 제기했습니다. 소송이 시작되자 일부 하청업자들은 건축업자 말대로 건축주가 돈을 주지 않은 줄 알고 몰려와 난리법석을 떨었습니다.

뇌경색이 있는 상황에서 스트레스가 가중되어 밤에 기립성저혈압으로 쓰러지면서 뇌진탕을 당했습니다. 병환으로 정상적인 근무가 힘들 때, 10여 년을 주임 역할을 맡긴 선생님이 믿고 맡겼던 직인을 훔쳐 원장을 교체하려는 서류를 작성했다가 불발로 끝난 사건도 겪었습니다. 동생에게 맡겨 놓았던 사업장도 혼자 감당이 안 된다며 문을 닫겠다고 하였습니다. 그 와중에 남편은 주식에 투자하여 가정 경제에 엄청난 손실을 입혔습니다.

주식보다 더 큰 사건은 내 명의 부동산을 급하게 매도하면서 계약금만 받은 상황에서 등기를 넘겨주었던 것입니다. 등기를 넘겨주면 그 부동산을 담보로 대출을 받아 중도금과 잔금을 지불하겠다고 하였으나 매수자 역시 매도자가 아픈 것을 알고 잔금을 주지 않고 버텼습니다.

모든 악재가 한꺼번에 찾아왔습니다. 신은 나를 시험에 들게 하셨고 극복 과정을 지켜보셨습니다. 나는 남편에게 외국에서 공부하고 있는 딸에게 우리 가정에 일어나는 모든 일들을 알리지 못하도록 당부하였습니다. 나에게도 가정 사정으로 인해 원하던 공부를 못했던 아픈 기억이 있기에 딸의 공부를 방해하고 싶지 않았습니다.

머리가 멍하고 일부 기억을 잃은 상황에서 말도 어눌해졌지만 한 마디 한 마디 신중하게 또박또박 말하고자 노력했습니다. 누구를 원망하지도 않고 용기를 잃지도 않았습니다. 매일 기억나는 대로 메모를 했고, 논문 제출도 대학 강의도 멈추지 않았습니다.

미리 녹화하는 디지털 대학교 인터넷 강의만 선택해서 진행했습니다. 대화를 하다가 앞의 말을 잊어버리기 일쑤인데다 목소리가 잘 나오지 않아 가능하면 사람을 만나지 않고 메일을 주고받으며 치료를 해 나갔습니다.

절망하지 않고 담담히 치료에 응하며 엉켜버린 일들을 조용히 천천히 하나하나 풀어 나갔습니다. 내가 일어나지 못하면 가장 불쌍해질 사람은 딸이었습니다. 나와 자식을 위해 정신을 바짝 차리고 나를 다시 일으켜 세우는 데 주력했고, 결국 건강하게 다시 일어섰습니다. 서두르지 않고 인내를 하며 건강을 찾았고 행복도 더 진하게 맛보았습니다.

인생은 새옹지마라고 했습니다. 지금은 건강관리를 잘하여 쓰러졌던 40대 후반보다 더 건강하고, 그동안 누리지 못했던 것들을 여유롭게 즐기고 있습니다. 그때의 악재가 없었다면 지금의 여유로운 내 모습이 없었을 것 같습니다.

그동안 나와 가족을 위해 살았다면 지금은 남을 위한 봉사활동을 하며 열심히 살고 있습니다. 그런데 봉사활동을 하다 보니 남을 위하는 것이 아니라 나를 만족시키고 나를 위한 것임을 알게 되었습니다.

남편은 남편대로 성실하게 직장생활을 하고 있고, 딸은 집안에 경제 쓰나미가 덮친 사실을 모른 채, 좋은 성적으로 즐겁게 대학 졸업을 했습니다. 지금도 자신의 희망대로 자기 분야의 전문가로 우뚝 서고 있습니다.

건축업자의 사기도 밝혀냈습니다. 내가 선임한 진실하고 유능한 변호사는 건축업자가 만든 가짜 증빙서류를 모두 밝혀냈습니다. 건축업계의 의리를 앞세워 위증을 했던 일부 하청업자들과 건축업자는 형사처벌을 받았습니다. 먹이 사슬로 인해 위증을 하고 처벌을 받는 하청업자들이 안타까웠습니다. 유능한 변호사는 부동산 매매 대금도 4년 만에 받아 줬습니다.

모든 것을 극복하는 데 5년이란 세월이 지루하게 흘러갔습니다.

지금은 하루하루가 소중하고 감사한 나날입니다.

특히 딸에게 감사합니다.

아마 딸이 없었다면 모든 것을 포기했을 것 같습니다.

유기농법 자식 농사를 할 줄 아는 배우자

깨끗하게 잘 자란 아이들이 사회를 이끌어 가야 희망이 가득한 나라가 될 수 있고, 정신이 맑은 지도자를 길러 내야 사회의 어두운 그늘을 걷어낼 수 있다.

자식을 인류의 지도자로 만들거나 유익한 사람으로 만들려면, 꼭 유기농법으로 자식 농사를 짓도록 해야 한다. 요즘 지저분하게 자식 농사를 짓는 사람들이 너무 많아 심히 우려된다.

사람들이 매일 유해성분 덩어리를 먹듯이 부모로부터 유해성분이 가득한 교육을 받으면 어른이 되어서도 행동이 괴팍하거나 거칠어진다. 예전보다 자식 농사에 과도한 농약, 성장 촉진제, 화학 비료 같은 성분들을 너무 많이 쏟아 부어 부작용이 심각하게 나타나고 있다. 결과적으로 허우대는 멀쩡하고 보기 좋은 사람은 많아진 반면, 인격을 갖춘 사람을 찾기 위해선 눈을 크게 뜨고 골라내야 할 형편이다.

같은 마을에서 생산되는 농산물의 질이 제각각이듯 사람들의 색깔과 질도 천차만별이다. 대한민국 무슨도 아무시 양심동에서 농산물이 생산될 때, 유기농으로 농사를 지어 사람에게 이로운 먹을거리를 제공하는가 하면, 몸에 해로운 농약 범벅인 농산물이 사람들 눈요기에 맞춘 저질 먹거리가 되어 우리 식탁까지 범람하기도 한다.

매일 사과 한 개를 껍질째 먹으면 건강에 좋다는 것은 누구나 아는 상식이다. 사과의 펙틴과 무기질 성분은 과도한 나트륨을 배출시키고, 폴리페놀 성분은 피부 미백과 노화 방지에 효과적이다. 성인병과 몸속 독소 배출에 좋은 식이섬유, 비타민, 항산화물질 등도 많이 함유되어 있다고 한다.

그런데 그 사과 껍질에 살충제와 빛깔을 좋게 하는 농약이 묻어 있는 것이 문제다. 상품 가치를 높이기 위해 반들반들하게 보이도록 하는 약을 바르고, 수분 증발을 막아 유통기간을 늘리는 유액을 바른다. 모든 사과가 다 그런 것은 아니겠지만 양심불량인 사람들이 생산한 사과를 먹고, 몸에 유해한 것들이 우리 뱃속에 계속 쌓인다고 생각해 보자. 건강식품을 먹는 것이 아니라 서서히 죽을 수 있는 타살 반, 자살 반인 식생활을 하게 되는 것이다.

이처럼 우리 주변에는 머리가 비상하고 똑똑해서 이로운 일을 많이 하는 척하지만, 양심이 불량하여 몰래 남에게 해를 입히고 나쁜 짓을 하는 사람들을 종종 볼 수 있다. 머리가 비상하고 약삭빠른 사람들이 이 사회에 끼치는 병폐의 파장력은 넓고도 깊다. 각 분야의 인재들이 사람까지 해하는 살충제와 비슷한 마음을 갖고 설친다고 생각하면 소름끼치는 일이다.

부모의 권력을 이용하여 멀쩡한 자식을 일시적인 장애인으로 만들어 군대에 보내지 않고, 그 기간에 공부를 시켜 판사가 되었다고 가정해 보자. 편법으로 군대에 가지 않은 판사가 자신이 배운 대로 편법을 접목시키는 판결을 내리지 않을까 우려된다. 돈으로 국적을 사서 유명학교를 다니게 하고, 깡패를 사서 약자를 두들겨 패는 사람도 있다. 왕따를 시킨 자식을 위해 피해자 부모를 공격하고, 성폭행을 한 자식을 감싸 안는 잘못을 저지르는 경우도 있다. 물질만능이 빚은 유해 인간들이 넘쳐나고 있는 것이다.

모든 농산물에 약을 치지 않고는 기를 수 없다는 생각이 팽배하여, 잘못된 관행들이 당연하게 여겨져 농약으로 오염된 농산물을 거리낌없이 먹듯이, 사람도 '그놈이 그놈이야' 라는 생각으로 포용하는 것이 문제다. 모두가 '문제야, 문제' 라고 하면서도 때깔만 좋은 살충제 범벅인 농산물을 먼저 사듯이, 사람도 빛깔 좋고 때깔 좋게만 만드는 지금의 가정교육과 사회교육이 무섭다는 생각이 드는 것은 나만의 생각일까.

사회생활을 하다 보면 여러 가지 어려운 일에 직면하기도 한다. 그러나 부모가 자식들을 유기농 농산물처럼 사회와 사람들에게 유익한 인재로 길러냈다면, 그 자녀는 분명 가정과 사회를 깨끗하고 반듯하게 이끌어갈 것이다.

양심적이고 긍정적인 마인드로 좋은 밭을 만든 뒤 좋은 환경에서 유기농법으로 지은 농산물이 사람들 몸에 영양가를 듬뿍 선사하는 약으로 쓰이듯이, 타인에게 약이 될 수 있도록 길러낸 깨끗하고 순수한 자녀가 나라의 큰일을 해낼 수 있고 세계적인 지도자가 되어 인류에 기여하는 모범적 인물이 될 수 있다.

'완벽' 하지 않아도 '성장' 하는 배우자

묻고 싶습니다.

당신은 완벽하나요?

당신은 단점이 없나요?

당신은 모든 것을 갖추었나요?

단점이 있고 완벽하지 못한 조건을 갖고 있는 당신은 어떤 배우자를 원하십니까?

단점이 있고 완벽하지 못한 조건을 갖고 있는 당신은 어떤 자녀를 원하십니까?

많은 미혼자들이 신분 상승을 꿈꾸거나 완벽한 상대자를 원한다. 돈 많은 배우자, 돈 잘 버는 배우자, 학벌 좋은 배우자, 직장 좋은 배우자, 권력 있는 배우자, 출세하는 배우자, 리더십 있는 배우자, 성격 좋은 배우자, 가정적인 배우자, 평생 사랑해주는 배우자, 좋은 부모가 되어 주는 배우자, 착한 배우자, 키 크고 날씬한 배우자, 노래 잘하는 배우자, 유머가 넘치는 배우자, 예쁘고 잘생긴 배우자, 등등.

결혼 후 자식에 대한 기대심리도 마찬가지다. 아이가 태어나면 부모들은 내 자식이 부자 되고, 출세하고, 학벌 좋고, 직장 좋고, 권력 있고, 명예 얻고, 리더십 있고, 성격 좋고, 착하고, 키 크고, 노래 잘하고, 유머가 넘치고, 예쁘고, 잘생기고, 효도하는 자식으로 성장해 주기를 바란다.

이 모든 것을 다 갖춘 완벽한 자식을 원하는 부모는 욕심으로 충만한 사람이다.

부부는 처음은 서로 조금 부족한 모습으로 맺어졌기에, 자녀도 그런 부모의 유전인자와 환경을 물려받아 조금 부족한 모습으로 성장해 가기 마련이다. 그런데 결혼 전 신데렐라를 꿈꾸거나 인생역전을 꿈꾸던 부모들이 자신이 누리지 못했던 많은 것들을 자녀가 가졌으면 하는 마음에 몸부림치는 경우를 흔하게 보게 된다. 내 자식만은 완벽하기를 바라거나, 완벽하지는 못하더라도 부모보다는 나은 삶을 살기 바라며, 그로 인해 아이들을 오직 공부라는 틀 속으로 숨 가쁘게 몰아넣기도 하고, 아이의 능력 이상으로 욕심을 내며 몰아붙이기도 한다.

부모의 욕심과 몸부림이 점점 더 강도 높은 사교육으로 나타나고 있는 것이다. 사교육을 해서라도 자녀들이 부모가 원하는 만큼 능력을 발휘해 주면 고마운 일인데, 기대에 부응하지 못하면 가정이 평화롭지 못하고 늘 부딪히는 소리가 문밖을 넘는다.

완벽하지 않는 부부가 만나 장점은 살리고 약점은 감싸주며 적당한 선에서 서로 마음에 맞지 않은 부분들을 극복해 나가듯이, 자녀문제도 적당한 선에서 버릴 것은 버려야 한다. 부모가 자녀와 타협할 때, 그 '적당히' 라는 것이 과제이다.

부모의 학창시절을 뒤돌아보고, 시대에 맞춰 자녀의 학창시절을 바라보는 눈높이를 형성해 보자. 그리고 너무 특출하게 모범적이고 우수했던 부모들은 자신들의 잘난 모습만 생각하지 말고, 자녀가 부모와 다를 수 있다는 것을 인정하고, 그냥 있는 대로 바라봐 주어야 한다.

자녀와 부족한 부분을 채우며 성공의 길로 전진할 때 마음에 평화를 담고 채워 가야지, 화를 안고 채워 가면 채워지는 부분이 검게 그을리게 된다. 자녀는 성공의 길로 가는 과정에서 성취감과 보람을 느껴야 한다. 목표 지점까지 갈 수 있는 원동력은 부모의 욕심이 아니라 따뜻하고 소박한 격려라는 것을 명심해야 한다.

나는 현명하게도 자신을 잘 알기에 일찌감치 많은 것을 내려놓았습니다.

얼굴이 양귀비도 아니었고, 가슴인지 등인지 앞뒤 구분이 되지 않는 즉, 쭉쭉 빵빵도 아니었습니다. 일류대학 출신도 아니었습니다. 성격도 부드럽지 않았고 애교도 없었습니다. 더구나 건강체질도 아니었습니다. 상대방만은 꿈의 조건을 갖춰야 한다고 생각하면 그건 지나친 욕심이라 생각했습니다. 그러다 30% 부족한 나와 20% 부족한 남편이 하나로 만난 것입니다.

『손자병법』에 '자신을 알고 적을 알면 백전백승'이라 했습니다. 우리 부부는 서로를 너무 잘 알아서 늘 서로 고마워합니다. 이해해주고 감싸주어서 고맙고, 감사하여 오직 서로만 바라봅니다. 그래서 행복했습니다. 집 밖에 나가면 유혹적인 여자들이 많을 텐데 지금까지 나만 바라봐 주니 영광으로 알고 행복하게 잘 살고 있습니다.

누가 저 같은 아내를 30년 세월 동안 지겨워하지 않고 바라보며 아껴주겠습니까? 부족한데도 예뻐해 주고, 아껴주고, 믿어주어 행복할 수 있었던 것입니다. 서로를 믿고 아끼니 어려운 일이 닥쳐도 힘든 폭풍우가 불어와도 이겨낼 수 있었습니다.

나는 학창 시절 공부하기를 싫어했고 결혼 후에는 필요에 의해 공부를 했던 경험이 있어서, 학창 시절의 나보다 공부를 잘해주는 딸이 대견하여 공부하라고 닦달하지 않았습니다. 딸이 공부로 인해 슬럼프를 겪을 때 건강을 잃지 않도록 뒷받침만 해줬을 뿐, 스스로 일어나도록 지켜보기만 했습니다. 아이는 힘든 과정을 잘 극복해 줬고, 별 무리 없이 학자의 길을 걷고 있습니다. 내가 공부를 딸보다 잘했다면 지금처럼 기쁘고 행복하고 흡족하지 않았을 것입니다.

남편은 밤거리를 헤매는 늑대 흉내도 내지 않았고, 거미줄에 아슬아슬하게 매달리는 줄타기도 일찌감치 내려놓고 편한 마음으로 성실하게 일하다 보니 직장생활도 힘들지 않게 하고 있습니다.

우리 부부가 성취지향적인 삶이 아니라 출세지향적인 삶을 원했다면 불만이 쌓였을 텐데, 이런 잔잔한 생활을 좋아하기 때문에 만족하고 행복합니다.

나는 건강을 잃고 방황한 적이 있었지만 그 덕분으로 많은 일에서 벗어날 수 있었고, 그동안 경험하지 못했던 제3의 세상구경을 했습니다. 유치원과 가정이란 곳에서 편협하게 한 분야의 사람들만 만나다가 주어진 환경 밖으로 나와 여러 분야의 인생살이를 구경해 보니 별의별 종류의 사람들이 있었습니다. 30년 가까이 참으로 좋은 환경에서 가족과 무리 없이 살았다는 것을 깨닫고, 내 삶에 더욱더 감사하게 되었습니다.

우리 가족은 서로 자신의 모자람을 잘 알기에 상대를 이해하고 서로 고마워합니다. 결혼할 때, 한 사람하고 지겨워서 10년 이상 어떻게 살 수 있을까 하고 고민했었는데, 지금은 30년 동안 살아온 나날이 3년처럼 느껴집니다. 노부부가 경포대 모래사장을 두 손 꼭 잡고 걷는 모습을 보고 아름답다고 생각한 적이 있었습니다. 지금은 우리 부부도 그 대열에 설 수 있게 되었습니다.

결혼생활은 서로 부족한 사람들이 만났기에 마음 내려놓기를 잘 해야 백년해로를 무난하게 할 수 있습니다.

제2장

자녀교육, 탄탄한 부모 기본기

자녀를 맞이하는 몸과 마음 준비

1. 임신 전 술, 안녕히 가세요

여성들이 남성들과 어깨를 나란히 하다 보면 자연히 술자리를 함께 하는 경우가 많다. 대학 입학 후 술을 퍼부어 주는 행위가 선배들의 첫 인사인 것처럼 술 문화가 관례화되어 있는 것이다. 이웃 나라 중국이나 일본 사람들은 자신의 주량에 맞게 마셔 추태라는 행동이 거의 없는 반면, 우리나라는 정을 나누는 문화라는 명분으로 술잔을 돌리고, 곤드레만드레 수준까지 가야 만족하는 술에 대한 관대한 문화가 있다.

여자가 먹던 잔이든, 남자가 먹던 잔이든, 병에 걸렸든, 안 걸렸든 상관하지 않고 술잔을 막무가내로 돌리는 경우가 있다. 타액으로 치명적인 병을 옮기는 환자임에도 불구하고 침에 섞인 균과 함께 자신의 잔을 돌리는 경우도 있다.

술잔 돌리는 문화는 좋지 않다고 의학계는 말하고 있다. 상대의 주량과 기분에 상관없이 퍼주는 술 문화가 자리를 잡다 보니 뇌 회로가 뱅글뱅글 도는데도 위장에 구멍 나도록 붓고, 마시고, 취하고, 쓰러지도록 권하고 또 권하는 악습이 전승되고 있다.

우리나라는 유독 술에 대해서는 관대하여 해롱해롱하며 8차선 도로가 좁을 정도로 갈지자 걸음을 걸어도 적당히 봐주기 문화가 통용된다. 예전과 달리 여자들도 꾸역꾸역 토하거나 고주망태가 되어 널브러지는 광경을 흔하게 볼 수 있다. 술에 취해 큰 실수를 해도 '술에 취해서' 로 두루뭉수리 넘어간다.

사람들은 직장 단합, 생업을 위한 로비, 혈연·지연·학연 등 거미줄 네트워크를 만들어 수많은 인맥들을 관리하기 위해서 술이 필요하다고 말한다. 내가 없을 때, 뒷담화는 안 하는가 불안하고, 또는 술자리는 피하고 싶지만 사회생활에서 왕따가 되어 상사 눈 밖에 나는 결과를 초래할까 걱정되어 술자리에서 전전긍긍하기 십상이다. 강심장이거나, 세속적인 마음을 내려놓고 사는 사람이 아니면 동료나 상사가 술 한잔하자는 말에 싫다고 거절하기 힘들다고 토로한다.

우리나라의 교육 수준이 선진국으로 진입한 만큼 이제는 술로 시간과 몸을 축내기보다 여가 시간을 확보하여 문화생활을 즐길 줄 알아야 한다. 술이 힘든 삶이 뿜어내는 괴로움을 중화시키는 약이라고 생각하며 마시지만, 결국 자신의 이성을 마비시키고 뇌세포를 야금야금 죽여가는 독약이라는 것을 알아야 한다. 임신을 마음에 두고 있다면 원활한 직장생활보다 더 중요한 행동이 금주다.

임산부가 마신 술과 아기의 뇌 변화

대한민국 청소년들이 처음 술을 접하는 나이는 평균 13세라고 한다. 어린 나이에 알코올에 취해 살던 산모가 낳은 아기의 혈중 알코올을 측정하면 농도가 매우 짙게 나온다. 미혼모가 아이를 버리는 경우가 많은데, 버려진 아이들의 건강 검진을 하는 과정에서 자주 발견된 성분이 알코올과 니코틴이다.

혈중 알코올이 검출된 아기들의 뇌세포가 심각하게 타격을 받은 것으로 나타났다는 보고서가 충격적이다. 술은 태아의 뇌세포를 손상시키고 인체의 거의 모든 조직에 악영향을 준다. 술은 기형이나 심장 이상, 간기능 저하뿐만 아니라 면역력 저하를 갖고 와서 아이가 각종 질병에 쉽게 노출된다. 혈중 알코올이 검출된 아기의 뇌는 전두엽, 측두엽, 두정엽 등의 기능이 저하되고, 기억을 저장하는 해마 부분에도 큰 손상을 입어 학습인지장애와 성장장애 또는 불안과 우울증을 앓거나 성격이 포악해지는 사례들이 속속 나타나고 있다.

임신 중 많은 알코올 섭취는 뇌 발육을 억제하여 태아 알코올증후군 중의 하나인 소뇌증(작은 뇌)을 만들기도 한다. 또 정상적으로 태어난 아이들과는 달리 성인이 되어서도 알코올중독에 빠지거나 게임중독, 약물중독 등 정신이상 증세들이 나타나기도 한다. 알코올에 노출된 아이들은 집중력 저하와 인지능력 저하로 학습장애를 겪는 경우가 많아, 미국에서는 저소득층이 모여 있는 흑인 동네 산모들이 금주할 수 있도록 정부 차원에서 적극 노력한다.

태내에서 알코올을 섭취한 아이는 태어난 후 고액 과외 등으로 아무리 많은 돈을 바르고 정성을 쏟아도 뇌가 뱅뱅 돌아, 공부를 제대로 하지 못한다고 한다. 따라서 여성이 임신을 준비할 시기가 되면 알코올 근처에 가지 않는 것이 상책이다.

2. 임신전 담배, 안녕히 가세요

흡연과 뇌 변화

아빠도 자녀도 담배를 피우지 않고, 가족 모두가 담배 냄새조차 싫어한다면 참으로 좋은 유전인자가 내포되어 있다고 볼 수 있다. 그런데 대부분의 사람들이 가족이나 주변 사람들로 인해 간접흡연을 하고 있어 문제가 발생할 수도 있다. 그나마 다행스러운 것은 2014년부터 식당이나 공공장소에서 담배를 못 피우도록 법이 통과되었다는 것이다.

니코틴이 몸속에 들어오면 혈관을 통해 빠른 속도로 퍼지면서 뇌에 순식간에 도달한다. 니코틴은 호르몬을 교란시켜 교감신경을 활성화시키고, 간에서 포도당의 분비량이 늘어나도록 작용한다. 뇌에서는 도파민(dopamine)의 분비량이 늘어서 기분 좋은 상태를 느낄 수 있게 된다. 흡연으로 인한 니코틴 흡입은 단기적인 집중력·기억력의 향상 같은 각성 효과를 얻을 수 있다. 그래서 사람들은 스트레스가 가중될 때나 뭔가 불안할 때, 또는 집중력이 필요할 때 담배를 찾는다. 집중력이 필요한 스토리 전개에 매달리는 작가들이 줄담배를 피우게 되는 경우가 많은 것도 같은 맥락이다.

그런데 니코틴의 가장 큰 문제는 의존성과 중독성에 있다. 니코틴이 뇌를 잠시 활성화시켜 신체에 활기를 불어넣고 기분을 밝게 하는 자극제 역할을 하고, 고통스러운 편두통을 해소하는 데 도움을 주는 것도 맞다. 그렇지만 많이 흡입하면 불안, 초조, 불면, 두통, 이명 현상이 나타나기 때문에 주의가 필요한 것이다. 그뿐 아니라 기관의 점액성 분비물을 마르게 하고 혈관을 수축시키기 때문에 건강에는 나쁜 증상을 유발시키는 것이다.

그럼에도 사람들이 니코틴에 집착하게 되는 이유는 카페인처럼 중독성이 강하기 때문이다. 커피에 의존하는 현대인들이 점점 더 진하게 더 많이 커피를 마시듯이, 흡연자도 담배가 반 갑에서 한 갑, 두 갑 점점 늘어난다. 특히 니코틴은 의존성을 나타내는 물질로 니코틴이 끊기면 도파민 분비의 감소로 일시적으로 기분이 유쾌하지 않고, 짜증이 심해지는 것으로 알려져 있다. 그래서 금연 성공률도 상당히 낮다. 니코틴 중독 상태가 되면 구토, 맥박, 호흡 상승 같은 흥분 현상이 나타나고, 암에 걸릴 확률이 높다는 연구 결과들이 줄줄이 나오고 있다. 그런데도 신체에 이상이 와서 심각해지기 전까지 끊지 못하는 것이 담배 속의 니코틴이 불러오는 도파민 때문이다.

선진국에서는 여성 흡연이 과거보다 줄었으나 우리나라에서는 여성 흡연자들이 오히려 늘어나는 추세로, 문제가 되고 있다. 산모가 담배를 피울 경우 태아에게 기능적 빈혈을 일으킨다고 알려져 있다. 산소가 아닌 일산화탄소가 태반을 통하여 태아 쪽으로 이동하여 태아 혈색소의 수치를 저하시킨다고 한다.

흡연 산모의 태반은 비정상이라고 알려져 있다. 태아 혈관으로 들어온 니코틴은 혈관 수축 작용을 일으켜 산소 공급을 제대로 못하고, 그로 인해 태반이 혈액 순환을 제대로 못하므로 태아의 혈압과 호흡수를 증가시켜 태아 신체와 뇌를 손상시킨다고 한다.

니코틴을 과하게 섭취했을 경우 혈관 수축을 가져와서 태아 산소 공급을 저해하고, 철분과 칼슘의 흡수를 방해하기 때문에 태아에게 공급되는 영양분까지 차단한다. 산소 차단은 두뇌에 치명적인 영향을 미친다는 사실은 의학계의 보고로 이미 널리 알려져 있다.

니코틴이 태아의 뇌에 직접적인 손상을 주면 정신박약아를 낳을 확률이 높아지고 조산으로 태아가 제대로 성장하지 못할 확률이 높아진다. 산모가 흡연을 하는 경우 저체중으로 태어나는 아기가 많고, 신체상으로는 멀쩡해도 면역력이 정상이 아닐 수 있다. 산모 흡연에 노출된 신생아는 기관지염이나 폐렴에 잘 걸리고, 지능이나 신체 발달에도 문제가 있다. 또한 많은 아이들에게서 ADHD(주의력 결핍 과잉행동 장애) 현상이 나타난다고 한다.

산모의 간접흡연에도 태아는 지대한 영향을 받는다는 연구 결과 발표가 있다. ADHD 현상이 나타나는 아동들 중 어머니가 담배를 피우지 않아도 아버지가 담배를 많이 피우는 경우도 있었다. 태내 니코틴의 피해로 ADHD 현상이 나타나는 아이들의 경우 치료가 잘 되지 않는 것으로 알려져 있다. ADHD 현상이 나타나는 아이들의 경우 학습장애는 당연하고, 성인이 되어서 사회생활을 하는 데 문제를 야기할 수도 있음을 간과해서는 안 될 것이다.

니코틴뿐만 아니라 알코올, 다량의 카페인도 태아의 뇌세포를 파괴할 수 있기 때문에 피해야 한다. 부모가 될 사람들은 담배, 술, 카페인 함량이 높은 커피는 가급적 멀리하는 것이 현명하다.

3. 임신을 위한 건강체크

임신을 앞둔 부모는 건강에 유의하여야 한다. 부모가 건강하지 않으면 건강한 자녀를 얻기가 힘들다.

세계보건기구(WHO)의 헌장에서 '건강이란 질병이 없거나 허약하지 않은 것만 말하는 것이 아니라 신체적·정신적·사회적으로 완전히 안녕한 상태에 놓여 있는 것' 이라고 정의하고 있다. 세계보건기구의 헌장에도 있듯이 부모는 육체뿐만 아니라 정신적으로도 건강해야 한다. 또한 인간은 사회적인 동물인 만큼 사회생활도 건전하게 융화를 잘 해야 한다.

사람은 혼자서 살아갈 수 없기 때문에 사회구성원으로서 대인관계를 잘 이루어야 행복한 삶을 유지할 수 있다. 사회적응력이 떨어지면 스트레스 포화 상태가 된다. 사회생활에서 오는 스트레스를 이기지 못하게 되면 삶이 황폐화되고, 그로 인해 정신적 건강도 훼손될 수 있다. 정신적으로 타격을 받으면 자연히 신체적 건강에도 영향을 미치게 된다.

산모나 아버지가 될 사람이 사회생활에 문제가 있어 과중한 스트레스를 받았을 때 임신을 하게 되면, 태아에게 그 불안감이나 속상함 또는 과도한 스트레스가 그대로 전달된다. 산모가 임신 중에 심한 스트레스에 시달리게 되면, 태어난 아이들에게 여러 증상들이 나타난다. 가장 대표적인 증상이 예민하고 짜증이 많거나 산만하다는 것이다. 산만한 아이들은 집중력과 인내력이 부족하여 학업에 어려움을 겪게 된다. 부모가 건강하지 않은 상태에서 임신하여 태어난 아이들이 학습장애를 겪는 것은 안타까운 일이 아닐 수 없다.

세상인심이 학벌로 줄을 세우는데, 태어날 때부터 학습장애로 태어나게 해선 안 된다. 건강한 상태에서도 다른 아이들과 경쟁해 나가는 것은 힘든 일이다. 자신뿐만 아니라 자녀, 그리고 가족이나 주변 사람들, 넓게는 사회 전체를 위해서라도 산모는 자신의 건강을 잘 지켜야 할 의무가 있다.

4. 변이유전자 체크

유전자 검사를 하면 다운증후군과 같은 염색체 수의 이상이나 유전자의 결손 및 변이, 염색체 형태의 이상, 유전 질환 여부를 판별할 수 있다. 산전 검사의 경우 동네 보건소에서도 가능하므로 꼭 해보는 것이 바람직하다. 이와 같은 행동은 자녀에게 물려줄 염색체에 들어 있는 유전자에 대한 검사로, 유전질환이나 일부 종양의 진단 및 돌연변이, 염색체 이상 등을 진단해서 불행을 사전에 예방할 수 있기 때문이다.

대부분 의료기관에서 임신 후 양수 검사로 태아 염색체 이상 검사를 시행하고 있다. 임신 전이나 임신 중에도 전문가와 상담을 하여 꼭 필요한 검사들을 해 보는 것이 태아와 임산부의 미래에 도움이 된다.

5. 마인드 컨트롤

스트레스 털기

초조함이나 불쾌감, 슬픔, 분노 등은 호르몬에 많은 영향을 준다고 알려져 있다. 마음뿐만 아니라 스트레스 조절이 안 되면 소화력이 떨어지고 위장에 탈이 난다. 위장에 탈이 나면 만성 피로가 오는 것은 물론, 다른 신체 기관에도 서서히 문제가 생긴다.

대표적으로 스트레스를 받고 위 근육이 경직되면 혈액순환이 불량하게 되는데, 정체된 혈류로 인해 신체의 허약한 부위에 염증과 통증이 발생하게 된다. 이렇게 통증을 호소하던 사람들이 노래교실에 다니면서 아픈 부위가 사라졌다고 하고, 등산을 하면서부터 아프던 부위들이 개선되어 건강을 찾았다고도 한다. 노래를 부르다 보면 뇌에 신선한 산소 공급이 이루어진다. 즐거운 마음은 몸에서 이로운 호르몬들을 분출하게 만들어 스트레스를 완화시킨 것이다.

몸이 스트레스를 받아 긴장하거나 화를 내면, 쉽사리 근육도 긴장하고 피도 탁해진다. 그런 긴장이 하루, 이틀, 한 달, 두 달 지속된다면 만성 피로를 가져온다. 만성 피로는 몸에 염증을 만들고, 반복되는 염증은 암을 유발시키기도 하기 때문에 유의해야 한다.

몸도 마음도 긴장되지 않도록 이완 훈련을 해 두면 몸에 이롭다. 마인드컨트롤 훈련과 호흡 조절 훈련, 또는 마음 다스리기와 명상을 통해서 본인 의지대로 마음을 움직이도록 훈련을 하면, 스트레스를 받을 때 내 몸과 마음을 다스리는 데 도움이 된다. 이완 교육을 받고 실행하면 신경계의 활성화로 면역력이 증강되어 항상 몸과 마음이 편안하다.

마음 비우기

좋은 삶을 유지하기 위해서는 살아가면서 몸도 마음도 비워내며 채워나가야 한다. 물이 항아리에 가득 차서 고여 있으면 썩고 말듯이 우리 몸과 마음도 계속 비워내면서 채워넣어야 건강하다. 그리고 우리 인생을 물 흐르듯이 순리대로 살아야 덜 힘들다.

요즘 과학 발달로 물도 펌프로 높은 곳으로 역류시키지만, 그 물을 역류시키는 데에는 엄청난 에너지가 필요하다. 무쇠 덩어리인 기계도 물을 역류시키기 위해 에너지를 방출하다 보면 쇠가 닳아 없어지는데, 하물며 사람이 역류시키는 삶을 살고자 발버둥치면 몸에 병이 생기고 만다. 마음을 비우지 못하고 안 될 일에 욕심을 내 머리에 쥐가 나도록 고민을 움켜잡고 살면 염증 덩어리가 암으로 자리 잡게 된다.

자신의 일뿐만 아니라 가족의 문제 해결에 있어서도 마음을 비워가면서 대책을 세워야 한다. 특히 부모들은 아이 문제만큼은 예민하다. 아이는 미성숙한 존재이므로 성숙해지는 과정에서 여러 문제점들이 발생할 수 있는데, 아이의 문제를 해결함에 있어 어른 욕심이 과하여 좋은 결과에만 집착하면 서로 속상하고, 화가 나, 아이와 마찰이 생긴다. 아이를 있는 그대로의 모습으로 받아들여 아이 기질과 소질에 맞게 재능을 꽃피울 수 있도록 도와야 하는데, 마음을 비우지 못하고 부모의 욕심을 전가하여 아이를 윽박지르면 자식은 애물단지로 전락하게 된다.

자녀가 부모 욕심만큼 기대에 부응하지 못하면 아이를 주눅 들게 하여 아예 공부를 포기하도록 만드는 사람들이 있다. 자기 아이가 공부를 왜 안 하는지 이해가 안 된다고 우는 엄마를 본 적이 있다. 상담을 해 보니 직업이 의사인 엄마의 자만심과 독선이 불러온 결과였다. 아이는 만화가가 되고 싶어 하는데, 의사를 만들겠다고 24시간 감시하는 사람까지 붙여 막무가내로 공부 속에 머리통을 처박도록 강요했다. 표현이 거칠지만 내가 본 엄마 중에 최악이었다. 아이가 자해를 하는데도 사람을 붙여 과외 지도 감시를 했다. 이렇게 자녀를 망쳐놓는 부모가 한둘이 아닌 것이 문제다.

아이들마다 타고난 기질과 재능이 다르다. 청각 능력이 뛰어난 아이들은 선생님 말씀이 귀에 잘 들어오고, 시각 능력이 뛰어난 아이들은 혼자서 책을 보며 조용히 공부하는 것이 효과가 좋다. 집중력 정도에 따라 한 시간 공부하고 놀아야 하는 아이가 있고, 세 시간 이상 책상에 앉아 있을 수 있는 아이가 있다. 부모가 내 아이에 대해 잘 파악하고 판단하여 내 아이에게 불가능할 것들은 내려놓아야 한다.

부모가 되면 자녀에 대해 욕심을 내는 것은 당연하지만 과한 욕심은 버려야 한다. 마음을 비우고 아이를 바라보면 자녀가 무엇을 해야 성공할지 투명하게 보인다. 욕심이 판단을 가리면 자녀의 장래가 안개에 싸여 미래가 보이지 않게 된다. 이리 갈까 저리 갈까 우왕좌왕하기도 한다.

마음을 비우지 않으면 절대로 행복할 수 없다.

욕심이 넘치면 마음에 재앙이 온다. 욕심이 정체되면 마음이 썩는다.

욕심을 비운 만큼 마음에 행복이 들어온다는 사실을 명심해야 한다.

내 딸은 하루 최소 8~9시간을 자지 않으면 공부를 해도 머리에 저장이 안 됩니다. 휴일에는 12시간을 넘게 자기도 했습니다. 초등학교에 입학하기 전에는 잠 많은 아이를 데리고 여행하기가 좋았습니다. 딸은 집을 출발해서 휴게소에 들러 비몽사몽간에 밥을 먹고 목적지에 도착할 때까지 잠을 잤습니다.

어릴 때는 그런 딸이 좋았는데 한참 공부해야 할 나이에는 노는 시간, 쉬는 시간, 잠자는 시간을 빼면 공부할 시간이 없어 고민스러웠습니다. 잠을 줄이기 힘든 아이가 노는 것만은 다 챙겨 놀아야 하니 엄마로서 먹고 놀고 쉬고 자는 아이를 보면 속 터질 일이고, 공부를 안 하고 성적이 곤두박질치면 화가 부글부글 끓어올랐습니다.

아이에게 보란 듯이 내가 먼저 책상에서 반듯한 자세로 책을 보며 기다려 줬습니다. 아이는 눈치가 보일만 한데도 참으로 신나게 잘 놀았습니다.

부모가 되려면 마인드컨트롤이나 명상은 기본적으로 해야 합니다. 속 끓이면 위장병이 생기거나 두통에 시달리게 됩니다. 마음을 내려놓고 때를 기다리며 아이를 공부로 이끌어야 합니다. 스스로 집중하지 않으면 책상에 앉아 있어도 딴짓하기 바쁩니다.

자녀를 키우다 보면 고속도로에서 국도나 지방도를 지나 산 비탈길로 이탈하지 않도록 리모컨을 잘 눌러야 하는데 아이는 고속도로에서 산 비탈길, 논길, 지방도로 종횡무진입니다.

잠 많은 아이가 놀면서 세계 일류대학을 졸업했다면 대치동 엄마들은 말도 안 된다 할 것입니다.

"뻥치지 마세요."

"그렇게 많이 잤다구요?"

"공부라곤 쥐꼬리만큼 하고 세계적인 대학을 장학생으로 입학했다구요?"라고 말입니다.

네, 진실입니다.

뱃속에서부터 잠을 타고난 아이였습니다. 그것을 알기에 피로가 풀릴 때까지 재웠습니다. 초등학교 때는 10시간씩 잤지만 서서히 잠을 줄여 고등학교 때는 8~9시간씩 잤습니다. 초등학교 때에는 집중할 수 있는 시간이 30분 정도였습니다.

공부를 더 시키면 몸 트림을 했습니다. 고등학교 2학년 때까지는 1시간을 공부하면 2시간을 놀아야 했습니다. 3학년부터 겨우 2시간 공부하고 1시간 노는 방법으로 공부를 했습니다. 노는 시간에는 그림도 그리고 음악도 듣고 잠도 잤습니다. 낮잠을 거의 매일 조금씩 잔 것 같습니다. 지금도 잠만은 국보급으로 잡니다.

그래도 대학도, 대학원도 모두 세계 명문 대학에서 좋은 성적으로 졸업했습니다. 잠 많은 아이에게 공부는 안하고 잠만 잔다고 화를 냈다면 딸은 공부를 잘하지 못했을 것입니다. 딸은 마음이 불편하거나 스트레스가 많아지면 잠이 기하급수적으로 더 늘어납니다. 20시간을 넘게 자는 경험도 했습니다.

아이에 대한 욕심을 내려놓지 않으면 복장이 터질 일이지만, 우리 부부는 아이의 잠을 인정하고 아이 마음을 편하게 해 주려고 노력했습니다.

마음이 평안하면 뇌가 편안해지고 뇌에 저장이 잘 되어, 집중력을 발휘하여 짧게 공부해도 잊어버리지 않고 장기기억 뇌에 남게 됩니다. 잠을 충분히 자는 동안 공부한 내용들은 단기기억 뇌에서 장기기억 뇌로 이동을 합니다.

부모가 불행하면 아이가 자라면서 방황을 많이 하게 되고, 늘 인상을 쓰고 있으면 아이가 집에 들어올 맛이 안 나고 공부에 집중도 되지 않습니다.

스스로 행복하다고 느낄 수 있는 것도 부단히 노력한 결과입니다. 불행의 씨앗이 욕심에서 싹튼다는 것, 행복할 수 있는 가정은 마음 비우기에서 시작된다는 것을 명심해야 합니다.

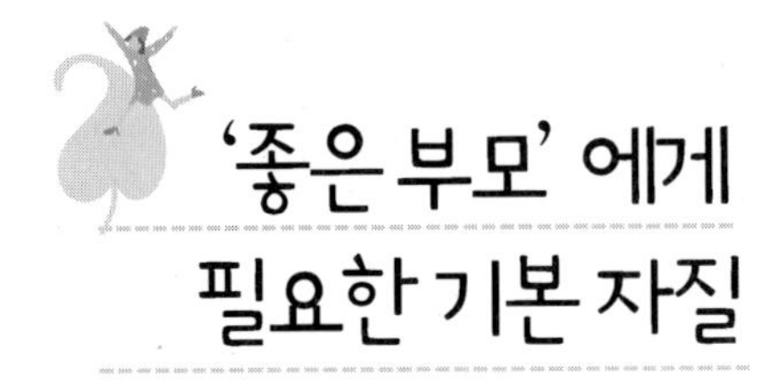

'좋은 부모'에게 필요한 기본 자질

부모가 아무리 좋은 유전자를 갖고 있고 사회적인 명성이 높다 한들 자식 농사를 망치면 인생을 성공으로 보기 힘들다. 성인이 된 자식은 자식 인생이고, 늙은 나는 내 인생이 있다고 주장할 수도 있겠지만 자식과 부모의 질긴 인연은 잘라 버리고 싶어도 자를 수 없고, 잊고 싶어도 잊을 수 없는 불가분의 관계이다.

아이의 성공에는 많은 요인이 있겠지만 부모의 성품과 삶의 태도, 그리고 지혜가 바탕으로 깔려있다. 집의 기초나 뼈대가 제대로 안 되어 있는데 많은 돈을 발라 인테리어를 한들 무슨 소용이 있겠는가. 결국 그 집은 집으로서 가치를 잃고 말 것이다.

이런 예처럼 부모가 되기 위해서 갖춰야 하는 덕목이 있다. 자녀들에게 필요한 부모의 덕목이 여러 가지가 있겠지만 가장 중요한 것은 부모로서 기본적인 자질을 갖춰야 한다는 것이다.

아래에서 좋은 부모가 될 수 있는 방법을 살펴보고자 한다.

1. 잘 짜진 식생활로 건강을 지키는 부모

일단 임신이 되면 임신 전과 마찬가지로 임산부는 술과 담배를 절대로 가까이 해서는 안 된다. 인스턴트 음식도 멀리해야 한다. 부모가 인스턴트 음식을 즐기면 자식은 인스턴트 음식에 중독된다. 인스턴트 음식만을 즐기는 아이들 중에 공부 잘하는 아이를 보지 못했다. 인스턴트 음식을 즐기고 식사예절이 없는 아이들은 집중력이 없다. 가정에서 신선한 유기농 재료로 정성을 다해 만든 음식을 시간 맞춰 먹으면서 각종 영양소를 골고루 섭취한 아이들이 인내력이 강하고 공부를 잘한다.

태아의 뇌신경세포가 발달하려면 신경전달물질의 원료가 되는 단백질, 뇌세포를 움직이는 에너지원인 탄수화물, 세포막을 만드는 지방 등 각종 영양소의 고른 섭취가 필요하다. 단백질 부족으로 사망한 아이들의 뇌를 해부해 건강한 아이와 비교해본 결과, 뇌의 중량이 평균보다 적었고 크기도 작았다고 한다. 그리고 단백질과 핵산 함량도 평균 이하였다고 한다. 단백질을 부족하게 가지고 태어나면 아기의 성장 초기에도 뇌세포 수가 감소되고, 더 성장하지 않는 뇌세포로 만들기도 한다. 따라서 뇌 발달을 위해서 단백질 함량이 높은 음식을 섭취하는 게 좋다.

탄수화물도 뇌세포가 움직이는 데 필요한 유일한 에너지원이기 때문에 적절한 공급이 필수적이고, 지방은 뇌세포막 형성에 없어서는 안 될 물질이다.

지방도 모든 장기 가운데 뇌세포에 가장 많이 포함되어 있기 때문에 적정량을 잘 흡수해야 한다.

뇌에는 각종 비타민과 무기질도 필요한데 특히 비타민 B군이 부족하면 성격이 급해지고 기억력이 떨어진다. 뇌세포의 추진력과 억제력의 바탕이 되는 것은 신경전달물질의 원료가 되는 아미노산인데, 아미노산이 신경전달물질로 합성되기 위해서는 합성의 보조 효소로 작용하는 비타민 B군의 도움이 필요하기 때문이다. 신경전달물질 합성의 조력자 비타민 B군을 골고루 잘 섭취해야 하고, 활성산소와 노폐물 억제를 위해서는 비타민 A, C, E를 섭취하여야 한다.

세포가 건강하려면 노폐물이 없어야 하는데 두뇌도 마찬가지이다. 두뇌의 노폐물 제거는 두뇌의 활동성과 연관이 있기 때문이다. 단백질과 비타민 A, C, E는 산소가 지방산과 화합하여 생기는 노폐물인 과산화물이 만들어지는 것을 억제하는 역할을 한다. 세 가지가 힘을 합쳐 산화방지제(항산화제) 역할을 하여 뇌의 노폐물을 제거하는 데 도움을 준다. 그 외의 영양소들도 태아에게 충분히 전달될 수 있도록 식생활에 정성을 다해야 한다.

음식은 아이들의 집중력이나 분노조절 등에도 지대한 영향을 미친다. 우리가 살아가는 데 가장 중요한 것이 음식이라는 것은 누구나 아는 사실이다. 그런데 어떤 물과 음식을 먹는가에 따라서 건강은 물론이고 성격에까지 영향을 미친다. 고기와 튀김 종류나 인스턴트 음식을 많이 먹는 아이들은 성격이 조급하거나 한발 더 나아가 거친 면이 나타나기도 한다.

음식을 먹는 방법에 있어서도 예절 있게 음식을 천천히 잘 씹어 먹는 아동 중에는 ADHD 증상이 거의 없고, 음식을 급하게 허겁지급 먹거나 돌아다니며 먹는 아동 중에는 ADHD 증상이 나타나는 경우가 많다.

의식주 중에 가장 으뜸으로 챙겨야 할 것이 '식(食)'이다. 뇌를 발달시키고 집중력을 높이는 식재료는 우리가 흔히 건강을 위해 먹는 상식적으로 널리 알려진 평이한 것들이다. 누구나 아는 상식적인 재료들인데 계획적인 식단으로 제대로 섭취하지 않아 문제가 되는 것이다.

발아 찹쌀현미의 효능

소화가 안 되면 속이 더부룩하고 늘 변비가 생기고 혈색이 좋지 못하다. 혈색이 좋지 못한 것은 혈액 순환에 문제가 생긴 것으로, 뇌에 산소 공급이 원활하지 못하여 공부나 일에 집중이 안 된다. 소화가 안 되면 늘 몸이 피곤하기 때문에 공부나 일에 능률이 오르지 않는다.

우리가 주식으로 먹는 백미에는 소화 효소가 없어 다른 식품에서 도움을 받아야 하지만 현미에는 자연 소화 효소가 들어 있다. 찹쌀현미는 특히 소화 흡수가 탁월한 쌀로서 탄수화물·단백질·지방질·각종 비타민·각종 미네랄·섬유질·효소(백미에는 효소가 없다) 등 인체에 필요한 필수 영양소 59가지가 모두 함유되어 있으며, 다량의 섬유질이 인체의 장내의 중금속을 배출시키고, 변비를 없애 독소를 배출하여 혈액을 맑게 하며, 뇌에 신선한 산소를 공급하여 두뇌를 활성화시킨다.

찹쌀현미의 씨눈에는 체내 독소를 배출하는 키틴산과 섬유질 그리고 효소가 집중적으로 들어있는데, 대부분의 사람들은 씨눈을 밀어버린 백미를 먹고 있다. 백미를 먹게 되면 나이를 먹을수록 소화 기능이 떨어지는데, 그 원인이 효소에 있다. 소화를 돕고 숙변 배출을 하는 기능이 효소에 있으므로 쌀은 유기농 인증을 받은 찹쌀현미로 먹는 것이 좋다. 유기농이 아니면 현미에 묻어있는 농약을 먹어야 한다. 그렇게 되면 백미를 먹는 것보다 못하다.

유기농 현미를 먹으면 시중에 난무하는 검증되지 않은 효소 제품을 따로 사먹지 않아도 건강을 지킬 수 있다. 만약 위장이 약하다면 소화 증진과 영양을 위해서 찹쌀현미보다는 싹을 틔운 발아 찹쌀현미가 더 좋다. 발아 찹쌀현미는 찹쌀현미 그대로 밥을 짓는 것보다 소화 흡수력이 높아 영양가 섭취를 더 증진시킨다.

발아 찹쌀현미를 만들려면 미지근한 물로 24시간 담가 놓았다가 밥을 지어도 되고 발아 현미밥을 지을 수 있는 전기밥솥을 사용해도 좋다.

– 기타 찹쌀현미에 혼합할 잡곡: 녹색 좁쌀, 황색 좁쌀, 콩, 수수, 팥, 율무, 옥수수, 보리, 고구마, 감자, 단호박 등.

고구마의 효능

고구마의 주성분은 탄수화물이지만 비타민 A, B1, B2, C, 나이아신 등이 고루 함유되어 있다. 고구마는 알칼리성 식품으로 칼륨 성분이 많아 체내에 축척된 염분을 몸에서부터 내보낸다. 또한 고구마를 잘랐을 때 나오는 끈적끈적한 흰색 유액은 '야리핀' 이라는 수지를 함유한 물질인데, 수지 성분과 섬유질은 배설을 촉진시켜 쾌변을 볼 수 있게 한다. 변비 없이 배변 활동만 원활해도 혈액 순환에 도움이 되어 건강을 유지할 수 있다. 고구마 껍질은 항암, 항바이러스 효과가 있다.

고구마는 주식보다는 간식으로 적당량을 섭취하면 좋다. 주식은 발아 찹쌀현미를 권한다.

감자의 효능

감자에 함유되어 있는 탄수화물은 다당류로서 급격히 혈당을 증가시키지 않아 지방으로 저장되는 현상이 거의 없고 섬유질이 풍부하여 고구마와 같이 배변 활동에 좋다.

감자는 니트로소아민과 아트로핀 성분도 강하므로 통증을 억제하여 신경통을 가라앉히고 암 발생을 억제하는 항암, 항바이러스 효과가 있어 화상에 감자를 갈아 붙이는 전통 민간요법으로 사용하여 왔다. 아이들은 자라면서 성장통을 경험하게 되는데 그 성장통에도 감자 요리로 좋은 효과를 볼 수 있다.

감자는 높은 칼륨을 함유하고 있어 고구마와 같이 체내에 있는 나트륨 배출을 도와준다. 그래서 염분이 많은 닭볶음탕이나 돼지 뼈다귀탕에 꼭 감자를 넣어 배합을 하는 이유가 감자에 칼륨이 많이 함유되어 있어서이다. 감자에는 사포닌 성분과 비타민 C가 사과보다 2배 이상 많이 들어 있어 위궤양과 염증을 치료하는 효능이 있을 뿐만 아니라 피부 노화 방지와 멜라닌 색소 형성과 침착을 억제하여 주근깨, 기미, 검버섯 등도 예방하는 효과가 있다.

강원도 사람들이 순박하고 성질이 순하며 피부 좋은 미인이 많은 것은 감자를 많이 먹어서 그렇다는 우스갯소리가 있다. 감자를 많이 먹으면 혈당을 급격히 증가시키지도 않고, 나트륨을 배출할 수 있고, 염증이 잘 생기지 않고, 통증 없이 성격이 순하다고 알려져 있어 과학적으로 맞는 말인 것도 같다.

유럽 음식에도 보면 식재료에 거의 감자가 들어간다. 그만큼 감자가 주식 대용이 될 정도로 좋다.

늙은 호박의 효능

늙은 호박은 매끼마다 밥할 때 몇 조각씩 넣어서 먹어도 좋고, 삶아 꿀을 넣고 갈아 먹어도 좋다. 아이들이 입맛이 없어 할 때 밥과 늙은 호박, 견과류, 과일, 꿀, 우유를 넣고 갈아 주스처럼 해 먹여도 좋고, 주스를 셔벗처럼 만들어 먹여도 좋다(나 또한 폐렴으로 고생하는 딸에게 늙은 호박을 1년 내내 먹였던 기억이 있다).

노란 늙은 호박은 섬유소, 비타민 E, 베타-카로틴이 많은데, 특히 베타-카로틴은 몸 안에서 비타민 A로 바뀐다. 한국인에게 부족하다고 알려진 비타민 A는 심장병, 뇌졸중, 시력 감퇴, 암, 노화 등에 효과가 있다.

호박은 고구마와 함께 폐암을 예방하는 식품이다. 비타민 A와 C가 풍부하게 들어 있는 호박은 목구멍 및 기관지의 점막을 튼튼하게 만들어 폐렴을 예방해준다. 또 호박의 비타민 E와 당질은 소화 흡수가 뛰어나 노약자나 위장이 약한 사람들이 먹기 좋다. 식이섬유도 풍부해 장내에 유용한 미생물의 성장을 돕는 효능도 있다.

호박에 들어 있는 펙틴이라는 성분이 이뇨 작용을 활발하게 만드는 것인데, 펙틴은 담석증을 예방하고 산모들 붓기를 빼 주므로 산후 조리 시 자주 먹는 식품이다. 성장기 아이들도 부담 없이 언제나 즐길 수 있는 식재료다.

호박을 요리할 때 씨를 빼 버리는데, 호박씨는 절대로 버리면 안 된다. 호박씨는 질 좋은 불포화지방산을 풍부하게 함유하고 있고 비타민 C, 티아민(비타민 B1), 리보플라빈(비타민 B2), 니아신(비타민 B3), 비타민 B6, 니아신 등의 영양소가 풍부하게 들어 있기 때문에 두뇌에 좋을 뿐만 아니라 지방이 간에 쌓이는 것을 예방한다.

또한 호박씨는 간의 해독 능력을 강화해 주고 고혈압과 동맥경화를 예방해 준다. 신경과 근육 기능 유지에 필요한 마그네슘, 정상적인 세포 분열을 위한 아연, 골다공증 발생 위험을 낮춰주는 비타민 D, 그리고 유해산소로부터 세포를 보호하는 비타민 E를 함유하고 있다. 비타민 K가 많아 칼슘이 빠져 나가는 것을 막아주고 골다공증이나 노인성 치매를 예방하는 데 도움이 된다. 그러므로 호박은 씨와 함께 같이 먹어야 제대로 영양분을 섭취할 수 있다. 호박씨를 주방용 분쇄기로 부드러운 가루로 만들어 요리에 넣으면 양념으로도 활용 가치가 높다.

콩의 효능

자라나는 아이들에게 특히 중요한 것이 콩이다. 그리고 건강에 관심이 있는 사람들과 육류로 단백질 섭취를 하지 않는 사람들이 많이 먹는 것이 콩이다. 콩에 들어 있는 단백질의 양과 질은 농작물 중에서 최고이며 비타민 B군도 많고 비타민 A, D, C도 들어 있다.

일반 노란콩은 비타민 C가 많지 않지만 기타 녹색류 콩이나 자색류 콩에는 비타민 C뿐만 아니라 색깔별 영양소가 다양하게 함유되어 있으므로 색깔이나 종류별로 섭취하는 것도 좋은 방법이다. 특히 검은콩 껍질에는 노란콩에는 없는 글리시테인(glycitein)이라는 항암 물질이 들어 있어 요즘 콩나물도 검은 쥐눈이콩으로 재배하는 경우가 많다. 노란색 콩도 콩나물로 재배할 때는 싹이 돋는 사이에 성분의 변화가 생겨 비타민 C가 매우 풍부한 식품이 된다.

콩은 65%가량 소화 흡수가 되지만 콩나물과 콩 제품인 두부 그리고 재래식 된장의 경우는 90%~95% 정도 소화 흡수가 된다고 하니 소화 흡수율이 높은 제품을 먹는 것도 좋은 방법이다.

콩 속에 있는 사포닌 성분은 비만 체질을 개선하는 효능이 있어 살이 찐다고 고민하는 여학생들도 굳이 굶지 않고 다이어트를 할 수 있는 좋은 식품이다. 다이어트를 할 때 특히 두부를 많이 활용하면 좋다. 두부는 영양가도 높으면서 포만감이 크기 때문에 배가 쉽게 고프지 않으므로 저녁을 먹고 밤늦게 공부하며 12시간 공복을 참기 힘든 수험생들에게 좋은 식품이다. 공부하는 학생들이 밤에 라면 같은 간식을 자주 먹으면 위장에 문제가 생기면서 여드름이나 피부 질환이 생겨 얼굴이 멍게가 된다. 아까운 시간을 쪼개 피부과를 들락거려도 치료 받을 때만 얼굴이 뺀질뺀질해 지다가 다시 멍게가 된다.

콩 제품을 많이 먹으면 머리가 좋아진다. 이는 레시틴이 뇌세포의 활동에 관여하는 '아세틸콜린' 이라는 신경전달 물질의 원료가 되기 때문이다. 콩을 많이 먹는 나라에는 암 발병률과 치매 발병률이 낮다. 콩은 골다공증 예방에도 효과적인 것으로 알려져 있다. 또한 장의 기능을 개선하여 배변을 원활하게 한다. 수험생에게 변비가 있을 때 콩 제품을 먹어도 좋다. 그래서 기숙입시학원이나 요양원 식단에 꼭 활용하고 있는 음식에 콩과 고구마가 들어간다.

그러나 콩은 성질이 차므로 소화기관이 약하거나 설사를 자주 하는 아이들 또는 연세가 많으신 분들은 콩보다 두부와 콩나물로 섭취하는 것이 좋다. 두부와 콩나물은 체질과 나이에 상관없이 먹을 수 있으며 특히 된장, 막장, 청국장은 발효 식품으로 누구나 즐겨 먹을 수 있는 보양식이다. 그런데 여기서 주의할 것은 된장을 통한 염분 섭취이다. 청국장이나 된장을 끓여 먹으면 좋은 균들이 죽으므로 가능하면 끓여 먹지 않고 쌈장 등으로 섭취하는 것이 좋다.

우리나라 전통 된장과 막장은 재래콩과 보리, 찹쌀 등으로 만들지만 시중에 파는 된장은 대부분 수입콩에 밀가루 등을 섞어 만들어 전통 된장만큼 구수한 맛이 없다. 그리고 우리 몸의 장내 부패균의 활동을 억제해 부패균이 만드는 발암 물질이나 암모니아, 인돌과 같은 발암 촉진 물질을 감소시키고 유해 물질을 몸 밖으로 배설시키는 역할을 하는 '바실러스 서브틸러스(B. subtilis)' 균 자연계 국균이 없다. 그러므로 가능하다면 장류는 집에서 만들어 먹는 것이 좋다. 두유도 국산 콩을 삶아 집에서 갈아 만드는 것이 유해 첨가물이 없이 안전하게 섭취할 수 있는 방법이다.

콩을 섭취하면 몸속에 요오드를 일부 배출시킬 수 있는데, 다시마 같은 해조류에 요오드가 다량으로 함유되어 있다. 그러므로 콩류 섭취 시 필히 다시마나 김과 같은 해조류와 함께 섭취하는 것이 좋다.

채소류의 효능

채소류는 비타민, 무기질, 섬유질의 공급원이 된다. 채소로 배추, 양

배추, 시금치, 깻잎, 상추, 쑥갓, 당근, 오이, 토마토, 무, 비트, 콩나물, 파, 마늘, 마늘종, 양파, 피망, 고추, 달래, 도라지, 더덕, 근대, 부추, 냉이, 씀바귀, 각종 나물류, 각종 버섯류 등이 있다. 채소류는 꼭 유기농 인증 마크를 획득한 것을 먹어야 한다.

생선, 조개류, 해산물류 등의 효능

고등어, 오징어, 옥돔, 갈치, 명태, 조기, 전복, 도미, 굴비, 멸치, 연어, 가자미, 문어, 청어, 과메기, 넙치, 참치, 가오리, 임연수어, 문어, 꽃게, 꽁치, 새우, 가물치, 빙어, 붕어, 숭어, 송어, 뱀장어, 메기, 가재, 홍합, 굴, 대합조개, 모시조개, 맛조개, 바지락, 소라, 미역, 김, 다시마, 김, 파래 등이 좋은데, 생선 조개류는 방사선 오염이나 수은에 오염되지 않은 것으로 구입하여야 한다. 그리고 일본산 해산물이 말로는 안전하다고 하지만 방사능 오염이 염려된다. 판단은 소비자들의 몫이다.

고기류의 효능

쇠고기, 돼지고기, 양고기, 닭고기 등.

우리 가족 식단에 고기류는 가급적 피한다.

도살장으로 끌려가기 전부터 동물은 느낌으로 죽으러 간다는 것을 안다고 한다. 동물이 도살장으로 끌려갈 때 자신이 죽으러 간다는 것을 알고 그 공포로 인해 독을 생성시키고, 죽을 때의 시독(시체의 독)도 엄청나게 발생한다고 한다. 겁이 많은 소는 특히나 시독이 많이 형성된다고 알려져 있다. 도살장으로 끌려가 도살되기까지 동물이 느끼는 두려움과 공포로 인해 생긴 독소가 살코기와 핏속에 그대로 잔존되어 있어, 우리가 고기를 섭취하면 동물들이 뿜어 간직했던 독소를 그대로 섭취하게 되는 것이다.

고기를 먹었을 때, 동물의 시독은 우리의 혈관을 타고 온몸으로 퍼져갈 것이다. 시독은 물속에 넣고 끓이거나 요리를 한다고 해서 없어지지 않는다고 한다. 도살당할 당시 동물에게 발생한 분노와 공포를 먹게 되므로 고기를 즐겨 먹는 사람들이 채소를 즐겨 먹는 사람보다 난폭한 경우가 더 많고, 고기 섭취로 인한 질병도 많이 나타난다고 한다.

사람이 화를 내면 화학 물질이 인체 내에서 분비되어 혈액 속으로 들어가기도 하고, 숨을 내쉴 때 내쉬는 공기 속에 섞여 밖으로 배출된다는 것을 과학자들이 증명한 바 있다. 예로부터 산모가 화가 났을 때는 아기에게 젖을 물리지 말라고 하였다. 엄마 마음에 있는 화로 인한 호르몬이 신체 세포를 독으로 오염시키고, 그 독은 피를 타고 엄마의 온몸 구석구석을 돌아다니다가 젖에도 스며들어 아기에게 독과 화가 전이된다는 것이다.

독뿐만 아니라 엄마의 심장에서 품어져 나오는 거친 맥박조차 아이에게 좋지 않은 영향을 미치는데, 하물며 동물의 시독이 우리 몸을 이롭게 할까. 시독도 문제지만 항생제 투여나 성장 호르몬제를 투여 받은 고기도 문제이다. 이 고기를 섭취해서는 절대로 안 된다는 것을 알지만 사람들은 어쩔 수 없이 먹게 될 때가 있다. 사회생활을 하면서 고기를 먹지 않을 수 없겠지만 가능하다면 고기를 대신하여 견과류나 콩으로 영양 섭취를 대신하는 것도 좋을 듯하다.

과일류의 효능

마트에 가 보면 갖가지 과일들이 진열되어 있다. 과일은 가능하면 제철 과일이 좋고 이것 역시도 유기농 인증을 받은 것을 골라 먹어야 하며, 음식도 각 색깔별로 균형을 맞추듯이 과일도 색깔별로 균형 있게 섭취해야 한다.

각 과일과 채소에 들어 있는 색에는 그들 고유의 영양소가 있다. 워낙 상식적이고 언론을 통해서도 자주 소개된 것들이지만 다시 한 번 정리를 하여 도움을 드리고자 한다.

– 붉은색

붉은색을 가지고 있는 식재료에는 몸속에 황산화물질로 작용을 하는 리코펜(라이코펜)이라는 성분이 들어가 있어서, 혈관을 튼튼하게 유지하고 심장혈관이나 뇌혈관에 관여된 질병이나 세포가 늙는 것을 막아 노화를 예방해 준다.

– 노란색

노란색을 가지고 있는 식재료에는 카로틴이라는 성분이 들어 있어 우리 몸에서 비타민 A로 전환되어 야맹증 예방, 면역력 증강, 시각 기능, 폐 기능에 중요한 역할을 한다.

– 흰색

마늘과 양파, 무 같은 흰색 농산물에는 알리신, 쿼세틴 등의 성분이 많은데 알리신은 강한 살균·항균·항암 작용과 혈관을 확장시켜 혈액

순환을 원활하게 하고, 소화를 촉진하며, 인슐린의 분비를 돕는다.

– 검은색

검은색 농산물에 많이 함유한 레스베라트롤은 항암 및 강력한 항산화 작용을 하며, 몸속 찌꺼기를 제거하는 능력이 있어 혈청 콜레스테롤을 낮춰 주는 역할을 한다. 이외에도 뇌혈관을 건강하게 해 주며 항바이러스, 신경 보호 작용, 항염증 작용, 노화 예방, 성인병 등에 효과가 있는 것으로 알려져 있다.

– 초록색

초록색 농산물에는 엽록소, 비타민, 섬유소라는 성분이 들어 있다. 섬유소는 변비와 비만을 예방한다. 또한 초록색 식물에는 비타민이 매우 많은데 베타카로틴, 이소티오시아네이트, 루테인, 지아산틴, 이소플라본에 해당하는 각 효능이 있으므로 우리 식탁에 녹황색 채소가 인기가 많다.

– 보라색

보라색은 안토시아닌과 레스베라트롤이라는 성분이 들어가 있어 피를 맑게 하고 심장병과 뇌졸중을 예방한다. 레스베라트롤은 열에 약해 가열한 식품 속에는 들어있지 않으므로, 포도잼처럼 포도를 가열한 식품에는 들어있지 않고 알코올에 잘 녹는 성질이 있어서 적포도주에 많이 들어 있다.

물의 효능

신체의 70%를 차지하는 물은 건강한 몸을 지탱하는 데 제일 중요하다.

물은 가능하면 생수로 마셔야 한다. 끓인 물은 소독은 되었지만 죽은 물이다. 물을 생수로 마시되 소독약 성분이 많이 잔존하는 물은 피하는 것이 좋다. 물만은 깨끗하고 세균이 없고 칼슘과 칼륨, 마그네슘 등의 광물질이 포함된 미네랄이 풍부한 것으로 선택하여야 한다.

미네랄은 우리 몸의 4%~5% 정도밖에 차지하고 있지 않지만 미네랄 없이는 세포에 에너지를 주는 어떤 물질도 세포 내부로 들어갈 수 없기 때문에 생수는 건강에 아주 중요한 역할을 하고 있다. 미네랄은 물속에만 존재하는 것이 아니기에, 우리가 먹는 음식을 통해서도 미네랄을 섭취할 수 있다. 하지만 중요한 것은 물속에 있는 미네랄은 손실 없이 몸에 흡수가 된다는 것이다.

물에 들어 있는 좋은 성분도 검증되어야 하지만 더욱 중요한 것은 병원균의 존재 여부일 것이다. 일부 독성이 있는 화학 물질로 오염된 물을 마시면 오랜 시간 후에 건강에 대한 이상 증상이 나타난다. 간혹 독성이 강한 세균에 오염된 물을 마시면 즉시 몸에 이상이 나타나기도 한다.

물은 우리가 살아있는 한 필수불가결하고 늘 함께하는 존재인데, 마시는 물이 좋지 않다면 가족의 건강에 위협을 받게 된다. 물은 우리 몸 구석구석의 불필요한 것들을 밖으로 내보내고, 세포 하나하나를 건강하게 유지할 수 있게 하는 중요한 기능을 한다. 예컨대 집에 때가 끼거나 먼지가 쌓였을 때도 물로 씻어 내면 깨끗해지고 더러운 쓰레기를 쌓아 놓았던 곳도 물로 깨끗이 씻어 내면 냄새도 없고 유해한 벌레들도 자취를 감추듯 우리 몸의 노폐물을 씻어 주고 병을 고쳐 주는 것이 물이다.

물은 가장 기본적이면서 매우 소중한 것이므로 음식보다도 더 신경 써서 먹어야 한다.

양념의 효능

양념은 향미를 내고 항미생물 작용도 하지만 필요한 영양소를 몸에 공급하는 기본 약리 작용으로도 쓰인다.

소금, 간장, 깨, 기름, 식초, 꿀, 설탕, 소금, 파, 마늘, 생강, 양파, 고추, 후춧가루, 산초, 계피, 허브, 젓갈류 등은 음식의 맛을 조절하고 조미와 향을 내기 위해서 쓰기도 한다. 혹은 좋지 않은 냄새를 순화시키기 위하여 소량으로 사용하기도 하지만, 양념에는 식재료와 궁합이란 것이 있고 약효 특성을 가지고도 있다.

나물을 무칠 때 참기름이나 들기름 또는 참깨가루나 들깨가루와 마늘을 넣으면 영양분의 조화를 이루는 방법이 된다. 나물을 고추장이나 된장 또는 막장에 무치는 것도 영양분의 조화가 맞다. 양념은 각 음식과 궁합을 맞춰 적절히 잘 사용하면 몸을 보하는 약이 될 수 있다.

양념 중에 가장 많이 사용되는 소금에 대해 잘 알아둘 필요가 있다. 나트륨은 체내, 특히 체액에 존재하며 삼투압의 유지라는 중요한 구실을 하고 있다. 동물에게 소금은 생리적으로 불가결한 것이다. 인간의 혈액 속에는 0.9%의 염분이 함유되어 있어 혈액이나 그 밖의 체액의 산, 알칼리의 평형을 유지하는 역할을 한다. 나트륨은 쓸개즙·이자액·장액 등 알칼리성의 소화액 성분이 된다.

또한 나트륨은 식물성 식품 속의 칼륨과 체내에서 항상 균형을 유지하는 데 쓰이는데, 칼륨이 많고 나트륨이 적으면 균형이 맞지 않아 소화액의 분비가 부족하게 되어 식욕감퇴가 일어나고, 심한 경우에는 전신 무력·권태·피로나 정신불안 등이 일어난다. 또 땀을 다량으로 흘려 급격히 나트륨을 상실하면 현기증 · 의식혼탁 등, 육체적으로나 정신적으로 일시적인 기능상실이 일어날 수 있다.

소금은 바닷물을 전기분해해서 염화나트륨을 얻은 정제염보다는 갯벌에 바닷물을 가두어 햇빛에 자연 증발시킨 천일염으로 선택하여야 한다. 천일염은 칼슘이나 마그네슘, 아연, 칼륨과 같은 무기질이 풍부하고 체내에 흡수되면 고구마, 감자, 무, 배추 등에 들어 있는 칼륨 성분에 의해 나트륨이 배설될 수 있다. 천일염보다 좋은 소금은 자염인데 자염은 우리나라 전통 소금 제조법으로 바닷물을 가마솥에 끓여 만드는 소금으로 태안의 자염이 유명하다. 쓴맛과 떫은맛이 없고 짠맛도 덜하다. 미네랄 함유량이 천일염보다 높다.

우리나라에서 생산하는 천일염이 소금의 유통량 10%이고, 자염은 맞춤형으로 일반 가정에서 구하기 힘들다. 성장기 아이들에게는 소금 섭취량이 적어도 안 되고 많아도 안 된다. 성장기 아동들은 활동량이 어른들보다 훨씬 많아 땀으로 배출되는 나트륨 양이 어른보다 많다. 어린이들은 평균적으로 심한 노동을 하는 어른들과 비슷한 염분이 필요하다. 만약 자신의 활동량보다 나트륨을 많이 섭취한 날은 감자, 고구마, 배추 등을 더 섭취시켜 배출하도록 해야 한다. 각자 염분 섭취량이 과도하면 몸이 스스로 물을 찾는다거나 필요한 음식과 과일을 찾게 된다고 한다.

소금의 필요량은 노동의 종류, 기후 등에 따라서도 다르지만, 보통 성인은 하루 섭취량이 12~13g인데 체내에 이미 내재되어 있는 것이 있으므로 5~6g 정도면 적당하다. 그런데 어린아이들이 좋아하는 햄버거 등 인스턴트 음식에는 과한 나트륨이 들어 있어 건강을 해친다고 한다. 아이들의 간식거리인 소시지 1개에도 나트륨이 5%에서 12%까지 들어 있다. 짜게 먹는 아이들은 성격이 급하고 화도 잘 내며 집중력도 약하므로, 아이들이 어려서부터 짜게 먹지 않도록 주의해야 한다.

위에서 소개한 각 식재료는 가정에서 많이 사용되는 것들이며 우리 집에서 내가 뇌혈관 이상으로 진단을 받은 이후 자주 애용하는 식재료였습니다. 우리 집 하루 식단 패턴을 간략하게 소개합니다.

아침

- 아침에 일어나면 우선 깨끗한 물을 200ml 정도 마신다.

물의 온도는 학자들마다 주장이 다르기 때문에 자신에게 알맞은 물 온도로 마시면 된다.

에모토 마사루 물 결정체 연구가에 의하면 물도 사랑스럽고 정감 있는 말에 따라 살아 움직인다고 한다. 특히 물에게 감사하다는 말을 하면 물의 결정체가 아름답게 변한다고 한다. 사람의 좋은 기가 물의 결정체를 움직이는 게 아닌가 하는 생각이 든다.

감사한 마음, 사랑하는 마음이 생기면 왼쪽 전전두엽에서 좋은 에너지가 방출된다고 하니 물을 마시기 전에 '물아 고맙다. 나를 위해 와 줬구나. 고맙다.' 하고 유쾌하게 물에게 감사한 뒤 마시는 것도 좋을 듯하다. 돈 드는 것도 아니고 수고스러운 것도 아닌 만큼 실천해 보는 것이 좋을 듯하다.

– 몸을 깨우는 운동을 10분 정도 가볍게 한다.

인터넷을 검색하면 각종 운동 동영상들이 있는데 그날그날 기분에 맞는 것으로 한다. 춤을 따라 추기도 하고 체조를 따라 하기도 한다. 아침에 30여 분 정도 움직이면 몸이 개운하고 활기찬데 게으르기 때문에 10분 정도 몸을 푼다.

– 아침 식사는 걸쭉한 죽으로 먹는다.

우리 집은 위에 서술된 재료를 기초로 계절에 맞게 궁합이 맞는 20여 가지 재료를 혼합하여 죽을 만들어 1인분씩 나눠 냉동실에 보관한다. 저녁에 다음 날 아침에 먹을 양만큼 냉동실에서 냉장실로 옮긴다. 아침에 발아 찹쌀현미밥과 푸른 잎채소를 넣고 한 번 더 끓인 뒤 다시마나 미역을 넣은 빡작장 그리고 물김치와 함께 먹으면 죽에 따로 소금을 넣지 않아도 된다. 아침에 분주하게 아침식사 준비로 시간 낭비를 할 필요도 없고 모든 영양소를 알차게 챙겨 먹을 수 있다.

– 아침 간식으로는 여러 가지 색깔과 종류별 재료(채소, 과일)를 통째로 갈아 마신다.

건더기를 버린 물처럼 된 주스는 바람직하지 않다. 통째로 모두 마신다.

요즘 아침을 먹지 않는 사람들이 많은데, 아침을 거르는 사람들은 일에 의욕이 저하되고 오전 11시 정도가 되면 뭔가 뱃속으로 들어가야 기분이 유쾌해진다. 허기지면 뇌가 짜증을 낸다. 어떤 학자는 내장 기관을 18시간 쉬게 하면 몸에 자생 능력이 생겨 좋다고 하는데, 유치원을 20여 년 운영하면서 체험한 것은 아침을 먹지 않고 오는 아이들 생활 태도와 활동이 산만하다는 것이다. 아침을 꼬박꼬박 먹고 오는 아이들이 정서적으로 안정되어 있고 집중력도 좋으며 사회성도 좋다는 결론을 얻었다. 그래서 유치원 아이들에게 아침에 죽을 먹이기 시작했더니 생활 태도가 활기차고 집중력이 더 좋아졌다.

내장기관과 뇌를 쉬게 하는 것이 16시간이어야 한다고 주장하는 사람들은 아침을 먹지 말라고 주장하고, 12시간이면 충분하다는 사람은 아침을 꼭 먹어야 한다고 주장하는데, 내가 수많은 아이들을 25년간 키우면서 경험상으로 아침은 굶으면 안 된다는 확신을 가지게 되었다. 아침을 먹지 않으면 점심을 먹기 전까지 쓰는 에너지가 근육에서 빠져 나가게 되는데, 그렇게 되면 근력이 약화되고 이는 몸의 지침과 피곤함으로 이어진다.

근육에만 문제가 되는 것이 아니다. 뇌 활동도 무기력해진다. 뇌에 필요한 에너지가 고갈되어 뇌도 짜증을 낸다. 뇌가 예민하게 반응하여 짜증이 나면 뇌 회로가 순환이 잘 안 되고 산만해지기 쉽다. 하는 일마다 실수투성이다. 사계절을 살아갈 수 있는 것도 축복이지만 아침, 점심, 저녁을 다 먹을 수 있는 것도 신의 축복이다. 하루 세끼를 잘 먹고 활동을 해야 배변도 쉽게 이루어진다. 먹는 것이 들쭉날쭉하면 배변에도 문제가 생긴다.

아침을 굶었을 때 가장 열 받는 곳이 식욕 중추다. 사람도 저녁에 귀가할 사람이 돌아오지 않으면 화가 난다. 상습적으로 늦게 들어오는 사람에 대해 체념이 될 때까지 겪는 고충은 생각하고 싶지 않을 정도로 화가 치미는 것이다. 에너지가 들어올 시간에 들어오지 않으면 식욕중추가 열 받을 것이고, 그 열은 뇌로 올라가 뇌의 열기가 마음의 화로 뿜어져 나올 것이다. 화를 뿜어내는 과정에서 두 번 다시 허기를 느끼지 않으려는 식욕중추는 점심에 왕창 먹어 달라고 뇌에게 사정을 한다. 뇌의 명령으로 뱃가죽이 늘어나도록 먹으면 위가 피곤하여 점심 식사 후 노곤해져서 일이나 공부를 제대로 못하는 악순환이 반복적으로 일어나게 된다.

기분 좋게 살아가는 데 있어 명상도 좋고, 뇌 호흡도 좋고, 마음 내려놓기도 좋지만 가장 중요한 것은 규칙적으로 질 좋은 음식을 섭취하는 것이라고 강조하고 싶다.

점심

– 점심은 풍성하게 먹는다.

점심은 생선과 채소 쌈으로 식사를 하는데, 남편도 회사에서 먹을 때 가능하면 채소와 생선 위주로 먹고자 노력한다. 딸은 외국 생활을 하면서도 가능하면 학교 갈 때 집에서 도시락을 준비한다. 과일 도시락도 따로 준비한다. 과일 다섯 가지를 골고루 담을 수 있는 있는 통에 넣어 준비한다.

각 가정마다 주말이나 공휴일에는 집에서 식사하는 날이 많겠지만 평일 대부분의 점심은 도시락을 싸 가지고 가지 않은 한, 외식을 하게 된다. 식당 음식은 짜고, 맵고, 기름에 튀긴 음식이 많다. 어떤 사람들은 짜고, 맵게 먹어도 칼륨을 섭취하여 배설한다고 하는데 그것은 좋지 못한 방법이다. 이미 짜고 매운 음식들이 우리 중추 신경계를 자극하여 흥분시켜 놓은 다음이므로 병 주고 약 주는 꼴이다. 특히 위장병이 있는 경우는 불난 곳에 물을 뿌려 불길을 진압한 것과 같은 이치이므로 불타기 전 모습이 완벽하게 재연되지는 않는다.

그리고 유독 짜고 맵고 뜨거운 음식을 잘 먹는 사람들을 보면 성격이 급하고 화 조절이 잘 안 되는 유형의 사람들이 많다. 자극적인 음식을 먹는 사람들은 운전도 난폭하고 성급하게 한다고 한다. 운전을 난폭하게 하고 스피드를 즐기는 사람들을 보면 평소 흥분을 잘 하고 분노를 절제할 수 없는 기질이 엿보인다고 생각하면 된다.

음식 성향과 사람들 성향이 밀접하다.

저녁

– 저녁은 아침에 적게 섭취한 단백질이나 유제품 그리고 양파, 마늘을 많이 섭취한다.

단백질과 유제품이나 마늘, 양파, 부추 등을 낮에 많이 먹어야 하지만 그런 음식들이 입 냄새를 유발하기에 학교생활이나 사회생활에 불쾌감을 줄 우려가 있어 저녁으로 배정을 한 것이다. 아침은 과일·채소·해초류 · 콩 제품류 음식을 많이 섭취하고, 점심은 생선·채소·과일을 위주로 섭취하며, 저녁에는 단백질류와 유제품 식사를 한 뒤에 산책을 하거나 가벼운 운동으로 소화를 촉진시킨다. 의사 선생님은 식사 조절과 더불어 근육량을 키우라고 하는데 근육을 키우는 운동의 실천이 힘들다.

단백질도 약을 먹이지 않고 죽음의 고통 없이 처리한 닭고기나 견과류로 대처하면 더 좋다. 우리 집은 단백질을 두부, 견과류, 참깨, 들깨, 콩으로 대처했다. 앞에서도 지적했지만 콩류를 먹을 때는 요오드가 배출되므로 꼭 해조류를 함께 섭취하여야 한다. 콩과 해조류는 서로의 단점을 보완하여 체내 영양 흡수를 돕는다.

식사를 할 때, 과일이나 채소를 통째로 갈아 만든 주스 이외 물은 가급적 적게 마시고, 식사 후 1시간 30분에서 2시간이 지난 뒤 물을 마신다. 물은 하루에 2리터 정도를 마셔야 한다고 한다.

물을 마시지 않아 오줌 색깔이 진노랑이 되면 몸에 피로가 오고 피부에 탄력을 잃는다.

밥은 굶더라도 좋은 옷과 명품 가방을 사는 아가씨들이 있고, 식품비를 아끼고 주택 부금에 매달려 먹는 것을 소홀히 하는 주부가 있는데 이는 좋지 않은 선택이다. 먹는 것만큼은 자궁에서부터 저승으로 갈 때까지 신경 써야 할 부분이다. 사람들이 건강할 때는 나 같은 사람들을 보고 유난 떤다고 흉을 본다. 그런데 병에 걸려 아픔을 겪으면 그때야 아차 한다. 가족 중에 병자가 있으면 집안이 어수선해진다. 집안이 어수선해지면 자녀들이 공부하는 데 집중력을 발휘하기 힘들어진다. 그래서 건강은 건강할 때 챙겨야 한다는 말이 통한다.

2. 분노조절을 잘하는 부모

대부분의 사람들은 현재 자신이 하고 있는 일이 잘 풀리지 않거나 뜻대로 되지 않으면 화가 나고 분노가 치민다. 또는 타인의 잘못으로 인해 자신이 피해를 입게 되거나 만족이 채워지지 않은 상황에서 누군가 자신의 비위를 건드리면 화가 폭발적으로 일어나 주변 사람들에게 큰 피해를 입히게 된다. 부모들이 자녀를 키우면서 일어나는 문제에 있어서는 더 민감하여 작은 일에도 화를 내게 되는데, 분노를 아이에게 쏟아 부어서 잘 되는 경우를 보지 못했다. 분노조절을 잘하는 부모가 자녀를 성공의 길로 이끈다.

애들을 키우다 보면 심장이 쪼그라들 때가 한두 번이 아니다. 공이 어디로 튈지 모르듯이 아이들 역시 언제 무슨 일로 부모를 당황시킬지 모른다. 학교에 입학한 후에는 부모의 욕심만큼 아이가 따라주지 않으면 복장이 터진다. 부모의 눈높이가 높으면 높을수록 고충은 커진다. 태아 때부터 정서적 환경이 좋지 않았으면 태어난 후 좋지 않았던 환경만큼 비례해서 아이들은 사회정서에 반하는 행동을 한다. 그 때문에 부모는 화가 하늘까지 치솟는다. 이때도 화로 문제 풀이를 하면 좋지 않다.

아이의 문제 행동은 환경적 요인에 의해 발생할 수도 있지만 유전적 기질을 타고났을 수도 있다. 간혹 어른들이 "저놈은 어릴 때 지 애비하고 하는 짓이 똑 같어. 허허허", "에효. 저 여스아는 클 때 지 에미를 빼다 박았어. 그 성깔하고는"라고 하신다. 유전적 기질을 타고났어도 환경변화로 행동 교정이 가능하니, 태교에서부터 부모의 생활 습관이나 삶의 태도 그리고 양육방법을 뒤돌아보면 해결책이 나온다.

화를 잘 내는 부모 밑에서 자라는 아이일수록 화를 더 돋우는 행동을 한다. 엄마가 분노장애까지는 아니더라도 참을성이 부족하여 화를 자주 내는 성격이라면, 아이를 낳기 전에 분노조절법부터 익히고 자신을 다듬어야 할 것이다.

성격이 급하고 기질이 강하여 금방 흥분을 하는 사람들이 있다. 그런 부모인 경우 아이도 부모의 기질을 타고 나기 때문에 부모와 갈등의 골이 깊어지면서 분노에 대한 감정을 어떻게 해야 할지 몰라 부모와 싸우게 된다. 부모에게 화풀이가 안 될 경우, 친구들과의 싸움도 잦다. 분노조절이 되지 않는 아이들은 좌절도 쉽게 하여 끈기와 집중력도 떨어져 성공의 길로 가는 길이 멀고도 험하다.

부모가 화를 버럭버럭 내며 키우는 아이들도 문제지만 자유방임형으로 키운 아이들은 남에게도 민폐를 끼치기에 문제가 된다. 그 아이들은 제멋대로의 행동을 제지 받으면 불같이 화를 내는 등, 감정 통제가 되지 않는다. 자유방임으로 키워서 속 썩이는 아이들은 어릴 때부터 부모가 가정에서 부모의 태도를 고치면 교정이 되지만, 성인이 될 때까지 자유방임형으로 자란 사람들은 제멋대로 판단하는 사고력과 행동으로 사회생활에 적응하지 못할 뿐더러 이혼율 상승에 한몫을 단단히 한다.

분노조절이 안 되는 아이들 중에 이 자유방임형 아이들도 많은 부분을 차지한다. 자녀를 키우는 데 있어 화나 분노를 참지 못하여 아이와 불협화음이 생기고, 사회생활에 있어서도 화를 참지 못하여 인생을 망치는 경우가 대부분이라는 것을 알 수 있다.

공자와 제자 자장의 대화를 인용해 보면,

자장이 공자께 하직인사를 하면서

"수행하면서 꼭 지켜야 할 것 한 말씀 청합니다."

라고 고하자,

공자께서 말씀하시기를

"모든 행실의 근본은 참는 것이 그 으뜸이 되느니라."

자장이 묻기를

"무엇을 위하여 참아야 합니까?"

공자께서 말씀하시기를

"천자가 참으면 나라에 해가 없고, 제후가 참으면 큰 나라를 이루고, 벼슬아치가 참으면 그 지위가 올라가고, 형제가 참으면 집안이 부귀해지고, 부부(夫婦)가 참으면 일생을 해로하고, 친구가 참으면 우정이 오래가고, 자신(自身)이 참으면 재앙이 없을 것이다."

자장이 묻기를

"참지 않으면 어떻게 됩니까?"

공자께서 말씀하시기를

"천자가 참지 않으면 나라가 텅 비게 되고, 제후가 참지 않으면 그 몸을 잃게 되고, 벼슬아치가 참지 않으면 법을 어겨 죽게 되고, 형제가 참지 않으면 각각 헤어져 살아야 되고, 부부(夫婦)가 참지 않으면 자식이 불쌍해지고, 친구가 참지 않으면 우정이 깨지고, 자신(自身)이 참지 않으면 항상 우환이 따르게 되느니라."

분노를 순간적으로 참지 못하면 몇 날 며칠 마음이 불편하고 우울한 반면, 한순간을 잘 참고 넘어가면 삶이 평안하게 흘러간다. 마음이 편해야 성취하고자 하는 일도 잘 풀린다. 아이를 키울 때는 참을 인(忍)자를 가슴 주머니에 가득 담고 있다가 아이로 인해 화가 날 때마다 하나씩 꺼내 머리를 식힌 다음 아이 이해하기에 돌입해야 한다. 아이가 왜 그런 말이나 행동을 했는지 들어보고 상황을 이해한 다음 그 상황에 맞는 맞춤 교육을 하면 된다.

화가 나 있으면 불길 속 연기로 인해 아이의 본모습이 보이지 않는다. 잔잔한 시냇물에선 물속 조약돌도 보이고 다슬기도 보이듯이, 마음을 다스릴 줄 아는 부모는 아이의 마음을 움직일 지혜를 떠올린다. 반면 화를 이기지 못하고 화가 솟을 때마다 화를 낸다면, 그 가정은 늘 양은냄비 두드리는 소리가 나게 된다. 아이들과 실랑이를 하다 보면 온 집안이 흙탕물을 뒤집어 쓴 것처럼 마음이 찜찜하고 어수선하여 잘 될 일도 그르치게 된다.

화를 자주 내다보면 자녀교육은 엉망진창이 되고 자녀가 세계적인 인물이 되기는커녕 문제아로 만들 수도 있다. 아이가 자신의 인생을 잘 운전할 수 있도록 부모가 먼저 분노를 잘 다스려 자녀에게 부드러운 마음을 심어 줘야 한다. 행복한 엘리트는 평안하고 늘 웃음이 있는 지혜로운 부부가 있는 가정에서 탄생한다.

솔선수범하여 보란 듯이 화를 내면서도 아이에게는 '누굴 닮아 그 모양 그 꼴이야?' 라며 쥐어박는 부모들이 있다. '그 자녀는 바로 부모를 닮아 그 모양 그 꼴이다.' 라고 말해주고 싶다.

부모가 변하면 아이들도 변한다.

분노조절 명상

명상에 관한 과학적 연구가 활발해진 것은 1993년 미국 국립보건원(NIH) 산하의 대체의학연구소(OAM)에 명상 연구에 공식적으로 연구비를 지원하면서부터이다. 그리고 1989년 노벨평화상을 받은 티베트의 정신적 지도자 달라이 라마가 자신의 명상기법을 소개하고 명상으로 인한 평화의 뇌를 주장하면서 명상이 세계 전역으로 급속도로 퍼져 나갔다.

달라이 라마의 명상 수련을 과학적으로 뒷받침하는 이들이 미국 하버드대 의대 크리스토퍼 거머 교수 등 명상수행자들인데, 이들은 뇌파의 변화를 통해 마음의 변화를 유추할 수 있다고 말한다. 오늘날에는 명상이 긴장과 잡념에 시달리는 현실 세계로부터 의식을 떼어놓음으로써 밖으로 향하였던 마음을 자신의 내적인 세계로 향하게 한다는 것이다. 항상 외부에 집착하고 있는 의식을 안으로 돌려주므로 마음을 정화시켜 심리적인 안정을 이루게 하고, 육체적으로도 휴식을 주어 몸의 건강을 돌보게 한다는 취지다. 명상은 치료수단으로 이용하기도 하는데, 명상 상태에 있을 때는 좋지 않은 성격과 행동을 자신이나 타인의 암시로 바꿀 수 있다는 치유성격을 띤 방법이다.

델타(δ)파는 초당 1~4의 주파수를 보이는 느리고 불규칙한 뇌파로 잠을 잘 때 나타나는 수면파이다.

세타(θ)파는 초당 4~8의 주파수를 보이며 수면 각성 사이에 나타난다. 세타파는 유쾌하고 이완된 기분과 극단적인 각성과도 관련이 있고, 동시에 어떤 일을 수행하겠다는 의도성과 관련이 있는 뇌파이다.

명상하는 동안 나타나는 뇌파가 세타파다. 오랫동안 명상을 수행한 사람은 명상을 하지 않는 평소에도 세타파를 쉽게 보여줄 수 있다. 다시 말해 임의대로 세타파를 낼 수 있는 것이다. 명상은 세타파를 발생시켜 무념무상의 상태에 이르게 하는 원리이다. 세타파가 강하게 발생하도록 명상에 잠기면 마음과 육체의 고통이나 불쾌한 감정이 사라진다. 명상의 정점에는 정신의 최고 경지에 이르는 산뜻한 쾌감만이 뒤따른다. 그런데 재밌는 것은 소아들이 불쾌하거나 잠에서 깰 때도 세타파가 나타난다는 것이다. 창의력이 뛰어난 사람도 세타파가 우세할 때 기발한 생각을 해낸다고 한다.

알파(α)파는 초당 8~13의 주파수이며 마음이 안정 상태일 때 나타난다. 쾌적하고 마음이 편안할 때 보이는 뇌파가 바로 알파파이다. 알파파가 우세한 학부모는 분노조절이 비교적 잘되는 사람이다.

베타(β)파는 초당 13~30의 주파수이며 눈을 뜨고 생각하고 활동하는 동안 나타나는 뇌파이다. 정상적 인지 기능이나 불안 또는 흥분과 관련된 정서 상태 또는 또렷한 각성 상태일 때 나타나는 뇌파가 베타파이다. 깊은 생각을 하거나 머리를 굴려 뭔가 해답을 찾으려고 할 때 베타파가 잘 나타난다. 베타파가 강하게 오랫동안 지속되면 정신도 몸도 피로하다. 그래서 학생들이 공부를 하고 나면 많은 피로감을 느끼는 것이다.

감마(γ)파는 초당 40 정도의 빠른 주파수를 보인다. 깊은 주의집중이 이뤄질 때 잘 나타난다. 베타파와 감마파가 두드러질 때는 숙면을 취할 수가 없다. 불면증이 심한 사람들과 분노가 심한 사람들에게서 베타파가 우세하게 나타나다가 감마파가 나타난다. 수학 경시에 참여한 학생들에게서 나타나는 것이 감마파이다.

명상 수행자의 뇌파를 분석한 뇌 연구가 데이비슨 박사 연구에 따르면 기분이 좋고 행복한 느낌을 받는 긍정적인 감정 상태에서는 왼쪽 전전두피질이 더 활발하게 활성화되고, 화가 나고 짜증을 잘 내며 우울한 부정적인 감정 상태에서는 오른쪽 전전두피질이 더 활발하게 활성화됨을 알 수 있다고 밝혔다.

명상을 하면 분노를 없애고 행복한 마음이 들도록 뇌의 활동성을 바꿔놓을 수 있고, 스트레스나 분노를 일으킬 수 있는 상황에서 분노조절이 가능하게 되어 면역 기능도 강화시킨다. 반면에 분노 기능이 우세하면 면역력이 떨어지게 된다. 화를 잘 내는 사람, 부정적인 생각이 많은 사람은 면역력이 약해 질병에 쉽게 노출될 수 있다. 그러므로 명상은 수명에도 영향을 미친다. 왼쪽 전두엽이 더 활성화되어 행복하게 살아야 병에 덜 걸리게 된다는 의미이다.

때문에 생활 속에 잠시라도 명상을 할 수 있도록 하는 것이 좋다. 부모가 정신적, 육체적으로 건강해야 자녀들도 건강하게 키울 수 있음을 명심해야 한다.

분노조절 운동, 춤

분노가 일면 뇌에 산소가 부족하게 된다. 분노가 일면 혈관도 수축하고 근육도 수축한다. 그래서 화가 날 때 혈관과 근육이 수축되지 않도록 물을 한 컵 마시고, 날숨 들숨으로 편안하게 숨을 쉴 수 있도록 조절을 한 뒤 가벼운 운동으로 화를 다스리는 것도 좋은 방법이다. 유산소 운동은 몸 안에 최대한 많은 양의 산소를 공급시킴으로써 심장과 폐의 기능을 향상시킬 수 있다.

유산소 운동으로는 걷기, 달리기, 수영, 자전거 타기, 등산, 춤추기 등이 있다. 유산소 운동은 어려운 것이 아니다. 화가 날 때 아무 생각 없이 걷기만 해도 화가 가라앉고, 걷는 데만 집중하다 보니 무념무상으로 세타파를 유도할 수도 있다. 화가 나면 오른쪽 전전두엽이 활성화되면서 에너지를 많이 소모하게 된다. 심장에 무리가 가고, 혈관이 수축되고, 근육 뭉침 현상이 나타나서 머리, 등, 어깨가 아파온다. 그리고 숨쉬기가 힘들어지면서 폐에도 무리를 준다. 그래서 가벼운 운동으로 수축된 심장근육을 이완시켜 온몸으로 혈액을 잘 보내게 하여 뇌까지 산소 공급을 원활하게 해 주어야 한다.

운동은 화가 났을 때 해도 좋지만 평소에도 꾸준히 하면 스트레스 해소에 큰 효과를 거둔다고 알려져 있다. 규칙적인 운동을 해도 체력적으로나 심리적으로 강화되어 면역력을 증강시키는 효과가 있다. 남자들은 화가 나면 주먹으로 뭔가를 후려치고 싶은 본능적 욕구가 있는데, 운동은 인간의 그런 공격본능을 해소해 주고 폐활량을 늘리면서 마음을 좀 더 가라앉힐 수 있는 산소를 원활하게 뇌까지 운반한다.

뇌가 편안하고 신선한 산소 공급이 잘 되면 머리가 맑아지고 모든 일에 적극성을 띨 수 있으며 매사에 자신감을 갖게 하여, 사회생활도 더 적극적으로 할 수 있는 효과가 있다고 알려져 있다. 그러므로 평소에 운동을 하는 것은 물론이고 화가 날 것 같으면 적당한 장소를 찾아 각자 자신에게 맞는 운동을 선택해 무리 없이 하면 좋다. 아니면 집에서 노래에 맞춰 춤을 한바탕 춰보는 것도 좋다.

분노조절 노래

화가 날 때 산에서 소리를 지르며 메아리를 듣는 것도 분노를 없애는 방법 중에 하나다. 부도나거나 이혼을 하거나 자식이 대학에 떨어졌을 때, 등산을 하고 시원한 공기를 마시며 메아리를 들어 보라고 한다. 그것이 여의치 않을 때, 신나는 노래를 듣거나 부르라고 권한다. 뇌 속에 있는 나쁜 활성 산소가 노랫소리를 타고 모두 밖으로 나온다.

특히 우리나라 전통 창법이 복식 숨쉬기로 오장 육부를 부드럽게 뒤흔들기 때문에 선조들이 민요로 화를 달랠 수 있었다. 흑인들도 랩으로 분노를 뱉어내며 몸을 흔들어 애환을 털고 건강을 유지하듯이, 화가 날 때 자신이 좋아하는 노래로 오장육부를 흔들어 뇌 속에 나쁜 활성 산소를 토해내는 것도 좋은 방법이다. 그것도 안 되면 전화통을 붙들고 서너 시간 턱이 아플 때까지 떠들어보는 것도 한 가지 방편이다.

나는 분노조절 교육을 받은 전문가이면서도 자식의 문제에 있어서는 분노조절을 못한 적이 여러 번 있습니다. 세월이 훌쩍 지난 지금 마음 아픈 사건인데, 분노를 억제하지 못해 이성을 잃고 딸의 종아리를 무지막지하게 때렸던 적이 있습니다. 그 경험은 내게 평생 좋지 못한 기억으로 남아 있습니다. 그 일이 있은 후 오랜 기간 동안 딸에게 공부하라고 말하지 않은 것 같습니다.

자식이 부모 인내심 테스트를 할 때가 있습니다. 그때 기억을 재생해 봅니다.

첫째 날

"아가야, 시험이 일주일밖에 안 남았는데 문제지 좀 풀어라."

"네."

저녁에 퇴근해서 물어보았습니다.

"문제지 얼마큼 풀었니?"

"응. 반 권. 나 내일까지 시험공부 끝내고 친구랑 놀 거야. 엄마."

"어이쿠, 예쁜 아가. 많이 공부해서 대견하네. 우리 아기가 공부 열심히 하니 엄마가 기쁘다."

안고 뽀뽀도 해주고 머리도 쓰다듬어 주었습니다.

그런데 문제지 분량으로 봐서 반 권을 다 푼다는 것은 무리였고 뭔가 수상했습니다.

"갖고 와봐라. 엄마가 채점해 줄게."

문제지를 채점해 보니 답안지를 베낀 정황이 그대로 나타나 있습니다.

"아가, 엄마에게 말해줄 게 있을 것 같은데."

"히히히. 미안해 엄마. 놀다 보니 공부할 시간이 없어서 답지를 보고 했어."

"그래, 솔직하게 말해 줘서 고맙다."

딸은 거짓말을 잘 못했습니다. 작은 거짓말이라도 하게 되면 언제나 얼굴에 거짓말이라고 쓰여 있었습니다.

둘째 날

"오늘은 답지 보지 말고 풀어라."

"네. 열심히 할게요."

퇴근 후 물어보았습니다.

"많이 했니?"

"네."

"목소리가 시원찮은 것 보니 많이 안했구나. 갖고 와봐라."

또 답지를 베꼈습니다. 어제는 100점을 만들어 놓더니 오늘은 머리를 굴려 몇 개 틀린 답도 만들어 놓았습니다. 5학년 딸 머리의 한계였습니다. 머리가 좋아야 남을 속일 수 있습니다.

"오늘도 엄마에게 말해줄 게 있을 것 같은데."

"엄마, 미안해요. 오늘 친구들이 놀러 와서 놀다 보니 또 엄마가 올 시간이 되었어요."

화가 머리꼭지까지 올라오는데 참았습니다.

참자! 참자! 참자! 오! 신이시여. 제게 참을 힘을 주소서.

"새로 문제지를 사러가자."

나는 너를 이해한다는 듯이 웃으며 딸을 데리고 서점으로 갔습니다. 시험 때까지 문제지 서너 권은 풀리고 싶은데 하는 짓이 물 건너 간 것 같았습니다. 문제지를 같은 것으로 새로 사줬습니다. 손잡고 과자도 사고 과일도 사고 8절지 문제지를 펄럭이며 콧노래까지 부르며 집으로 왔습니다.

셋째 날

"아가, 오늘도 답지 베끼면 엄마한테 맞는다."

"네."

아침 대답은 참으로 상큼합니다.

아빠까지 한마디 거듭니다.

"우리 공주님 자꾸 답지 베끼면 안돼요. 이다음에 훌륭한 사람 못됩니다."

"네, 아빠. 하기 싫어도 해 놓을게요. 걱정 마세요."

룰루랄라. 신나게 친구들과 아침부터 가방을 메고 모여 놉니다. 우리 집은 동네 아이들 놀이터였으니까요.

그날도 어김없이 더 머리를 굴리고 굴려 창의적으로 답을 베껴 놓았습니다.

참자! 참자! 참아야 하느니라! 하느님, 관세음보살, 아~악! 참아야 하느니라.

숨을 크게 들이쉬고 내쉬고 주방에 가서 내 가슴도 퍽퍽 몇 번 치고.

다시 아이의 얼굴을 바라보는데 울화통이 치밀었습니다. 그래도 참고, 참았습니다.

"휴…… 아가. 너 도대체 며칠 동안 왜 이러니."

"엄마. 공부하기 싫어요. 놀고 싶어요. 저는 흑흑흑…… 공부보다 노는 게 더 재밌어요. 공부는 싫어요. 흑흑흑~"

반복해서 녹음기 돌아가듯이 공부를 왜 해야 하는지 일장 연설을 했고 다짐을 받으며 말하고 설명하고, 또 다짐을 받았습니다.

"엄마랑 손가락 걸고 약속하자."

두 번 다시 답지를 베끼지 않겠다고 손가락 걸고 약속도 했습니다.

그런데 눈물이 채 마르기도 전에

"엄만 공부 잘했어? 공부 잘해서 공부 안하는 내가 답답해?"

천진스럽게 묻습니다.

"아니, 엄마는 못했어. 그래도 넌 잘했으면 좋겠어."

"엄마도 공부 안했는데 잘 살잖어."

"엄마는 못했지만 아빠가 공부 잘해서 잘 사는 거야."

"그러면 나도 공부 안하고 공부 잘하는 남편 만나 시집갈 거야."

띵……

저녁 내내 앵무새처럼 반복적으로 설명하여 왜 공부를 해야 하는지 인지시켰다고 생각했는데…….

와~우~ 웅~ 빠짜작.

꽥 소리를 지르고 싶은 걸 참았습니다.

넷째 날

보라는 듯이 어김없이 문제를 풀다가 어느 시점부터는 또 답지를 베껴 놓았습니다.

그날 이성을 잃고 회초리가 부러지도록 종아리를 때렸습니다.

더 기가 막힌 것은 맞으면서 항의하는 딸의 말입니다.

몇 대 맞더니

"엄마는 내가 답지 베끼는 것을 어떻게 알아요? 아야아아앙~"

"내가 너처럼 바보니. 내가 바보야? 어쩜 눈속임도 그토록 바보 같이 하니."

바보 같은 항변에 더 세게 때렸습니다.

남편은 방문 밖에서 소리 질렀습니다.

“너 애 잡겠다. 애 잡을 거야? 말로 해. 말로. 니 딸이냐? 내 딸이다. 내가 반은 키웠다. 그만 때리라구.”

외할머니는 아예 문고리를 부수려고 했습니다.

“난 니를 안 때리고 키웠는디 넌 와 아를 때리노 때리긴. 자가 미쳤나보다. 이 서방, 자가 미쳐부렀어. 시상에 그렇게 착한 아를 잡아요, 잡아.

아이고. 저것이 아를 죽여야. 망치 갖고 온나, 부수게. 얼른 망치 갖고 오게 애 잡겼어.”

“엄마, 잘못했어요. 다시는 진짜로 안 베낄게요. 진짜루 그럴게요.”

집 안이 와장창 폭격 맞은 날입니다.

정신을 차리고 보니

하느님 맙소사!

아이 종아리에 피멍이 들었습니다.

지금 그렇게 아이를 때렸으면 아동학대죄로 엄마 노릇도 못했을 것 같습니다.

울다가 지쳐서 자는 딸의 모습을 보고 나 역시 밤새도록 약을 바르고 마사지를 해주며 울었습니다.

딸은 몇 달 동안 치마를 못 입고 다녔습니다.

이 사건은 딸이 성장하면서 부모에게 눈속임이나 거짓말을 절대로 하지 않는 계기가 되었습니다.

그 이후로 두 번 다시 답지를 베끼는 일이 없었고 스스로 공부하는 학생이 되었습니다.

엄마인 나는 딸에 대한 공부 담당 주도권을 초등학교 5학년부터 고등학교 2학년까지 박탈당했습니다.

3. 이해심이 많은 부모

타인을 잘 이해하고 좋은 면을 받아들이는 부모를 둔 아이는 부모의 영향을 받아 친구관계가 원만하고 사회성이 좋다. 마음을 넓히면 내가 아닌 타인의 행동을 긍정적으로 바라보게 되고, 나와 다른 활동을 하는 이들에게도 그럴만한 사정이 있겠지 하면서 이해하게 된다. 타인에 대한 이해의 폭이 넓은 사람은 마음도 편하고 하루하루가 즐거울 수밖에 없다.

그런데 타인이 나와 다르다고 비판하는 사람들이 있다. 예를 들어 여름에 두툼한 오리털 옷을 입고 집 밖을 나온 사람이 있다고 가정할 때 사람들 일부는 '미쳤나봐' 라 할 것이고, 몇몇은 '그러거나 말거나' 관심도 없을 것이고, '그럴만한 이유가 있을 거야. 어디 아픈가.' 하고 이해하는 사람도 있을 것이다.

지하철 노약자석에 예쁜 아가씨가 앉아 있다고 가정하자. 어떤 사람은 싸가지 없다고 나무랄 것이고 아가씨가 남의 시선을 무릅쓰고 앉았을 때는 그럴만한 사정이 있을 거라 생각하는 사람도 있을 것이다. 얼마 전에 임산부가 입덧이 심해 병원치료를 받고 지하철 노약자석에 앉았다가 나이 드신 노인과 싸움이 붙은 기사를 보았다. 조사 결과 임신한 지 4개월 된 임산부라는 사실이 밝혀졌다. 서로가 이해의 눈길로 바라보았다면 기분 좋게 끝날 일이었다.

요즘 철저하게 내 아이만 이해하며 키우는 부모가 많다. 그런 환경에서 성장한 아이는 남은 안중에 없고 오직 자신만을 이해하고 아껴, 학교에서 왕따의 가해 학생이나 피해 학생으로 나타나기도 한다. 남을 이해하기보다 내 아이만 이해하고 남도 내 아이의 그릇된 행동까지 이해해 주기를 바라는 부모 밑에 자란 아이가 성인으로 성장하면 이 사회에 부정적인 존재가 될 가능성이 높다.

타인에 대한 이해와 배려의 폭이 좁은 사람들은 사물의 많은 면이 부정적으로 보인다. 내 잘못을 생각해 볼 생각은 아예 없고 늘 남의 탓을 한다. 편협한 시각으로 사물을 바라보고 사람을 판단하기 때문에 모든 일에 불평불만이 많아진다. 불평불만이 많은 사람은 부정적인 판단이 앞서고 자신의 경험의 폭 속에서만 가치 판단을 하기에 불화거리를 만든다. 이런 부모 밑에서 자란 아이들은 자연스럽게 내 부모님이나 선생님의 충고를 자신이 유리한 방향으로만 해석하며, 반성하기보다는 자신이 미움 받는다고 생각한다. 그리고 친구들의 장점보다는 단점이나 약점을 먼저 찾아내려 한다.

남을 이해하지 못하고 너그러운 마음으로 바라보지 못하는 사람들은 이 사회에서 외롭게 살아가게 된다. 이해심이 없는 부모는 자녀들과 늘 언쟁으로 불필요한 정력을 낭비하게 될 것이다. 남과 내 가족을 잘 이해하는 부모는 마음이 너그럽고, 긍정적 마인드를 갖고 있고, 세상 보는 마음이 넓고 푸근하기 때문에 매사에 부드러움이 있다. 자녀들의 성장과정에서 많은 인내심과 이해심이 요구되는데, 마음이 부드럽다는 것은 필수 요건을 일단 하나 갖춘 것이 된다.

자녀들과 마찰이 생길 때 부모들은 이렇게 말한다.

"촌에서 보리죽을 먹으며 등잔불 속에서도 공부를 했다. 지금 너희들이 부족한 것이 뭐가 있어서 공부를 못하냐."

"난 명문대를 나왔는데 니 꼴통은 누굴 닮아 공부를 못하냐."

"쌔빠지게 벌어다 줬더니 옷 입은 꼴하고는, 거지새끼가 원이냐? 당장 찢어진 청바지 쓰레기통에 버려. 널 쓰레기통에 처박기 전에."

"니가 지금 얼굴에 분칠할 나이냐."

"옆집 애랑 놀지 마라. 그 부모 이혼했다더라."

"어제 전학 온 애. 저 건너 지하방에 산다며. 앞으로 상대하지 마라."

"니네 담임선생 그거 미친 것 아냐?"

"오늘 출근하는데 수위가 졸고 있더라구. 생각 같아서는 모가지를 날리려다 참았다."

"앞집 여자가 잘난 척 하는 게 눈꼴사납네."

부모가 만약 이런 마인드를 갖고 있다면 그 가정은 부모와 자녀 사이에 늘 전투적인 마찰로 얼음장 같은 냉기가 흐를 것이다. 마음이 따뜻하면 몸도 혈액순환이 잘 되고 아픈 곳도 없어 생활이 유쾌하지만, 마음에 냉기가 흐르면 몸도 냉기가 흐르면서 혈액순환이 잘 안 되고 아픈 곳이 많아 염증과 통증으로 시달리게 된다.

몸과 마음이 찬 아이들은 두통이 오고 배가 아프며, 일도 공부도 잘 되지 않아 부모와 마찰을 일으키는 악순환이 꼬리를 물고 발생하여 집안이 소란스러울 것이다. 부모가 세상살이를 이해할 생각은 없고 부정적 마인드를 갖고 있으면, 자녀들도 타인을 이해하는 마음이 좁아져 이 시대의 포용력 있는 지도자가 되기 힘들다. 자녀를 성공시키기 위해서는 따뜻한 눈과 마음을 가진 부모가 되어야 한다.

4. 부지런한 부모

『명심보감』 '경행록' 에 보면 '아침과 저녁의 이르고 늦음을 보면 그 집안의 흥망성쇠를 알 수 있다' 고 하였다. 한 집안의 흥망성쇠와 자녀의 본보기가 되는 교육의 기본 중에 하나가 부지런함이다. 남편이 출근하고 나면 아이와 늘어지게 자다 점심때가 가까워서야 아침 겸 점심을 먹고, 아이와 쇼핑을 하고, 남편이 퇴근할 무렵에 장을 봐서 들어오는 엄마가 있는가 하면, 아침 일찍부터 집안일을 마치고, 아이에게 책을 읽어주고, 스스로 오감을 사용하게 하는 엄마가 있다. 저녁 밥상을 물리고 텔레비전 리모컨 쟁탈전을 벌이며 니 잘났니, 내 잘났니 하는 부모가 있는 반면, 퇴근 후 어휘력 향상과 체력 보강을 위해 아이와 대화를 하며 산책을 하는 부모가 있다.

하루가 모여 일주일이 되고 일주일이 네 겹으로 쌓이면 한 달이 된다. 한 달이 12번 넘어가면 일 년이 되는 것이다. 일 년 뒤 인생 성공을 쥐게 될 확률이 높은 집은 당연히 부지런히 자녀교육에 힘쓴 가정일 것이다. 부모가 부지런하고 근면하면 자녀들이 게으를 수가 없다.

아침마다 시간에 쫓겨 밥도 못 먹고 학교에 가는 아이가 있고, 일찍 일어나 본인이 세운 일들을 해내기 위해 준비 철저히 하고, 부모와 식탁에서 여유 있게 담소를 나누며 맛있는 식사로 몸에 충분한 에너지를 축적한 아이가 있다. 두 아이의 건강과 정신력의 차이는 성인이 되었을 때, 머리끝과 발끝 차이로 나타날 것이다. 게으른 아이가 어느 날 갑자기 지혜로운 어른이 될 수는 없다. 부지런히 공부하며 미래를 준비하는 아이에게 성공의 기회가 찾아온다.

5. 예의 있는 부모

나이 먹은 성인이라고 다 어른이 아니다. 예의를 버리고 망나니처럼 사는 사람들도 있다. 부모가 예절을 배우지 못하고 망나니로 살면 그것을 보고 듣고 자란 아이들은 당연히 망나니짓을 하게 된다. 예의 없는 가정에서 자란 아이들은 싸가지 없이 자란다. 싸가지는 싹수의 방언인데 싹에 물이 오르면 잘 자라지만 싹에 물이 없으면 새싹이 말라 비틀어지듯이, 싸가지가 없으면 미래가 없다는 말이다. 따라서 성공은 물 건너 간 것이나 다름없다.

예의도 소갈머리도 없는 사람을 분류해 보면 다음과 같다.

-자신만을 위한 탐욕과 무지로 타인을 비방하는 데 희열을 느끼는

사람

–어리석은 욕심으로 남의 것을 탐하는 사람

–나를 위해 남을 짓밟고 올라서는 사람

–남의 물건을 훔치는 사람

–부정을 저질러 남의 남편이나 아내를 가로채는 사람

–이간질이나 시기, 질투로 말을 꾸며 남을 해롭게 하는 사람

–나만 잘났다는 사람

–자신의 말이 진리인 사람

–남을 경멸하는 사람 등.

질서를 파괴하는 부모 밑에서 성장한 아이들 중에는 보편적인 사고가 아닌 비정상적 사고를 강하게 지니고 성장하는 경우가 있는데, 이런 아이들은 남을 편안하고 이롭게 하거나 덕을 베풀 수 있는 인재로 자라기 힘들다.

이런 사고방식을 가진 아이들은 학교 선생님 말씀이 귀에 들어올 리 없고, 선생님을 존경하는 태도를 보이지 않는다. 그러므로 선생님께서 말씀하시는 지식이나 진리가 뇌에 입력될 리 없다. 이처럼 예의가 없다는 것은 세상의 이로운 이치를 받아들이지 않고, 나만의 이기심으로 사회에 반하는 마음을 갖고 있다는 것이다. 그 회색빛 마음이 행동으로 나타나 문제아가 된다.

공자께서 말씀하시기를, '벼슬하는 자가 용맹만 있고 예의가 없으면 난을 일으키고, 소인이 용맹만 있고 예의가 없으면 도둑질을 하게

된다' 고 하였다.

예의 없는 가정에서 자란 아이들 중에 가슴은 없고 머리만 좋은 영재들은 도덕 불감증에 걸려 아무 곳에도 쓸모가 없다. 그런 아이들은 좋은 친구가 될 수 없다. 특히 머리 좋고 예의 없는 아이들은 어디를 가도 분란의 씨앗이 된다. 다른 사람이 나를 대우해 주기를 바란다면 본인이 먼저 다른 사람에게 예를 다해야 한다. 예의가 없다는 것은 사회질서도 갖추지 못했다는 것이다. 사회질서를 지킬 줄 모르고 자신의 이익만을 생각하며, 얌체족으로 성장한 사람들은 덕이 없을 뿐더러 좋은 재능을 갖고 있더라도 좋지 않은 곳에 쓰고 만다.

얼마 전 우리나라 고급 식당에서 '어린이를 동반하면 출입을 금한다' 고 하여 사람들이 분노한다는 기사를 봤다. 분노하는 사람들 마음도 이해하지만 식당을 운영하는 사람들 방침도 수긍이 갔다. 아이가 식당에서 뛰어다니고 남의 식사를 방해하며 돌아다녀도 내 아이만을 위해 사회질서를 깨뜨리는 부모들로 인해 눈살을 찌푸리게 되는 경우가 비일비재하다.

식사예절하고 담 쌓은 가정에서 아이가 사춘기를 맞이하면, 부모들도 통제불능이 되어 매일 자식들과 싸우다가 마음에 상처만 가득 안고 자포자기하거나 네가 이기나 내가 이기나 가족 투쟁에 돌입하여 숟가락이 날아다니고 주먹이 날아다니다가 가출 청소년으로 만들기도 한다.

놀이터에서도 잘못한 아이가 상대 아이나 상대 부모에게 고래고래 고함을 질러도 잘못한 아이 부모는 관망만 한다. 학교에서 선생님께

대들고 온 아이에게 잘했다고 하거나 심지어 학교에 찾아가 선생님 멱살을 잡는 경우도 있다. 이렇게 자란 아이는 부모가 늙었을 때 부모가 자식 마음에 반하는 행동을 하면 부모 멱살을 잡을 확률이 높다. 집 안에서 왕이요, 탐욕스런 권력자로 자랐고 예의라곤 눈을 씻고 봐도 찾아보기 힘든 아이의 부모는 사필귀정으로 노후가 분명히 불행해진다. 그 폐해는 고스란히 부모가 받게 되어 있다.

인사예절

예절은 곱고 바른 마음에서 우러나오는 인사에서부터 시작된다. 부모는 자녀들에게 어려서부터 나와 타인을 아끼고 배려하는 따뜻한 마음을 갖게 해야 한다. 그 따뜻한 마음이 반듯한 생활습관으로 자리 잡고, 훌륭한 성품으로 자랄 수 있도록 가르치고 도와주어야 한다. 인사예절은 남을 존중하는 마음에서 저절로 이뤄지는 것이다.

"고맙습니다."
"감사합니다."
"안녕하십니까?"
"안녕하셨어요."
"다녀오세요."
"다녀오셨습니까?"
"다녀오겠습니다."

"안녕히 가세요."

위의 말들은 아이에게 제일 먼저 가르치는 경어법 인사예절이다. 그런데 인사를 할 때 고개만 숙이는 것이 아니라 온몸으로 인사를 해야 한다. 진심으로 고마워하고 진심으로 상대의 안녕을 물어야 한다.

유치원에 입학한 아이들에게 제일 먼저 가르치는 것이 배에 두 손을 포개 모으고 하는 배꼽 인사다. 내가 먼저 마음을 열고 정성껏 하는 인사는 상대방을 존중하고 상대방에게 친근함이나 호감을 표하는 것과 동시에 나를 겸손하게 각인시키는 절차이다.

아이가 어른에게 인사를 할 때는 미소를 지으며 상대방의 눈을 본 뒤 상냥하면서도 정중하게 고개를 숙여 인사를 한다. 어떤 분들은 아이가 어른과 눈을 맞추면 안 된다고 하는데 사람을 대할 때 늘 눈인사가 먼저 이뤄지게 되어 있다. 어린아이라고 눈을 마주치지 않는 것은 아이의 인격적 당당함을 격하시키는 행동이 된다. 마음을 담은 인사만 잘하여도 아이의 예절교육이 반은 이뤄졌다고 할 수 있다.

식사예절

아기 때부터 잘 되지 않는 것이 식사예절인데, 식사예절이 잘 교육된 아이들을 보면 집중력도 강하고 몸도 마음도 튼튼하다. 대가족 제도에서 부부중심 사회가 되고 자식을 한 명 아니면 두 명 정도 낳다 보니 자식이나 손주가 하는 짓은 무조건 예쁘기만 하여 식사예절을 소홀히 할 수 있다.

특히 태교가 잘 되지 않았거나 기질상 성격이 까탈스러운 아이들 중에 음식 투정을 하고 편식을 하는 경우가 많은데, 뱃속에서부터 비리비리 말라서 태어난 아이가 밥을 안 먹을 경우, 가족들이 경기하듯이 호들갑스럽게 음식 먹이기 작전에 돌입한다. 밥을 잘 안 먹으면 아이가 건강하지 못할까 봐 근심이 되고 키도 크지 않을까 걱정스럽다. 그래서 온 식구가 아이에게 음식을 한 입이라도 더 먹이려고 쫓아다니며 한 숟가락씩 먹인다. 그러다 보니 아이에게 밥 먹는 시간이 투정부리고 놀이를 하는 시간으로 변질되어 간다.

식사예절이 습관화되어 있지 않거나 편식하는 아이들은 산만하여 집중도가 떨어지기 때문에 공부에 능률이 오르지 않는다. 내 아이가 공부를 못해도 된다고 생각하면 아이 때부터 식사예절에 신경을 쓰지 않아도 된다.

사회질서 지키기

사회질서 지키기는 사회생활의 예절이다. 제각각 색을 내는 사람들의 어떤 기준점까지의 행위를 통제하는 공공질서이다. 일반 사람들은 스스로 부모나 가족 그리고 학교로부터 배운 윤리 관념으로 타인에게 피해나 불편을 주지 않기 위해 노력하지만, 간혹 사회질서 개념이 없는 사람들은 무례한 행동으로 타인에게 불편을 주거나 심하면 공공질서를 무너뜨리기도 한다.

사회질서란 사회적 보편타당성을 의미하며, 사회질서를 유지하기 위한 수단으로 반사회적 행위는 법으로 엄격히 규제한다. 예컨대 인터넷에서 남을 공개적으로 비방하거나 없는 사실을 있는 사실처럼 꾸민다면 그것은 사회질서를 깨뜨린 것이다. 화장실에 많은 사람들이 줄을 서 있는데 새치기를 하면 사회질서를 지키지 않는 것이다. 부인을 두고 다른 여자랑 바람을 피워도 사회질서를 무너뜨리는 것이다. 거리에 침을 뱉고 다녀도 사회질서를 지키지 않는 것이다. 사랑하는 사람을 자기가 좋다고 집에 감금해도 법적 처벌을 받는다.

사회질서는 개개인이 사회생활의 평화를 유지하기 위하여 반드시 지켜야 할 일반적인 규범이랄 수 있다. 이 규범이 나라별로 틀리므로 세계화 시대에 살고 있는 우리는 다른 나라를 방문할 때, 그 나라의 풍속이나 문화 규범들을 상식적으로 알고 행동하는 것이 좋다. 세계 현지상황을 잘 모른다고 하더라도 일단 남에게 피해를 주지 않고자 하는 마음을 기본 바탕으로 깔고 행동을 한다면 살아가는 데 문제가 없을 것이다.

각자 남을 이해하고 따뜻한 마음을 갖게 되면 타인에게 불편을 주거나 해가 되는 행동을 하지 않게 된다. 사회질서를 깨뜨린다는 것은 마음이 이미 삐뚤어졌다는 것이다. 마음이 고운 사람은 사회질서라는 것을 의식하지 않고 행동해도 그 행동이 자연히 사회질서 안녕의 범주 안에 안착되어 있다. 부모가 늘 타인을 배려하는 마음을 가지고 있으면 자식들도 부모의 본을 받아 생활 속에서 배우고 익혀 자기가 살아가는 영역의 사회질서를 준수하게 되고, 남에게 피해를 입히지 않고 살아갈 수 있다.

6. 자존심보다는 자존감을 높여주는 부모

사람들이 태어나면서 가져야 하는 권리가 행복이다. 어떤 이들은 이 세상을 고뇌의 바다라고 하는데, 생각과 행동 여하에 따라 고뇌가 담긴 삶이 될 수도 있고 행복한 삶이 될 수도 있다. 살아가는 방법과 생각에 따라 행복을 느끼며 포근한 잠을 잘 수 있는가 하면, 깊은 잠을 자지 못하고 밤새도록 뒤척이거나 날이 밝아도 머리가 안개 낀 것 같을 수도 있다. 내가 행복하기 위해서는 내 자존심을 지키는 것이 아니라 나를 존중하며 타인의 자존심을 지켜 주어야 한다. 그래야 내가 행복할 수 있고, 나와 인연을 맺어가는 사람들과 더불어 행복할 수 있다.

사람들 얼굴이 모두 다르듯 사람들마다 강점과 약점은 서로 다르게 자리 잡고 있다. 어느 것이 더 좋다고 말할 수 없다. 사람들마다 자신만이 가지고 있는 가치가 다르기 때문이다. 그런데 대부분의 사람들은 자신이 삶의 주체임에도 불구하고 당당하게 행동하지 못하고 주변 사람들의 평가에 예민하게 반응한다. 특히 자존감이 낮은 사람들은 나와 내 가족을 다른 사람들이 어떻게 판단할지에 신경을 곤두세운다.

사회질서를 어지럽히지 않은 한, 타인의 시선에 너무 집착할 이유가 없다. 각자의 가치관과 생활양식이 다르므로 각자의 상황을 이해하면 되는 것인데, 자신에게 기준을 두고 남이 이해가 안 된다고 수군거리면 그건 그 사람들 생각이다. 나와는 상관없는 것이다.

남을 너무 의식하다 보면 나라는 존재는 없어지고, 나를 사랑하고, 나를 존중하며, 나를 지탱하는 힘을 잃어버리게 된다. 사람들의 시선에 민감하면 내 삶을 내가 주도할 수 없게 된다는 것이다. 남의 시선에 민감한 사람은 자기만족도가 낮고 불만이 많기 때문에 남에게 잘 보이고 싶은 욕구가 강하다. 그래서 거짓말과 허풍 그리고 눈속임이 많다. 내가 내 삶을 쥐고 앞으로 나아갈 수 없으면 꼭두각시 삶이 되고, 늘 피곤하여 행복을 느끼지 못한다.

자존감 높은 사람들은 삶의 주체가 자신이므로 스스로를 있는 그대로 받아들이고, 사회적으로 문제가 없는 행동을 하기에 남의 시선을 의식하지 않고, 늘 당당하기 때문에 자신의 생각과 행동에 만족하므로 행복을 느낄 수 있게 된다.

자존감이 높은 사람은 잘 보이기 위해 남에게 잘하는 것이 아니라 남을 이해하고 배려하며 존중하는 차원에서 친절하게 행동하지만, 자존감이 낮은 사람은 타인에게 잘 보이고 싶고 인정받기 위해 포장된 친절을 행한다. 포장된 배려와 친절은 포장을 벗겨내면 그 속에 시기와 질투, 욕심으로 덧씌워져 있기 때문에 인간관계가 오래 지속되기 힘들다.

그래서 나 자신을 사랑할 줄 아는 사람이 남도 진심으로 사랑할 줄 안다. 자존감이 높은 사람은 타인들의 조언을 일단 긍정적으로 받아들이고 다시 한 번 자신을 돌아보고 자신의 잘못이 있으면 반성의 시간을 갖지만, 자존감이 낮은 사람들은 타인들의 조언을 잘 받아들이지 않는다. 나를 흉보았다고 생각하고 자존심을 내세워 상대를 멀리하거나 자신의 잘못을 인정하기보다는 스스로 핑계를 만들어 잘못을 회피하는 데 힘을 소진한다.

자존심은 열등감과 비례한다. 자신의 현실에 대해 불평불만과 욕심만 머리에 가득하므로 생각이 정돈되기 힘들다. 그러므로 일을 추진하는 데 있어 판단력이 약해 무모한 일에 도전하거나, 생각은 있으나 행동이 따라주지 않아 뚝심 있게 최선을 다해 노력하지 않으므로 삶을 살아가는 데 실패할 확률이 높다.

자존감이 높은 사람은 매사에 감사할 줄 알지만 자존감이 낮으면 매사에 불평불만이 가득하다. 감사할 줄 안다는 것은 행복한 마음을 가질 수 있는 기본 조건을 갖추었다는 것이다. 감사한 마음을 갖지 못하면 근본적으로 행복한 마음을 갖기 힘들다. 감사한 마음을 가지고 생활하면 뇌도 편안하고 혈액 순환도 잘 되어 머리 회전도 빠르지만, 뭔가 불만이 가득하면 생활에 짜증나고 사사건건 부정적인 생각으로 가득차 일을 해결해 나가는 추진력이 약하여 늘 낙오된 생활을 하게 된다.

자존감이 강한 사람은 자신의 몸과 마음에 대한 건강관리로 가족이나 타인에게 피해를 주지 않고 남을 돕고자 하지만, 자존감이 약한 사람은 몸도 마음도 약해지면서 타인으로부터 관심과 사랑 받기를 원하고 남의 힘에만 의지하려 한다. 자기를 사랑하는 사람은 자신의 정신건강과 신체건강도 잘 챙기는 사람이다.

사람에게는 자존감이 약화되는 것에 비례하여 자존심만 강해져서, 속상해하고, 사람을 미워하고, 자신의 정신과 몸을 학대하는 현상이 나타난다. 그래서 고뇌가 많다. 자존감이 높은 사람은 자기 자신을 잘 안다. 그래서 정도를 지키며 성공을 향해 능동적으로 헤쳐나가는 뚝심이 있다. 자존감이 강하면 설령 실패를 하더라도 다시 밑받침 되어 있는 용기와 자신을 사랑하고 믿는 힘으로 재기할 수 있다. 현명한 사람들의 조언도 잘 받아들이고 자신의 능력도 겸손하게 점검하며 미래를 설계한다.

부모는 자녀들을 자존심이 아닌 자존감이 강한 당당한 사람으로 성장시켜야 자녀가 멋진 인생을 살 수 있다. 자존감을 갖고 살아간다는 것은 인생살이에 있어 매우 중요한 요소다. 엄마의 뱃속에서부터 어린 시절을 지나 청소년기가 될 때까지 사랑받고, 보호받고, 존중받고, 베풀 수 있고, 감사함을 배우고, 긍정적인 사고력을 습득하고, 자기를 사랑할 줄 알도록 성장하면 남은 인생은 높은 자존감을 갖고 당당하게 살아갈 수 있다.

내 어린 시절 자존감의 7할은 오빠들이 키워줬습니다.

나는 달을 채워 태어났지만 복막염을 앓은 엄마 덕분에 팔삭둥이보다 못한 몸을 가진 신생아였습니다. 할머니는 내가 인간 구실을 못할 거라면서도 살려야 한다고 하셨답니다. 그래서 사고가 발생해도 한눈에 들어오는 시골의 작은 마을인데도 오빠들이 유난히 나를 보호하며 데리고 다녔습니다.

초등학교를 7살에 입학하였는데 엄마 젖을 6살까지 먹었고 아기 때부터 큰오빠는 엄마처럼 나를 포대기로 업고 다녔습니다. 동네에 놀러나갈 때 아홉 살 터울의 여동생을 포대기로 업고 나가 놀았으니, 착하고 정이 많은 오빠였습니다.

둘째 오빠는 내게 공깃돌, 콩주머니, 자치기, 비석치기, 땅따먹기, 구슬치기, 제기차기, 고무줄놀이, 딱지치기를 가르쳤습니다. 둘째 오빠의 구슬치기는 신의 경지에 올라 있어서 오빠가 따서 가져온 구슬이 늘 집에 넘쳐났고 나는 그 구슬로 인심을 베푸는 동네 인기인 1순위가 되었습니다.

시골 동네에서 두 오빠의 백으로 나는 뭐든지 할 수 있는 아이였습니다. 동네 아이들에게 딱지를 몽땅 나눠주거나 구슬을 모두 잃고 와도 오빠들은 화를 내지 않았습니다. 여동생의 단점은 묻어 두고 강점을 살려 줬습니다. 너는 뭐든지 잘할 수 있다고 칭찬을 듬뿍듬뿍 해 줬고 무슨 실수를 해도 이해를 하며 용기를 주었습니다. 집에서 사과 한 개가 생겨도 여동생이 오기를 기다려 줬고 셈을 가르치거나 책을 읽어 줬습니다.

첫째 오빠는 학구파였는데 당시에 종이만 보면 만화를 그리는 취미가 있어 오빠가 그린 만화를 보며 성장했습니다.

둘째 오빠는 손재주가 뛰어나 여동생이 원하는 것들을 요술부리듯 만들어 줬습니다. 겨울에는 스키도 만들어 주고 앉은뱅이 썰매도 만들어 줬습니다.

내 눈에 두 오빠는 만능 재주꾼이었습니다. 어릴 때 내가 본 오빠들은 공부도 잘하고 운동도 못하는 것이 없는 오빠들이었습니다. 특히 큰오빠가 매일 그려 주던 만화와 그림은 나를 동화의 나라로 데려가 줬고, 코미디언 이상으로 유머러스한 작은오빠는 내가 늘 웃을 수 있는 즐거움을 줬습니다.

오빠들은 무엇을 하든지 최고였습니다.

나는 최고 잘난 오빠의 여동생이란 자부심이 충만하여 남자 아이처럼 오빠들을 따라 행동했습니다. 아버지도 내게만은 여자라고 인격적으로 존중해주고 좋은 것을 챙겨 줬는데, 엄마는 양반의 법도를 내세워 엄격하게 교육을 하셨습니다. 남동생과 담장이 없는 앞집 우물가에 익은 앵두를 한줌 따 먹었다가 앞집 어른들에게 쌀 한 되를 들고 가 무릎 꿇고 잘못했다고 용서를 구하게 하신 분입니다.

유년기에 나는 자존감을 키울 수 있는 최적의 환경에서 자란 것입니다. 그 유년 시절이 청소년기에 가정에 풍랑이 일고 배가 난파 직전까지 갔을 때 나를 지탱해 줄 수 있는 힘이 되었습니다.

집안의 풍파가 지속될 때 나를 지탱하고 다시 나를 추스르고 다시 자아를 찾을 수 있을 수 있었던 것은 유년 시절에 오빠들이 내게 준 사랑과 엄마의 기품있고 단아한 성품 때문입니다. 그리고 잘못이나 실수를 해도 칭찬해 주고, 예쁘게 봐 주며 넌 뭐든지 잘할 수 있는 아이라는 긍정적이고 희망적인 사고력을 길러 준 덕인 것 같습니다. 그렇게 힘들 때마다 유년의 추억을 떠올렸습니다. 유년의 아름다운 추억이 살아가는 데 그토록 든든한 반석이 되어 주는 것에 놀랐습니다.

여러분의 자녀들이 긴긴 인생의 길에서 암초를 만나지 않는다는 것을 보장받을 수 없다면, 자녀들이 일반적인 대인관계에서나 어떤 난관에 부딪혔을 때 자존심을 세우기보다는 자존감을 갖고 여유로운 마음으로 극복할 수 있도록 부모인 어른들이 도와야 합니다.

7. 책을 가까이하는 부모

책을 가까이하여 배움을 얻는 가정에서 지도자가 길러진다. 책을 멀리하는 가정에서 훌륭한 자녀를 얻는다는 것은 탐욕과 같다. 부모가 자연의 순리를 따르며 책을 늘 가까이하며 인생을 개척해가면, 자녀들도 자연스럽게 지식과 자연이 주는 지혜를 얻게 될 것이다. 공부를 하지 않고 각 분야에서 성공한다는 것은 있을 수 없다. 자녀들이 지식을 쌓을 수 있는 생활 습관은 어릴 때부터 만들어줘야 한다.

가족이 화목해야 한다고 그저 먹고 놀고 신나기만 해서는 안 된다. 놀기만 하는 가정에는 현재는 있지만 미래가 없다. 요즘 같은 불경기에 근로 표준 시간 8시간만 일을 하고는 가족 모두 모여 오순도순 책을 보고 속 깊은 대화를 하는 가정생활을 만든다는 것이 생각만큼 쉽지 않다. 농경사회에서는 해가 지면 가족 모두가 귀가했지만 요즘은 가족 모두 모여 저녁식사를 한다는 것이 힘든 여건이다.

장사하는 아빠는 밤 12시는 되어야 가게 문을 닫고, 직장생활 하는 아빠는 야근을 밥 먹듯이 해야 한다. 퇴근을 일찍 했더라도 인간 네트워크 관리 차원에서 술집 어딘가에서 정신 줄을 놓고 허우적거리기도 한다.

아이들도 공교육이 무너진 지 오래되어 학원이나 개인지도를 거치지 않으면 성적이 떨어진다고 한다. 학교 내신활동을 위해 과제는 전문가 손을 거치도록 해야 최상 점수가 나온다니 슬픈 현실이다.

이런 현실적인 악재를 한 가지씩 극복하자면 부모가 있으나 없으나 늘 책과 함께 할 수 있는 습관을 자녀에게 물려 줘야 한다. 책과 늘 함께 하는 자녀들은 책 속에서 부모 같은 조언자를 만나고, 친구를 만나고, 인생의 길잡이를 만나고, 유용한 나침판을 얻는다.

책을 가까이하면 반듯하게 자랄 확률이 높다.

부모가 바쁜 처지에 놓인다고 해도 자녀들이 책과 함께하면 책 속에 성공적으로 살 수 있는 가르침이 있기에 부모의 손길이 미처 닿지 못해도 가정은 늘 평안하게 유지될 수 있는 것이다. 또한 책 속의 지식이 내게 축적되어야 창의력도 개발되는 것이지, 창의적인 생각이 어느 날 하늘에서 뚝 떨어지지 않는다.

빈둥빈둥 놀면서 요행을 바란다고 어느 날 아침 성공한 자녀는 나올 수 없다.

내가 운영하던 유치원 학부모님 중 한 분은 생 삼겹살 식당을 하셨습니다. 테이블 몇 개를 놓고 운영하는 작은 식당이었습니다. 그 식당 벽은 유치원에서 그리고 만든 작품으로 가득했습니다. 식당 테이블 하나는 아이의 것이었습니다. 손님이 가득 차도 아이의 테이블만은 안전하게 보호되었습니다. 아이 책상으로서 성역이어서, 단골손님들은 아이와 같이 놀아주기도 하고, 동화책도 읽어 주고, 그림 그리기도 같이 하여 벽에 붙이기도 하였습니다. 아이는 일하는 부모님 곁에서 동화책을 읽었습니다. 아이는 유치원에서도 늘 독서 코너에 앉아 책을 읽었습니다.

바쁜 부모님을 대신하여 책과 놀던 그 아이는 지금 명문대학교 한의대에 다니고 있습니다. 책이 선물로 준 성공입니다.

위에서 예로 든 것처럼 책과 늘 함께 하는 자녀들은 가난하더라도 성공할 확률이 높습니다. 책 속에 많은 진리가 있고 예절이 있고 미래가 있습니다.

부지런히 학문을 익히는 습관이 배어있는 아이들은 부모가 바쁜 처지에 놓인다고 해도 자신의 목표 의식을 지니고 공부를 열심히 합니다. 그런데 부정할 수 없는 현실은 경제력을 갖춘 집 아이들이 공부의 날개를 달고 상위그룹으로 튀어 오를 확률이 높아지고 있다는 것입니다. 간과해서는 안 될 사회현상입니다. 똑똑한데 가난하여 꿈을 꺾는 아이들을 보면 마음이 아픕니다.

자식이라도 가난을 극복하고 인생 업그레이드를 하기 위한 방법으로는 공부가 최선입니다. 부모가 가난하더라도 자녀에게 부지런히 책과 놀 수 있는 습관을 물려 줘야 합니다.

나도 부모 역할을 책을 통해 좀 더 전문적이고 체계적으로 배웠습니다.

철부지가 갑자기 엄마가 되었으니 다른 방법이 없었습니다. 책을 열심히 보며 배웠고 배운 것을 실행하고자 노력하며 살았습니다.

엄마가 늘 책을 옆에 끼고 있으니 딸도 나와 함께 동화책을 보고 또 보고 하여 내용을 외워 주변 사람들에게 들려줬습니다.

딸은 학교에 입학한 후 학교 공부는 하기 싫어했지만 책 읽기는 즐거워했습니다. 중학교 때 책 읽는 수준을 보고 딸을 시골에서 키웠지만 세계 명문대학교에 보낼 자신이 생겼습니다.

예측한 대로 딸은 어렵지 않게 세계 명문대학에 장학생으로 입학하고 졸업했습니다.

지금도 세계 명문으로 꼽히는 대학교에서 박사학위를 위해 열심히 책과 씨름하고 버틸 수 있는 힘은 어릴 때부터 다양한 책 읽기를 즐기던 습관인 것 같습니다.

저 역시 책의 도움으로 어린이집과 유치원을 경영했고, 대학생들도 가르쳤으니 책의 힘은 대단한 것입니다.

지금 이렇게 딸과 많은 이들에게 도움을 줄 부모교육 지침서를 쓰고 있는 것도 책으로부터 받은 혜택입니다. 책 속에 인생의 길이 있고 성공의 열쇠가 있다는 것을 몸소 체험했기에 자신 있게 말할 수 있습니다.

인생의 길잡이 중에 가장 소중한 것이 책이고, 성공의 도우미도 책이므로 늘 책과 가까이하여 성공의 길을 앞당길 수 있었습니다.

8. 맑고 밝은 기운을 가진 부모

맑고 밝은 마음을 가지면 행동도 경쾌하고 힘차다. 온갖 근심 걱정을 머리에 이고 사는 사람은 얼굴상도 일그러지고 찌그러져 있지만, 밝은 기운을 갖고 사는 사람 얼굴에는 환한 미소가 보인다. 마음이 밝고 맑으면 행동도 맑고 밝게 나타난다. 선하고 환한 얼굴은 보기만 해도 기분 좋게 느껴진다.

며칠 전 웃으며 살아야 잘 산다고 강조하는 웃음치료 강사를 만났습니다. 강의를 체구만큼이나 호탕하게 잘하는 바람에 많은 사람들이 한바탕 잘 웃었지만 그분의 얼굴에서는 밝은 기운이 느껴지지 않았습니다. 명성에 걸맞는 거짓웃음을 잘 지어내는 분으로 보였습니다.

왜 저분의 웃음에 호탕함은 있어도 얼굴에서 느껴지는 기는 느끼한지 생각해 보았습니다. 그러다 다른 강사로부터 그분이 아내로부터 이혼소송을 당했다는 이야기를 들었습니다. 조강지처와 자식을 등한시하고 애인과 전국팔도를 누비며 다니다 보니, 웃음강사로 다녀도 마음까지 올바르게 살지 못했기에 진정한 밝은 웃음이 아님을 얼굴근육으로 말해 주고 있었습니다.

가면을 쓴 것 같은 느낌이 드는 그분이 자녀교육은 어떻게 했을까 궁금하여 지인에게 물어보았습니다. 첫째 딸은 가출해서 미혼모가 되었고, 둘째 아들은 고등학교 2학년인데 왕따 피해자가 되어 대안학교로 보냈다고 합니다.

다행스러운 것은 아들이 정신과 치료를 받으며 대안학교 학생들과 즐겁게 보낸다는 것입니다. 방학 때도 집에 오지 않고 학교에서 지낸다고 합니다.

아무리 웃고 다녀도 본바탕에 선함이 없으면 얼굴이 좋지 않게 보이고, 자녀를 버리면 좋은 사람이 될 수 없다. 나쁜 마음, 우울한 마음을 극복하고 선한 마음에 중심을 잡고, 밝고 경쾌한 마음을 일으킬 수 있는 능력을 자녀에게 심어줄 수 있는 부모야말로 훌륭한 부모다. 자녀가 따스한 행복을 누릴 수 있도록 키워야 능력 있는 좋은 부모다. 선하고 맑고 밝은 마음을 가진 사람들은 폭력을 행사하거나 가정을 등한시한다거나 사기를 치거나 악행을 저지르지 않는다.

바른 마음, 고운 마음을 가지지 않고서는 환하게 빛나는 밝고 맑은 기운을 뿜어낼 수 없다. 진실로 자신을 사랑하고 자녀를 사랑한다면 몸에서 맑고 싱그러운 기가 느껴질 것이다. 뿌린 대로 거둔다고 하였다. 늘 덕을 베풀고 밝게 살면 자녀들도 행복 바이러스를 뿜으며 승승장구할 것이고, 악행을 일삼으면 자녀들도 불행 바이러스에 감염되어 우울하게 살 것이다.

점점 살기가 힘들어 지면서 불만이 깊어지고 부자를 미워하는 현상이 두드러지고 있다. 재벌은 아예 공공의 적이 되고 있다. 『인과경』을 보면, 가난하여 보시할 재물이 없으면 남이 보시하는 것을 보고 기쁜 마음을 일으키라 했다. 나보다 형편이 나은 사람이 보시하는 것을 보고 기쁜 마음을 일으키는 것만으로도 공덕이 쌓인다고 하였다. 내 처지가 지금 힘들다고 하여 남과 비교하고 남이 잘되는 것을 시기하면, 밝고 맑은 마음이 사라지고 미워하는 마음 서글픈 마음이 생긴다.

현재 상황 그대로를 인정하고 분발심을 일으키며 밝은 마음으로 어려운 현실을 박차고 나가면 성공의 열쇠를 쥘 것이고, 시기 질투하여 어두운 마음을 가지면 될 일도 되지 않고 우울증에 빠지거나 매일 남의 흉이나 찾아다니는 한심한 사람이 될 것이다. 우울하고 어둡고 음침한 마음을 가지면 될 일도 안 풀려 성공하기 힘들다.

온 지구를 밝히는 햇살처럼 밝은 기운을 내뿜는 가정이 운명처럼 찾아오는 것도 아니고 생각만으로 되는 것도 아니다. 부모가 밝고 선한 마음으로 잘할 수 있다는 신념을 가지고 열심히 노력하고 실천하면 자식도 기죽지 않고, 남을 부러워하지도 않고, 묵묵히 힘차게 성공의 길로 달려갈 수 있다.

9. 신념을 행동으로 실천하는 부모

자기 최면을 걸어 성공으로 이끌어가는 긍정의 힘은 강인한 힘으로 작용한다. 어느 강론을 가도 긍정적 마인드를 가지라는 말들을 많이 한다. 말이 씨가 된다는 우리나라 속담도 있다. 말에도 생명력이 있다. 자신이 내뱉은 말이 때론 사라지지 않고 발아되어 현실로 '떡 버티고' 나타나기도 한다.

어느 신부님으로 부터 들은 이야기이다.

새벽 3시면 어김없이 성모 마리아상 앞에 눈이 오나 비가 오나 기도를 하는 남자분이 계셨다. 기도가 끝나면 성당 둘레를 깨끗이 청소한 후 도로 청소를 했다. 하루는 신부님이 그 사람을 불러 이야기를 들어보니, 아내가 자궁암으로 일찍 저세상으로 갔는데 큰아들은 동네에서 칭찬을 듣고 자라 걱정이 없는데 작은아들은 동네 망나니로 자라 천덕꾸러기가 되었다고 한다. 작은아들이 어미 없는 자식이라 그렇다고 손가락질을 받는 것이 마음 아파 성모 마리아님에게 도움을 요청하는 기도를 한다는 것이었다. 그리고 그분은 아들 둘을 의사로 키우고 싶다던 아내의 소원을 들어주고 싶다고도 말했단다.

신부님은 열심히 기도하면 꿈이 이뤄지니 걱정하지 말고 두 아드님에게 우리 의사 선생님, 우리 의사 선생님 하며 키우라고 했다. 신부님 말을 믿고 자식 둘 다 의사가 될 수 있다는 신념으로 두 아들에게 큰 의사님, 작은 의사님 하고 불렀다고 한다. 작은아들에게는 저녁마다 성경 한 구절을 암송하여 아버지에게 알려달라고 했고, 큰아들에게는 영어로 된 성경책을 읽어 달라고 했다.

두 아들은 성당 누나 형들로부터 열심히 성경과 학교 공부를 지도받아 우등생이 되었다. 큰아들은 모범생이고 공부도 잘해 신부님 도움으로 독일로 유학 갔다가 그곳에서 의사가 되어 잘 살고 있다고 한다. 작은아들은 공부도 안 하고 말썽만 부려 매일 두들겨 패 주고 싶었는데 화가 솟을 때마다 신부님 말씀대로 욕을 대신하여 '어이구, 잘 될 녀석' '어이구, 의사가 될 우리 작은 아드님' 했단다. 온갖 말썽을 피우던 작은아들이 고1 때부터 코피 터지게 공부하여 의대에 진학했고, 지금은 서울 모 병원 소아과 과장님으로 점잖은 아빠가 되어 있단다.

중학교 중퇴를 한 아버지가 아내도 없이 신부님 말씀을 믿고 아들을 의사로 만들겠다는 야무진 꿈을 꾸고, 그 꿈을 이루기 위해 '할 수 있고 해낼 수 있다'는 신념을 행동으로 실천하는 솔선수범을 보였기에 아들들을 성공시킬 수 있었다.

아무 생각 없이 툭 내뱉은 말이 이 집 저 집으로 걸어가기도 하고, 공기를 타고 날아가기도 하며, 이 사람 저 사람의 '카더라'에서 '카카더더라라'로 더 커져 뭉게뭉게 불어나기도 하고 어디론가 사라지기도 한다. 그런가 하면 말 속에 희망과 신념을 담아 매시간 매일 몇 년이고 반복하며 아이에게 세뇌를 시키다 보면 부모도 아이의 성공을 위해 성실하게 동참하게 되고 자녀도 최선을 다하는 실천력으로 성공할 수 있다.

신념을 언어로 표출하고 행동으로 실천하면 안 될 것 같은 일도 이루어진다.

또 다른 좋은 예가 있다.

미국 펜실베이니아 블룸버그 대학에서 강의를 하는 이종민 한국인 교수가 있다. 강의를 처음부터 끝까지 수화로 진행하는 분이다. 이종민 교수는 수화와 함께 구화도 완벽하게 구사한다. 구화는 타인의 입 모양을 보고 말을 알아듣고 그것을 흉내 내 비슷한 음을 내는 의사소통법이다.

어린 나이에 청력을 잃으면 구화를 한다는 것이 거의 불가능한데, 청각 장애를 가진 이종민 교수가 지금 미국에서 존경받는 좋은 교수로 설 수 있었던 것은 그의 어머니의 '할 수 있고 해 낼 수 있다' 는 신념이 있었기에 가능했다. 어머니의 '할 수 있고, 해낼 수 있다' 는 가르침 덕분에 수화와 구화를 사용할 수 있게 됐고, 힘든 공부 길도 완주하여 제자들이 존경하는 세계적인 교수가 될 수 있었던 것이다. 이종민 교수의 어머님께 '할 수 있고 해 낼 수 있다' 는 신념이 없었거나, 고비마다 찾아오는 힘든 과정을 힘차게 이겨 내지 않았다면 불가능했을 것이다.

우리 주변에는 할 수 있고 해낼 수 있다는 신념으로 꿈을 이룬 사람들이 많은데, 그 성공의 뒤에는 꼭 훌륭한 부모님들이 계신다.

아이들의 꿈이 실현될 수 있도록 부모는 '하면 될 수 있다', '너는 해 낼 수 있다'는 용기와 희망을 불어넣어 주어야 한다. 실패를 거듭할 때도 포기하지 않는 근성을 심어 줘야 한다.

지구력이 약한 아이들이 있다. 쉽게 포기하는 아이들이 있다. 아예 시작해 볼 엄두를 못 내는 아이들도 있다. 내 아이가 그렇다면 부모부터 '내 아이는 할 수 있다', '내 아이는 해낼 수 있다'라는 자신감을 먼저 가져야 한다. 아이가 시도해 보도록 용기를 주며 시행착오를 수도 없이 거쳐도 지치지 않고 계속 해볼 수 있도록 보살펴야 한다. 실패를 했을 때도 포기하지 않도록 도와주고 끝까지 살아남는 자가 승자라는 것을 알도록 격려를 아끼지 않아야 한다. 노력 끝에 성취감을 맛본 아이들은 그 희열로 인생의 악재에 굴하지 않고 꿈을 이룰 수 있게 된다.

10. 자녀의 그릇을 크고 튼실하게 빚는 부모

내 자식이 한 분야의 인재가 될 수 있다는 믿음을 가지고, 타고난 재능을 이끌어내어 개발할 수 있는 부모만이 자녀가 성공의 문을 열 수 있는데 도움을 줄 수 있다.

작고 허술한 그릇을 빚는 것은 쉽지만, 크고 탄탄하며 오색 빛이 영롱한 그릇을 빚어내는 일에는 지대한 공과 정성이 많이 들어간다. 금속을 방치하면 녹슬어 가치가 없는 고물이 된다. 그러나 금속으로 귀고리나 반지로 만들면 장신구가 되고, 큰 그릇으로 만들면 많은 사람들이 사용하는 좋은 도구가 된다는 말이 있다. 자녀를 공들여 어떤 작품으로 만드느냐에 따라 쓸모 있고 가치 있는 사람이 되기도 하고, 고물이 되기도 한다.

자식은 성인이 될 때까지 부모의 손길에 의해 만들어진다.

내 아이를 어떤 그릇으로 만들 것인지 각종 그릇들을 머리에 떠올려 보자. 어차피 이 생에 태어난 인생이라면 인류에 공헌하면서 보람을 찾고, 이 세상에 잘 태어났다는 생각과 행복한 마음으로 살다가야 한다. 만약 내 자녀를 인류에 공헌하는 그릇으로 만들고 싶다면 미리미리 준비하고 다듬고 빛을 내야 한다. 그 과정은 결혼 전부터 시작되어야 한다.

내 아이 그릇이 빛날 수 있도록 기초 공사를 하는 것은 부모로서 의무이자 책무이고, 기초 공사 후 스스로 갈고 닦을 수 있도록 힘을 보태주는 것 역시 부모가 할 도리이다.

이 글을 읽는 모든 분들 자녀가 크고 튼실한 그릇이 되어 인류에 공헌하기를 기도합니다.

11 자녀를 지도자로 키울 줄 아는 부모

내 자녀를 지도자로 키우고 싶다면

첫째, 남을 섬길 줄 알도록 해야 한다.

남 위에 군림하는 것이 아니라 진심으로 남을 위하고 도울 줄 알아야 한다.

둘째, 나눌 줄 알도록 해야 한다.

내가 가진 것을 나누든 가진 자의 것을 십시일반 모아서 나누든 마음을 서로 나누든 나눌 줄 알아야 한다.

셋째, 평소 결정권을 아이에게 주고 올바른 선택을 하도록 돕는다.

어릴 때부터 무리수를 두지 않는 선에서 아이에게 결정권을 주는 것이 좋다. 아이 스스로 결정해 보면서 시행착오를 겪으며 성장해 가면, 그 경험이 축적되어 판단을 하는 데 있어 점점 신중하게 되고 자립심도 생기며 자신감이 있는 성격으로 자라게 된다.

넷째, 창의적 사고력을 갖추도록 도와야 한다.

남을 리드하는 사람의 생각이 진부하여 앞으로 나아갈 수 있는 발상을 못하면 그 사회는 도태된다. 창의적 사고력은 하루아침에 생겨나는 것이 아니다. 많은 것을 보고 듣고 행하며 지식을 쌓다 보면 기존에 있던 관념에서 새로운 발상을 창조해 내는 것이다. 기존 것을 통찰하다 보면 새로운 아이디어가 탄생되는 것이다.

창의적 사고력을 갖춘 사람이 되려면 사람 마음을 헤아릴 줄 알고, 자연의 순리를 깨닫고, 자연의 흐름에서 영감을 얻어 평소 쌓아온 지식에 번득이는 지혜가 결합될 수 있도록 열린 마음이 있어야 한다. 많은 사람을 이끌어 가는 지도자가 창의적 사고력을 갖추지 못했다면 그 사회는 정체되고 만다. 창의적 사고력이 없는 지도자가 있는 곳은 발전 가능성이 없다. 개인도 사회도 도태 되지 않으려면 창조적 생각을 접목시킬 줄 알아야 한다.

위에서 살펴본 바와 같이 참된 지도자는 나 자신을 위하기에 앞서 남을 섬길 줄 알고, 나눌 줄 알고, 올바른 선택을 할 용기가 있어야 하고, 창의적 사고력을 갖추어야 한다.

12. 참부모의역할

부모가 해야 할 역할

- 자녀에게 부모의 관심과 사랑을 받고 있다는 느낌을 주어 자녀도 따뜻한 마음을 갖도록 돕는다.
- 부모의 행동은 일관성이 있어야 한다. 기분에 따라 훈육 지침이 달라지면 자녀들의 교육에 혼동이 오며 바른 가치관 형성이 힘들다.
- 자녀와의 갈등에서 자녀가 어리더라도 인격을 모욕하지 말고 부모와 대등하게 대해야 하며, 아무리 화가 나더라도 평생 상처를 안고 가는 말은 하지 않는다.
- 자녀의 부정적인 행동의 원인을 파악하고 아이의 감정을 수용하면서 잘못된 행동을 통제해야 한다.
- 많은 대화로 부모의 감정을 잘 전달하여 문제 중심 해결 전략을 사용해야 한다.

- 부모의 행동이 곧 자녀의 행동이 된다. 말로만 잘하라고 자녀에게 윽박지르지 말고, 부모가 솔선수범하는 바른 행동을 통해 아이에게 본을 보여야 한다.
- 부모부터 이웃에 관심을 갖고 나눔을 실천하며 어려운 이웃을 섬기는 자세를 자녀에게 보여야 한다.
- 부모부터 열린 마음으로 지식과 지혜를 겸비하여 자녀들도 물이 스며들듯이 학문에 정진하도록 해야 한다.
- 자연을 사랑하고 동물을 사랑할 수 있는 심성을 물려준다.
- 부모가 운동을 즐기며 건강을 챙겨 자녀들도 늘 운동으로 자신의 몸과 마음을 다듬도록 한다.

부모가 해서는 안 될 역할

- 자녀에게 권위를 무모하게 내세워 부모의 주장을 수용하도록 강요한다.
- 자녀의 잘못된 행동에 위협과 심한 체벌을 사용한다.
- 아이를 따뜻하게 보살피지도 않으면서 지시하는 것이 많고 행동의 통제만 많이 요구한다.
- 부모는 행동을 멋대로 하면서 아이에게는 바른 행동을 하라고 윽박지른다.
- 애정과 사랑이 도를 넘쳐 자녀의 중구난방 행동에도 무통제로 대응한다.
- 부모의 기분에 따라 일관성 없이 체벌한다.

- 늘 우울한 가정 분위기를 조성하고 사소한 일에 화를 낸다.
- 자녀의 잘못을 병적으로 추궁하고 화를 낸다.
- 부모가 마음도 행동도 가식적이고 자녀와의 약속을 지키지 않는다.
- 자식에게 관심을 갖고 정성껏 보살피기보다는 부모 인생만 즐긴다.

제3장

자녀교육의 시작, 태육胎育

시기별 태아의 발육 상태

1. 임신 기간 계산

세계보건기구에서 정한 임신 기간 계산법을 보면 임신 기간은 수정일로부터 평균 266일이다. 월경 주기가 28일인 경우 마지막 월경의 첫째 날로부터는 평균 280일로 계산하기도 한다. 이는 월경 후 배란이 되고 수정이 될 때까지 약 14일이 소요되기 때문에 생기는 차이다. 임신 기간을 주 단위로 표현할 때는, 마지막 월경을 기준으로 일주일간은 0주가 되고 8~14일은 임신 1주, 15~21일은 임신 2주, 22~28일은 임신 3주가 된다.

임신은 주 단위로 표현하는 것이 정확하고 안전하다. 우리는 보통 '몇 개월 되었어요' 라고 말하는데 1개월 안에는 4주나 있고, 태아는 1주 차이로 키와 외형 그리고 몸무게와 감각기관이 많이 발달한다. 태아마다 성장 속도에 차이를 나타내기도 하지만 태아 시절에는 거의 평균 근사치로 발달한다. 그리고 분만 예정일에 맞춰 세상으로 나오는 아기가 있는 반면 예정일에도 엄마 뱃속에서 나올 생각을 하지 않는 아기도 있다. 분만 예정일이 지나도 나올 생각을 안 하는 경우 유도 분만을 해야 한다.

평균 몸무게에 미달되는 아기가 있는 반면 평균 몸무게보다 월등히 무거운 아기도 있다. 2,000g보다 적게 태어나면 인큐베이터에 들어가야 한다. 예정일보다 먼저 태어난 아기들은 대부분 2,000g이 안되는 경우가 많다. 예정일이 지나고도 뱃속에 있는 태아는 건강상에 문제가 생길 수 있다. 그러므로 예정일이 지나서도 자궁문이 열리지 않으면 의사와 의논을 하여 태아에게 문제가 생기지 않도록 조처해야 한다.

2. 태아 발육상태

0~1개월(0~4주)

-태아(Embryo) 키는 0.5~0.7cm, 몸무게는 1g 이상으로 자란다.

-정자와 난자가 결합해서 수정이 되면 생명체가 싹트기 시작한다.

-세포 분열이 빠르게 진행되는 시기이다.

-기본적인 뇌의 3층 구조(1층: 후뇌, 2층: 중뇌, 3층: 전뇌)가 형성된다.

임신을 알아차리지 못하는 시기인데도 이미 아이 뇌는 만들어지고 있는 것이다.

-머리 부위와 몸통, 손발의 신체 구분은 아직 확실하지 않다.

–태아가 불안정해 유산의 위험이 크기 때문에 여행이나 운동, 장거리 드라이브는 하지 않는 것이 좋다.

"결혼하자."

"독신으로 살 건데요."

"일단 나랑 살아보자."

"결혼생활은 지옥세계 같은데요."

"혼자 사는 것보다 둘이 살면 삶이 더 따뜻할 텐데. 결혼생활이 지옥이 될지 천당이 될지 살아봐야 알지. 일단 경험해 보시지. 10년만 살아보고 싫으면 혼자 살아."

"애도 낳기 싫은데요."

"나도 싫어. 아이 없이 살든가 딸이나 한 명 낳든가."

"결혼준비도 안 되어 있는데요."

"나도 안 되어 있어. 내 자취 살림들이 있으니 이불 한 채만 더 사면 될 것 같은데."

"예단은요?"

"그런 것 필요 없어."

우리는 단순무식하게 결혼을 생각했습니다. 어쩌면 무지해서 용감하게 결혼할 수 있었습니다.

예단 문제는 당사자의 의견과는 상관없는 것이었습니다. 시어머니와도 상관없는 것이었습니다. 받고 싶은 사람들이 문제였습니다. 방계 혈족들의 요구로 예단이 폭탄이 되었습니다. 폭풍우가 불기 시작하는 날에 여기저기서 최루탄이 터져 비 맞은 몰골에 가슴에 파편까지 박히게 했습니다. 시이모 한 분과 동네 빽덕어멈이 나서서 입에 따발총을 달고 무차별 사격을 가했습니다. 이것저것 예단에 대해 트집을 잡는데 남자를 방패로 막아보려니 예단이 필요 없다던 남자는 산 너머 불구경하듯 뒷짐 지고, '신경 쓰지 마. 한 귀로 듣고 한 귀로 흘려.' 라는 말 뿐, 도움이 되지 않았습니다.

어쨌든 결혼 날짜는 잡혔고 우여곡절을 겪으며 결혼을 진행했습니다. 결혼식 날도 황당한 일이 벌어졌습니다. 결혼식 날 남편 친구가 신혼여행 가방을 관리했었는데 그 가방을 잃어버렸다가 찾았습니다. 남편 친구가 우리에게 가방을 건네주었을 때는 이미 어른들이 주신 신혼여행비와 절값으로 받은 돈이 몽땅 사라진 뒤였습니다.

"돈 없이 신혼여행 어떻게 가요. 돈 가진 것 있어요?"

"없는데……. 아침에 이발하고 남은 돈은 친구들 뒤풀이 하라고 톡톡 털어줬는데……."

"어머니께 말씀드려 봐요.

"에이, 어떻게 돈을 잃어 버렸다고 말하냐? 걱정하시게."

"친구에게 빌려 봐요."

"그렇게 되면 가방 잃어 버렸던 친구가 당황스럽지."

언제나 대책이 없이 남부터 배려하는 남편을 만났습니다. 사연을 들은 내 친구들이 십시일반으로 주머니를 털어 여행 경비를 마련해 줬습니다. 다행스러운 것은 신혼 패키지여행이라 제주도 비행기 표와 호텔은 미리 예약이 되어 있어 출발할 수 있었던 것입니다. 일단은 신나게 신혼여행을 즐기며 알콩달콩 끝내고 왔지만 서울로 돌아와 예단 문제와 신혼여행지 선물이 부실한 것 등, 여러 가지 사연으로 또 따발총 세례를 받았습니다.

객들까지 시댁에 상주하며 좋으니 나쁘니 당신들 며느리 혼수와 살림 솜씨까지 예로 들며 새댁 마음을 송곳으로 콕콕 찔렀습니다. 따발총을 쏘는 사람과 말리는 척하면서 뒤에서 꼬집는 옆집 아주머니에게 화염병을 던지고 싶은 심정이 들도록 하루하루를 격한 마음으로 보냈습니다. 결혼은 했지만 살아야 하나 이혼을 해야 하나 심각하게 한 달 내내 고민하며 남편에게 박박 바가지를 긁고 분풀이를 하며 지냈습니다.

임신이 된 것도 모르고 남편을 달달 볶으며 화를 내고 분을 못 이겨 콩닥콩닥 뛰며 한 달 내내 눈물 콧물 흘렸으니, 태아가 자궁에 붙어있기 무서웠을 겁니다. 뇌 형태도 생겨난다는데 감기 몸살로 감기약도 한 줌씩 먹었으니, 지능이 뛰어난 아이가 태어나기를 바란다는 것은 양심 없는 소리였습니다. 사지 육신만 멀쩡하게 태어나도 감사 기도를 드려야 할 판이었습니다. 다행히 유산은 되지 않았지만 태교는 냄비 두들기는 소리를 내며 시작되었습니다.

2개월(5주~8주)

–태아(Embryo) 키는 약 2cm 정도쯤 자라고 몸무게는 약 4g~6g으로 자란다.

–임신 사실을 알았을 때는 태아가 벌써 2개월에 접어든 상태이다.

–눈의 망막이 생긴다.

–태아의 몸체는 이미 이때에 양수 속에서 여러 원인으로 접촉에 반응을 나타낸다. 그렇지만 태아와는 달리 산모는 5개월이 되어야 태동을 느낄 수 있다.

–다리는 넓적다리와 발의 부분으로 나누어지기 시작하며 뼈가 형성됨에 따라 팔과 손도 나누어진다. 탯줄이 분명히 보인다. 내부 기관이 발달되고 작용하고 있다. 얼굴 형태도 형성되기 시작한다. 눈꺼풀은 융합되어 있다.

–손에서 다섯 개의 손가락이 식별되고 눈의 색소가 형성되면서 눈이 거무스름하게 된다.

–뇌파가 감지되고 기록된다.

–임신 6주 만에 심장이 뛰고, 피가 돌고, 뇌가 급속도로 발달하며 뼈대의 중심부가 이루어진다.

–간장이 혈구 생산 작업을 맡게 되고 뇌는 근육과 장기의 운동을 통제하기 시작한다.

–어머니는 두 번째의 월경 주기를 갖지 못하며 자신의 임신을 거의 확신하게 된다.

–7주경부터 태아가 자발적으로 움직이기 시작한다.

–맛을 느끼는 미세포가 분포되어 있는 곳인 혀의 미각 기관 미뢰가

나타난다. 혓바닥에 솟아 있는 수많은 돌기를 유두라 하는데, 미뢰는 이 유두의 옆구리에 모여 있다

–잇몸에 치순을 가진 턱이 생긴다.

–빛에 민감한 눈을 덮는 눈꺼풀이 생긴다. 눈은 뜨지 못한다.

–감기약이나 기타 약물에 노출되지 않도록 주의하여야 한다.

–입덧을 위장 장애로 생각하고 약을 복용하거나 엑스레이를 찍는 실수를 하지 않도록 주의해야 하는 시기다.

잠이 왜 이리 오는 거야.

수면제를 먹어도 머리만 아프고 깊은 잠을 못 이루던 내가 잠신이 들린 것 같다.

감기약이 독해서 그런가.

감기약에 수면제가 들어 있어서 그런가 보다.

아니지. 감기약을 안 먹은 지 일주일이 넘었는데.

결혼 준비서부터 결혼 후 시댁에서의 한 달이 너무 고통스러웠나.

신혼집으로 돌아와 스트레스와 긴장감에서 벗어나 맥이 풀렸나.

평소의 내가 아냐.

오! 마이 갓!

임신인 것 같다.

젠장.

결혼생활을 10년은 고사하고 1년도 못 버틸 것 같은데 애가 생긴 것 같다.

이 일을 어쩌지…… 혼자 병원에 가 보고 임신이 맞으면 중절수술을 할까.

아니야, 임신이 아니겠지.

아니지 아냐. 28일 주기로 거의 날짜가 틀려본 적이 없잖아. 이게 웬 날벼락이야.

내가 어떻게 애를 키워.

나도 거추장스러운데.

내가 나를 컨트롤도 못하는데.

좋은 엄마가 될 자신도 없는데.

맞아, 난 좋은 엄마, 훌륭한 엄마가 될 자신이 없어.

그리고 애를 키울 돈도 없잖아.

임신이 남들에겐 축복이지만 내겐 축복이 아냐.

이 아이가 태어나도 행복하지 못할 거야.

우린 애를 낳고 키울 준비가 너무 안 되어 있어.

감기약도 두 달 가까이 한 줌씩 먹었는데.

애를 낳았는데 기형아면 어쩌지.

으아……

손가락이 여섯 개고 발가락이 하나 없으면 어떡하나.

도로아미타불 관세음보살. 아! 하느님이시여. 어찌 제게 자식을 주시려고 합니까.

아닐 거야, 기다려 보자. 다음 달까지 기다려 보자.

임신이 아닐 수도 있잖아.

3개월(9주~12주)

–태아(fetus)는 키가 약 6~8cm, 몸무게가 약 8~20g쯤 된다.

–수정 8주에서 임신 10주가 되면 사람의 모습이 뚜렷해진다.

그래서 이 시기부터 생명을 태아(Fetus)라고 부른다. 이 말은 라틴어로 '어린 것', 혹은 '자식'이라는 뜻이다. 완전히 성숙한 성인에서 발견할 수는 심장과 간, 위 등이 태아에게도 생기고 모든 신체 각 부위가 형성되며, 심장이 뛰고 있어 심장의 고동 소리를 특별한 기구로 들을 수 있다.

–태아의 머리, 몸통, 팔, 다리, 손, 발의 구분이 확실하게 알아볼 수 있을 만큼 형성된다.

–피부도 투명해지며 감각이 생긴다.

–손톱도 생긴다.

–귀도 보인다. 귀의 구조인 외이, 중이, 내이가 생긴다.

–눈꺼풀은 아직도 융합되어 있다.

–턱 안에서는 이뿌리와 잇몸이 형성되고 있다. 혀의 돌기가 생긴다.

–임신 10주가 되면 촉각 전달신경이 태아 피부에 나타나기 시작한다.

–10주가 지나면 손발을 움직인다.

–임신 12주가 되면서 태아는 사람 모습에 더욱더 가까워진다. 뼈 조직의 형성(골형성)이 시작되어 손가락 및 발가락이 구별 가능해지며, 꼬리가 없어지고 성기도 형성되어 남녀를 구별할 수 있게 된다. 스스로 움직임이 생긴다.

–태아는 충격을 막아 주는 자궁의 '물주머니(양수)' 속에서의 삶을 살고 있다. 이 주머니 속에 들어 있는 양수는 고정되어 있는 것이 아니다.

양수는 하루에 8번씩 교체된다. 깨끗한 양수에서 태아는 움직이고 있어 머리 위치가 임신 말기까지 계속 바뀔 수도 있다.

–뇌가 제 모습을 갖추어 여러 가지 기능을 수행하는데, 특히 감정이 싹트기 시작한다.

–뇌가 형성된 태아는 외부의 자극을 차츰 기억하게 되는데 아직 성인과 같은 기억력이라고 할 수는 없지만, 엄마의 행동에 의해 어떤 자극을 받게 되면 그것이 뇌에 전달되어 흔적을 남기게 된다. 그렇기 때문에 이 시기에 스트레스를 받지 않도록 해야 하고 받은 스트레스는 적극적으로 해소하도록 해야 한다. 임신부가 받은 스트레스는 태반을 통해 태아에게 전달될 수 있다

엄마가 지속적으로 스트레스에 노출될 경우 엄마의 혈액 내에 증가한 스트레스 호르몬인 스테로이드, 아드레날린, 베타엔도르핀이 태아의 뇌 발달을 억제시킬 수도 있고, 자궁 근육을 수축시켜 태아에게 전해지는 혈류량을 떨어뜨린다. 이 때문에 산소와 영양분의 충분한 공급이 차단되어 태아의 뇌에 치명적인 손상을 입히게 된다. 또한 엄마의 스트레스는 태반을 통해 태아에게 고스란히 전해지는데 이로 인해 태아가 긴장감과 흥분상태를 빈번하게 겪을 경우 자폐증과 같은 정신신경장애, 소아당뇨병, 고혈압 등이 발생될 수 있다.

–12주 이후부터 임신의 자각 증세를 느낀다. 이때가 되면 임신임을 확실하게 알게 된다.

3개월까지는 아기가 완벽하게 착상한 상태가 아니므로 항상 유산의 가능성을 배제하면 안 된다.

"임신입니다."

의사는 대단한 것을 발견한 것처럼 으스대며 축하를 한다.

'난 의사가 아닌데도 미리 알고 있었는데 뭘. 오늘 좀 더 확실하게 확인한 것뿐인데. 지가 대단한 일을 한 것처럼 얼굴 한가득 기쁨을 담고 있어. 자기가 임신했나? 흥!'

'산부인과에서는 하루에도 수십 명에게 임신 소식을 알리면서 축하할 텐데 지겹지도 않나. 임신한 여자들 모두가 돈뭉치를 물어다 주잖아. 즐겁겠다.'

남편은 애를 낳지 말고 살자고 꾀어 결혼해 놓고 옆에서 의사에게,

"고맙습니다."

"고맙습니다."

"고맙습니다."를 연발하며

꾸뻑 꾸뻑 고개 숙여 예의 바르게 감사 표현도 잘한다.

'웃겨. 내가 자기 자식을 잉태했는데 의사가 왜 고마워. 내게 고마워해야지.'

비비 꼬인 생각을 하고 있는데 의사는 독심술이 있는지 한마디 더 했습니다.

"지금부터 태아를 위해서 좋은 마음, 좋은 생각만 하세요."

"늘 즐거운 마음을 갖도록 하시구요."

"입덧이 있으면 남편분이 신경 많이 써 주셔야 합니다."

"산달까지 잘 먹어야 합니다."

"매달 정기 검진도 받으러 오셔야 하구요."

아이고.

이젠 이혼은 물 건너갔다.

앞으로 아이 인생을 위해 최소 대학 입학시킬 때까지는 살아야 한다.

그날 새벽 1시에 화장실에 가려고 일어났습니다.

옆에서 남편이 자는 모습이 얄미웠습니다. 자면서도 히죽히죽 웃는 것 같았습니다.

흔들어 깨웠습니다.

"왜 어디 아파? 무슨 일 있어?"

다른 때보다 더 호들갑입니다.

"뭐가 그리 좋아, 자면서도 웃어."

"내가 웃으며 잤어? 몰라. 자자."

"애를 낳지 말자며."

"에이~ 왜 그러시나. 좋은 마음. 기쁜 마음. 애가 듣겠다. 자자."

약이 올랐습니다.

"난 자고 싶은데 아가가 사과 먹고 싶다네. 호떡도 먹고 싶대."

28년 전, 지금처럼 편의점도 없고 새벽 한 시에 사과와 호떡을 어떻게 사올까요. 말도 안 되는 억지로 심통을 부렸습니다. 다음 날은 새벽에 라면을 끓이라고 억지를 부렸고, 그 다음 날 새벽에는 6월에 포도가 먹고 싶다고 앙탈을 부렸습니다.

지금처럼 하우스가 발달하지도 않았고 외국에서 포도가 지금처럼 들어오지도 않던 시절입니다. 마음이 퉁퉁 부어 시빗거리를 찾으며 보름 정도 흘려 보냈습니다.

'거울을 보니 내 얼굴이 마녀 같다. 태교를 해야지, 내가 무슨 생각, 무슨 짓을 하는 거야.'

'몹쓸 생각만 하고 있는 거잖아. 이 어리석은 여자야. 부끄러운 엄마가 되고 있잖아.'

'잘 낳아서 잘 키워보자. 나도 잘 키울 수 있을 거야.'

'배우면서 키우지 뭐. 그래, 공부를 하자.'

서점으로 갔습니다.

아이를 키우는 데 필요한 책들을 한 아름 사왔었습니다.

꾸벅꾸벅 졸다가 아구작 아구작 먹고 또 먹었습니다.

졸며 자며 쉬며 책을 읽으며 엄마 할 일을 암기하였습니다.

뱃속으로 음식물을 채우는 양만큼 책 내용을 머리로 받아들이기 시작했습니다.

4개월(13주~16주)

-태아는 키가 약 12~16cm, 몸무게가 약 80~110g쯤 된다.

-13주는 미각이 발달하여 완성되는 시기지만 양수의 맛을 느끼지는 못한다.

-손가락과 입술이 생기고 입술을 빠는 연습을 한다.

–14주에는 양수 속에서 생후 몇 개월이 지나야 할 수 있는, 자세를 바꾸고 몸통을 돌리고 딸꾹질을 할 수 있다. 신비한 현상이다.

–15주가 지나면 입도 오물거리다가 양수 속에서 배설도 하므로 양수를 검사하면 태아의 건강 척도와 성장에 대해서도 알 수 있다.

–소리에 자극을 느끼며 소리를 듣기 시작한다.

–16주경에는 손과 발이 헤엄치듯 자유롭게 움직인다.

–얼굴에는 솜털이 보송보송하게 생기며 이때에는 얼굴이 빨갛게 된다.

–남녀 성별을 구별할 수 있을 만큼 외부 생식기도 많이 발달해 있다.

–후각을 감지할 뇌 부분이 생긴다.

–빛에도 반응한다.

–심장의 고동이 강해진다. 근육이 발달되고 있으며 활발하다. 피부는 분홍빛 주름이 잡혀 있다. 눈·귀·코·입모양이 상징적으로 나타난다.

–뱃속에서 4개월 된 아기에게 무슨 감정이 있을까 싶겠지만 유쾌·불쾌·불안·화 등의 감정이 이때부터 생긴다. 엄마의 감정 변화가 태아에게 전달된다. 산모가 스트레스를 많이 받거나 임신 중에 고통이나 충격에 노출되었을 때 엔도르핀이 과도하게 배출된다. 엔도르핀은 기쁠 때도 나오지만 자신을 방어하기 위해 고통스러울 때 더 많이 분비된다. 엔도르핀이 계속 높게 유지되거나 장기간 지속되는 심한 스트레스에 의해서 과도하게 분비될 때, 신생아의 면역 기능을 담당하고 있는 임파구의 기능이 억제되어 병균 감염이 쉽게 되고 성인이 되었을 때 암 발생이 증가할 수 있을 뿐만 아니라 마약 중독과 같은 증세도 나타날 수 있으며 자폐증이 발생할 수도 있다는 학설이 제기되고 있다.

이처럼 엔도르핀이 항상 좋은 방향으로만 작용하는 것은 아니다. 태아 시기에 엔도르핀이 태아 뇌에 계속 높게 유지될 경우 성인이 되는 과정에서 알코올이나 니코틴에 더 잘 유혹 당한다는 연구 결과들이 있다. 그러므로 엄마가 항상 즐거운 마음을 가지려고 노력을 해야 한다.

도파민은 혈압 조절과 중뇌에서의 정교한 운동조절 등에 필요한 신경전달물질이자 호르몬이다. 도파민은 쾌감·즐거움 등에 관련한 신호를 전달하여 인간에게 행복감을 느끼게 한다. 만약 도파민의 분비가 비정상적으로 낮으면 제대로 움직이지 못하며 감정 표현도 잘 하지 못하는 파킨슨병에 걸리게 된다. 그러므로 산모는 잔잔한 행복감을 느낄 수 있도록 노력해야 한다. 산모가 알코올이나 약물로 쾌락을 유지하게 되면 태아가 세상에 나와서도 도파민 분비가 과도하여 환각 등을 보는 정신분열증에 걸릴 수 있다고 한다. 정신이상자들을 보면 일반인 눈에는 불행해 보여도 그들은 히죽히죽 웃으며 다니는 것을 볼 수 있다. 도파민 과잉 분비로 인한 현상이다.

세로토닌은 기분을 조절할 뿐만 아니라, 식욕, 수면, 근육 수축과 관련한 많은 기능에 관여한다. 또한 사고기능에 관련하여 기억력과 학습에 영향을 미치며, 혈소판에 저장되어 지혈과 혈액응고 반응에도 관여한다. 세로토닌은 L-트립토판으로부터 짧은 경로를 통하여 합성되며, 트립토판 하이드록실라제와 아미노산 탈카복실화 효소가 이 반응에 관여한다. 따라서 산모가 스트레스가 과중하여 세로토닌이 모자라면 우울증, 불안증 등이 생긴다. 또한 식욕 및 음식물 선택에 있어서 중요한 조절자로 작용하며 탄수화물 섭취와 가장 관련이 있는 것으로 알려져 있다. 국소적으로 세로토닌이 증가하면 식욕이 떨어지게 되고,

감소할 경우에는 폭식 현상이 나타난다.

또한 산모의 스트레스가 과중하면 태아에게도 스트레스 호르몬의 하나인 노르아드레날린이 영향을 미친다. 노르아드레날린은 주의와 충동성이 제어되고 있는 인간의 뇌 부분에 영향을 미치는데, 태아에게 노르아드레날린이 뇌에 높게 유지되면 태어나서 ADHD(주의력결핍 과잉행동장애) 경향을 보이는데 태중에서 형성된 ADHD는 성장 과정에서 약물치료를 받아야 할 정도로 심각할 수 있다. 후천적으로 산만한 아이들은 심리 교정 프로그램으로 치유 가능하지만 태아 때 뇌에 영향을 받은 아이들은 약물 치료 없이는 힘든 경우가 많다. 그러므로 잉태 전부터 마음에 평안함을 유지해야 하고 임신 4개월부터는 특별히 산모 감정에 주의를 기울여야 한다.

엄마가 행복하고 편안해야 아기 뇌에도 편안함과 행복감이 전달되어 순하고 잠을 잘 자는 똑똑한 아기가 태어날 수 있다. 아기가 태어나면서부터 유난히 울고 보채며 잠을 못자는 경우가 있다. 이런 아기의 산모는 임신 기간 중에 예민해져 있는 시간이 길었을 것이다. 산모가 임신 기간 중에 평안한 마음으로 잘 먹고 잘 잤다면 태어난 아기도 잘 먹고 잘 자며 짜증이 없이 순하게 잘 자랐을 것이다.

–태아의 피부가 두꺼워지고 솜털이 나기 시작하며 근육도 발달해 손발이 굵어진다. 내부 조직이 발달하여 체내에 혈액이 흐르고 아기는 태반을 통해 산소와 영양분을 공급받는다.

–태아의 뼈와 치아가 만들어지는 시기이며 임신부는 치아가 썩거나 치주염이 발생하기 쉬운 시기인데, 임산부의 치주염은 태아에게까지 나쁜 영향을 미친다고 하니 각별히 조심해야 한다. 이때 칼슘과 비타

민이 풍부한 음식을 많이 섭취하도록 하고 치과 치료는 빨리 받는 것이 좋다.

-양수를 검사할 수 있는 시기이다.

양수는 태중에도 태아가 마음껏 성장할 수 있도록 보호하는 역할뿐만 아니라 아기를 출산할 때도 산모와 아기를 보호하는 역할을 한다. 자궁 속에서는 공기가 아닌 양수로 호흡을 한다. 물이 고이면 썩듯이 양수도 계속 새로 생성된다. 양수 안에는 태아의 피부 탈락물이나 배설물이 잔존하고 있어서 태아의 건강 정도와 염색체 이상을 알아볼 수 있다.

-4개월이 되면 자궁이 커져서 아랫배에 손을 대면 태아의 존재를 느낄 수 있다.

책을 보며 상상을 했습니다.

'달걀 두 개 정도로 컸겠네. 겨우 그 정도 크는데 난 돼지처럼 너무 많이 먹는 것 아냐.'

'남들 다한다는 입덧이라곤 없으니 어떻게 된 거야. 뭐든지 맛있어.'

어릴 때부터 가리는 것 없이 잘 먹었는데 임신 후 더 잘 먹었습니다. 친정 엄마를 비롯하여 형제들 모두 채식 위주로 식사를 하여 결혼 전에는 채식주의자가 아님에도 불구하고 고기를 거의 먹지 않고 자랐습니다.

임신 후에는 입맛이 바뀌었습니다. 고기가 입에 당겨 매끼 밥상에 고기를 올렸습니다. 앞집 과일 가게도 뻔질나게 들락거렸습니다.

'먹성이 좋은 아이가 내게로 왔네. 머리는 나쁘고 몸만 하마 같은 아이가 태어나면 어쩌지. 그렇게 되면 공부 못해 속 썩일 텐데.'

'너도 공부 잘했던 것도 아니잖아. 공부 좀 못하면 어때.'

'입술을 빠는 시기라는데 입술은 예쁘게 잘 생겼겠지. 딸이면 내 입술을 닮았을 거고 아들이면 남편 입술을 닮았겠지.'

'성별 구별이 가능하다는데 양수 검사 해 달라고 할까. 어차피 나중에 알게 될 텐데 아들이면 어떻고 딸이면 어때.'

'양수 속에서 딸꾹질을 하는 시기라는데 왜 내겐 안 들리지.'

'손발이 움직인다는데 그 모습 보고 싶다.'

'이 시기에 소리를 듣고 빛에도 반응한다는데 플래시로 배를 비춰 볼까. 어리석긴…… 배 바깥 빛은 감지 못하는 시기잖아.'

'또 잠이 오네.'

아기에 대해 상상의 나래를 펴다가 잠이 들곤 했습니다.

아이를 임신한 후로 주변 상황을 잊고 우리 부부는 하루하루가 즐거웠습니다.

다만 주거환경이 너무 열악해서 아이에게 미안했습니다. 방 안과 부엌이 붙어있는 반지하 방이었는데 하수구 냄새가 지독했고 방에 습기가 차서 곰팡이도 덕지덕지 벽지를 점령해 갔습니다.

태아에게 좋은 환경은 아니었습니다.

마음이 많이 아팠습니다. 그래도 우울하면 태아에게 좋지 않다기에 우리 부부는 매일매일 웃고 살 수 있는 즐거운 일을 찾았습니다. 웃을 일이 없으면 유머 책이라도 읽으며 즐거워했습니다. 또 시간만 나면 맑은 공기를 찾아 밖으로 돌아다녔습니다.

Let' s go.

가자.

내 아이를 위해.

우리의 미래를 위해.

5개월(17주~20주)

–태아는 키가 20~25cm, 몸무게는 250~300g쯤 된다.

–내부 기관들이 놀랄 만한 속도로 성숙해지고 있다.

–작은 솜털이 온몸에 덮여 있다.

–태아의 모습이 완전한 사람의 형체가 된다. 이목구비를 갖추고 손톱과 발톱이 생기며 머리털도 많아진다.

–태동을 느낄 수 있다. 조용히 있던 태아가 이때부터는 양수 안에서 발을 움직이며 활발하게 운동을 한다. 이 시기가 되면 태아의 뇌는 80% 이상 발달한다.

–손가락을 빨기 시작한다.

-성기가 발달하고 남자 아이는 일시적으로 발기가 일어나기도 한다.

-후각을 감지하는 후각털이 만들어진다.

-양수 안에서 활발하게 손과 발을 움직이며, 손에는 지문이 생기고 손가락도 쪽쪽 빤다.

-이때에는 뱃속 아기가 음감을 느끼기 시작하는 때이므로, 엄마는 좋아하는 음악을 들으며 마음을 즐겁게 가지는 것이 좋다. 음악은 잔잔하거나 마음을 밝게 해 주는 것이 좋다. 가급적 슬픈 음악은 듣지 않는다. 매우 슬픈 음악을 들으면 태아의 움직임이 적어진다.

-17주에 후각 신경이 완성되지만 냄새는 맡지 못한다.

-18주부터 태아가 외부의 소리를 희마하게 듣기 시작하고 엄마의 목소리를 인식한다. 그러므로 뱃속 아기와 대화를 하면서 감정을 교류하면 아기는 매일매일이 즐겁다. 배를 쓰다듬으며 뱃속의 아기와 대화를 나누고 아기의 반응을 살펴본다. 청각이 발달하여 외부에서 들려오는 높고 낮은 소리를 들을 수 있다. 그 소리의 의미는 이해하지 못하지만 엄마의 음성 톤과 호르몬 변화를 그대로 예민하게 감지한다. 따라서 큰 소리로 싸우는 일은 삼가하며 산모의 감정을 격하게 만들면 안 된다. 늘 즐겁고 평온하게 해주는 것이 좋다.

시댁으로 이사를 했습니다.

하수구 냄새에서 해방되었습니다.

월세가 나가지 않았고 월세 보증금으로 대출을 냈던 것도 갚았고 결혼 전에 들었던 계에서 곗돈도 탔습니다. 당시에는 은행에 적금을 넣기보다는 계주를 중심으로 계를 많이 했습니다. 거금 500만 원이 손에 들어왔습니다. 500만 원 중 아이를 위해 보험도 들고 출산 준비금도 남기고 나머지는 주식을 샀습니다.

작은 액수의 투자금이 몇 년 뒤 집 마련 종잣돈으로 불어났습니다. 생활도 안정되었고 내 뱃속에 아이가 자라는 과정을 생각하기 시작하면서 행복해졌습니다. 꿈속에서도 아이를 생각하면 행복했고, 잠에서 깨어 뱃가죽이 늘어나도록 먹을 때도 행복했습니다.

'참외만큼 커졌겠네.'

'이 시기에는 사람 형체가 된다는데, 머리털도 난다는데, 얼마큼 길었을까.'

'손가락도 빤다는데'

'만약 여자아이면 손가락은 날 닮으면 안 되는데……, 난 너무 짜리몽땅해서 길고 가는 손을 가진 아빠를 닮아야 하는데……. 남자아이라면 내 손을 닮아도 괜찮고.'

'욕심이야 열 손가락 문제없이 태어나 줘도 감사해야지.'

'뱃속에서 애가 움직인다는데 애가 왜 반응이 없지. 뭐가 잘못되었나.'

남편도 배에서 아이가 움직이는지 시시때때로 귀를 대고 체크했습니다.

아이는 우리가 애타는 것을 아는지 모르는지 반응이 없었습니다.

'아가야. 움직여봐. 대답을 해봐. 반응이라도 보내봐.'

5개월이 지나가도록 반응이 없었습니다.

'영양 섭취가 제대로 안 되었나.'

걱정이 되었습니다.

한 달 내내 밥도 고기도 거의 먹지 않고 쌀 튀긴 것과 포도로 배를 채웠습니다.

임신 4개월까지는 고기 냄새와 생선구이 냄새가 구수하게 느껴져 많이 먹었는데 포도가 시장에 나오는 계절부터 하루에 포도를 10킬로그램 이상 먹었으니, 매일 포도로 배를 채우다시피 한 것입니다.

놀러 나갈 때도 배낭에 포도와 튀밥을 넣고 다니며 먹었습니다.

식사를 제대로 안 하고 포도로 배를 채워 아기가 성장하지 못하는 것 같아 불안한 마음이 있었는데도 나도 모르게 본능적으로 포도가 입으로 들어갔습니다.

임신 5개월에서 7개월까지 3개월이 넘도록 줄기차게 먹은 포도가 한 리어카는 넘을 것 같습니다. 정확한 것은 아닙니다. 어쨌든 포도가 나기 시작한 때부터 거의 끝물까지 먹어댔습니다.

잠을 줄이기 위해 집에서 가까운 서울대 벤치에 앉아 학생들을 구경하며 내 아이가 서울대에 와서 공부하기를 소망했고, 때로는 저녁에 남편과 명동에 나가 아이에게 옷과 액세서리 등을 구경시켜 주며 설명도 해줬습니다. 주말에는 덕수궁과 창경궁에 가서 놀거나 들로 산으로 바다로 돌아다녔습니다.

그래도 쏟아지는 잠을 줄일 방법이 없었습니다. 버스에서 자고, 기차에서 자고, 쇼핑을 하다가도 잠이 와서 백화점 의자에 기대어 자고, 들에서도 돗자리 깔고 자고, 등산 갔다 산속에서 자다가 내려오고. 서울대에 갈 때는 아예 큰 타월을 준비해 가서 벤치에서 책을 보다가 한잠씩 자고 내려 왔습니다.

임신 5개월이 거의 차갈 무렵 토요일 오후 명동에서 쇼핑을 하고 돌아오는 버스 안에서 배에 느낌이 왔습니다. 나는 급하게 남편의 손을 끌어 배에다 갖다 댔고 남편도 뭉클 움직임이 느껴진다며 감격스러워했습니다. 우리는 임신 소식을 들었을 때보다 그날에 더 감격했고 좋아서 환호를 했습니다. 드디어 아기와 우리는 교감을 했고, 부모가 된다는 기쁨에 눈물이 볼을 타고 흘렀습니다. 임신을 하고 20주 만에 모성애를 느끼는 순간이었습니다.

나는 그렇게 철이 들어갔습니다.

6개월(21주~24주)

–태아의 키는 30~33cm, 몸무게는 550~650g 정도 된다.

-자궁의 상태나 태아 모두 안정되는 시기여서 몸에 점점 살이 통통하게 붙고 근육도 발달한다.

태아가 급격히 성장해 골격이 튼튼해지고 운동이 활발해져 양수 속에서 몸의 방향을 계속 바꾼다. 양수 안에서 활발하게 헤엄을 치며 즐겁게 놀다가 엄마를 차기도 한다. 그래서 자주 태동을 느낀다. 태동은 태아의 수면 주기와도 관계가 있어 태아가 깨어 있는 동안 움직이는 것으로서 산모의 수면 주기와는 관계가 없는 것으로 알려져 있다. 따라서 태동은 일시적으로 없을 수 있지만 24시간 태동이 없는 상태가 지속된다면 산소가 부족한 상태 등으로 문제가 발생할 수 있으므로 의사와 상의하는 것이 좋다.

-24주 정도 되면 눈꺼풀이 분리된다. 눈을 감고 뜰 줄 안다.

-바깥의 소리에 대한 선호도까지 생기게 된다. 엄마 목소리와 다른 사람 목소리를 구별해 내는 시기다.

가장 좋아하는 소리는 엄마의 부드러운 목소리이고, 싫어하는 소리는 시끄러운 소음, 기계소리, 고함 소리, 싸우는 소리 등이다. 게다가 부부싸움으로 인한 고함소리는 엄마의 감정이 극도로 흥분 상태이기 때문에 뱃속 아기가 가장 싫어하는 소리이다.

-냄새를 맡고 뇌로 전달할 줄 안다.

-24주부터 뇌의 조직화가 이뤄지기 시작하여 지능은 정교한 시냅스 네트워크의 발달로 이루어진다.

이 시기에는 매일 약 5천~6천만 개의 뇌세포가 만들어질 정도로 뇌세포의 발육이 급격하게 진행된다. 이런 과정을 거쳐 신생아는 1,000억 개가 넘는 뇌세포를 가지고 태어난다.

뇌의 구조는 유전자로 결정되지만 시냅스 수나 정보전달의 종류는 유전과 환경의 영향을 받는다. 다시 말해서, 지능의 틀은 유전자에 의해 만들어지지만 그 내용물을 결정짓는 미세한 구조와 기능은 교육과 주변 환경에 의해 좌우된다. 그러므로 지능은 유전과 환경의 상호 작용에 의해서 결정되는 것이다.

태아의 뇌는 임신 4~6개월 사이에 주로 발달하는데 특히 이 시기에 사고(지성의 뇌), 감정(이성의 뇌, 본성의 뇌), 운동중추가 있는 대뇌피질 부분이 매우 빠른 속도로 성장한다. 산모가 이성적이지 못하고 본능에 충실하면 이성적인 생각보다는 본능이 앞서는 태아가 태어난다는 학설도 있다. 가끔은 우스개로 바람둥이들은 뱃속에서부터 타고난다고 말하기도 한다.

뇌는 우리 신체 가운데 산소 공급에 가장 민감하다. 신선한 공기는 뇌 발달과 정보전달에 중요한 여러 가지 신경전달물질의 합성을 증가시킨다. 뇌가 활발하게 발육되는 이 시기에 산소와 영양분을 풍부하게 공급받으면, 그렇지 못한 경우보다 머리가 좋은 아이 즉, 뇌가 잘 발달된 아이가 태어날 가능성이 높다. 맑은 공기는 유해한 활성 산소를 밖으로 배출시켜 산모의 스트레스를 이완시키고 맑은 정신과 마음의 안정을 유지하는 데 도움을 준다. 태반을 통해 엄마로부터 영양분과 산소 그리고 감정까지 공급받으므로 임신부에게는 신선한 자연 공기를 마시는 것과 좋은 식품을 섭취하는 것, 평안한 마음을 가지는 것은 머리 좋은 자식을 얻는 데 있어 보약보다도 좋다.

아이가 공부를 못한다고 고액 과외로 돈을 도배하지 말고, 태아 때 조금만 신경을 쓴다면 똑똑한 영재 아이를 낳을 수 있다는 것을 유념

하여야 한다.

-24주가 되면 촉각이 완성된다. 태아와의 스킨십은 태어날 아기에게 정서적으로나 뇌 발달 면에서 지대한 영향을 미친다. 24주부터는 엄마나 아빠가 배를 많이 쓰다듬어 줘야 한다. 엄마가 편안한 마음 상태에서 배를 많이 쓰다듬어 주면 양수의 진동파로 피부로 촉각을 느끼게 된다. 아기는 바로 뇌에 사랑의 메시지를 전달받게 되고 뇌의 신경회로망들이 바삐 움직이며 아이의 뇌를 발달시킨다.

이 시기에 배를 심하게 부딪쳐 충격을 주거나 누군가 배를 발로 찼다고 가정해 보자. 태아는 충격을 받고 태아의 뇌는 극도로 흥분하여 신경세포들이 수축하는 현상이 올 것이다. 이런 충격을 자주 받고 태어났다면 그 아이에게 집중해서 공부하라고 아무리 잔소리를 해도 공부는 이미 뱃속에서 강을 건너고 산을 넘어 간 것이다. 배를 통해 전해지는 엄마의 사랑의 손길은 아기에게 좋은 자극이 되므로, 엄마 아빠가 태아에게 말을 해 주고 배를 마사지하여 자극시켜 주면 정서적으로 안정되고 똑똑한 아이를 낳을 수 있다. 6개월부터 내 아이 영재 만들기 프로젝트에 올인 해야 자식을 키우면서 속을 끓이지 않는다.

신바람이 났습니다. 태아도 활기차게 내 배를 차며 놀았고 남편과 나는 아가가 발로 차는 것을 기다려 같이 주먹으로 통통 신호를 보냈습니다.

"분명 이 녀석은 남자야. 발길질하는 것을 보니 축구 선수를 시켜야겠어."

"날 닮아 다리가 긴 거야."

"자기 엄마 배를 너무 사정없이 차잖아."

"이 버릇없는 녀석."

"이 녀석 좀 봐. 내가 자기 발을 찾는 줄 알고 피해서 차잖아. 어쭈."

"머리가 좋은데."

"운동을 시키지 말고 학자로 만들까."

"우리말도 알아듣는 것 같아. 우리가 자기 얘기 한다고 조용히 듣잖아."

"허허허"

"이름을 짓자."

"사내 아이 같으니 경진이 어때. 당신 이름과 내 이름 앞 자를 따서."

"좀 유치한가."

아이가 발놀림이 빠르고 세차지자 남편이 흥분하기 시작했습니다. 회사에서도 몇 번씩 전화를 했습니다.

"움직여? 놀고 있어?"

"내가 퇴근할 때까지 잘 놀라고 해."

퇴근을 하면 아이랑 논다고 아예 내 배가 자기 배인 양 잡고 따라 다녔습니다. 잘 때도 아내를 안고 자는 것이 아니라 배를 잡고 아이의 신호만을 기다리다 잠들곤 했습니다. 아이를 낳지 말고 살자던 사람이 맞는지. 그때 그 말이 진심이었을까 의구심까지 들었습니다.

"당신 애 갖기 싫다고 했잖아."

"쉿. 애가 듣고 있어."

"쉿. 쉿. 쉿"

7개월(25~28주)

–태아의 키는 35~38cm, 체중은 1,000~1,200g이다.

–엄마의 자궁벽이 얇아지기 때문에 외부 소리를 좀 더 정확하게 듣게 되며, 청각이 거의 완전하게 발달한다. 좋아하는 소리와 싫어하는 소리를 확실히 구분할 줄 안다. 시끄러운 소리나 특히 부부 싸움하는 소리는 태아가 싫어한다. 부부가 심하게 소리를 지르며 싸우면 태아가 움츠리고 움직이지 않는다.

–단맛과 쓴맛 등을 구분하고 단맛을 좋아한다.

–붙어 있던 눈꺼풀이 위, 아래로 벌어져 확실히 눈을 뜰 수 있고 어둠과 밝음을 구별한다.

–눈썹이 생긴다.

–내장의 기능도 발달하여 내장 활동이 활발해져 많은 영양소가 필요하다.

–뇌에서는 지각과 운동을 관장하는 부분이 발달한다.

–인간으로서 구실을 할 수 있을 만큼 성장하여 태아는 차츰 머리를 아래로 향한 자세를 취하기 시작한다.

–피부는 태지로 덮여 있고 피부가 주름지고 빨갛게 된다. 기름진 살갗이 태지 밑에 형성되기 시작한다.

–이때부터 태어날 미래를 준비를 하는데 태아 스스로 여러 가지 면역성을 생성하며 자생력을 키운다.

–임신 중독증의 위험이 큰 시기다. 염분과 수분 섭취를 제한하도록 한다. 임신 후반기에 접어든 시기이므로 출산에 필요한 물품을 하나씩 준비하고 수유에 대비해서 미리 유방 마사지를 해야 한다.

–태아가 자신의 감정을 발차기로 표현한다. 듣기 싫은 소리가 들리면 싫다고 표현하고 즐거우면 신나게 놀며 엄마를 발로 찬다. 태아가 가장 좋아하는 엄마의 부드러운 목소리가 들리면 신나하고 아름다운 음악이나 새소리, 곤충소리와 같은 자연의 소리가 들려오면 움직이던 것을 멈추고 조용히 감상도 한다는 연구 발표도 있다. 외부에 대한 반응도 민감해져서 엄마가 배를 두드리면서 말을 걸면 태아가 발로 엄마가 두드리는 곳을 차서 반응을 보인다.

태동은 태아의 수면 주기와도 관계가 있어 태아가 깨어 있는 동안 움직이는 것으로서, 산모의 수면 주기와는 관계가 없는 것으로 알려져 있다. 따라서 20분~75분까지도 태동은 일시적으로(정상적으로) 없을 수 있지만 태동이 장시간 없어지거나 24시간 태동이 없는 상태가 지속된다면 저산소 상태 등이 우려되므로 의사와 상의하는 것이 좋다.

–28주가 되면 17주에 생긴 후각 신경이 제 구실을 하여 태아가 냄새를 맡게 된다. 태아는 선천적으로 맑고 향기로운 냄새를 좋아한다.

태아는 평소에 엄마가 사용하는 향수나 화장품 냄새를 기억한다. 평소에 엄마가 좋아했던 냄새에도 익숙해져 있어 태아가 세상에 나와서도 엄마 냄새를 맡으면 마음에 안정을 얻는다. 엄마가 평소 좋아하던 냄새도 같이 좋아하는 경향이 있는데 그 모든 것이 태중에 형성되어 태어난다.

–사랑을 듬뿍 받은 태아는 이 시기에 미리 태어난다 해도 적절한 보호 조치를 취하면 생존할 수 있는 중대한 시점이다. 삶을 살고자 하는 욕구가 사랑을 많이 받은 미숙아들이 사랑받지 못한 태아보다 더 강렬하기 때문이다.

아기는 부모가 자기를 얼마나 사랑하는지를 알기에 삶에 집착을 한다. 살아야 한다는 의지가 있고 엄마의 간절한 음성을 들을 수 있기 때문에 살아날 수 있다. 그런데 뱃속에서 좋지 않은 기억이 많은 아기는 쉽게 생을 포기하고 저세상으로 돌아가려고 할 것이다. 태아가 엄마의 목소리를 기억하고 사랑받고 있다는 것을 알고 있으므로, 최선을 다해 사랑하는 느낌을 전달해 주어야 하는 시기이다.

남편과 대판 싸웠습니다.

남편 친구 중에 한 명은 유난히 염치가 없는 사람이었습니다.

낮이고 밤이고 생각나면 들려 밥을 달라 하고, 그 사람이 온 날이면 다른 친구들을 불러 밤 12시까지 화투판을 벌이곤 했습니다.

친구 아내가 임신을 해서 힘든 것은 안중에도 없는 몰염치한 사람이었습니다.

그 사람이 왔다 간 날은 거실이 담배 냄새와 삼겹살 냄새로 가득 차 역겨웠습니다. 남편은 임신인 것을 알고부터 담배를 끊었는데 친구들로 인해 간접흡연을 하게 되는 것이 화가 났습니다.

"왜 이 시간에 와서 밥 달라고 하세요? ○○씨. 아예 저녁시간에 맞춰 오세요. 이 시간에 밥 달라고 하면 저 힘들어요."

"일이 늦게 끝나요."

"옛날에는 밭 매다가도 애를 낳았어요."

"에이, 먹다 남은 것 좀 달라는 것인데."

그 사람과의 대화는 늘 이런 식이었습니다. 그래서 더 싫었습니다.

"그 사람 오지 말라고 해요. 난 그 사람이 싫어. 그리고 뱃속에 애기가 담배 냄새 영향을 받는단 말이야."

"친군데. 어떻게 오지 말라고 하냐."

"그러면 밥만 먹여서 집에 보내."

"누나 집에 가 봐야 그렇잖아."

"그럼 조용히 쉬었다 가지, 친구들은 왜 불러."

"우리 원래 이렇게 놀았어. 우리 집이 아지트였어."

"당신이 친구 집에 가서 놀아."

"에이, 당신과 애를 두고 어딜 나가서 놀아."

"그러면 담배를 피우지 말라고 해."

"에이, 어떻게 담배를 피우지 말라고 하냐."

"나, 잠 많아진 것 당신도 알잖아. 앞으로 10시까지만 놀아."

"에이, 놀러 온 애들을 어떻게 빨리 가라고 해."

남편은 그 사람이 어릴 때부터 사연도 많고 불쌍한 친구라며 감싸줬습니다.

착한 남자가 타인의 눈에는 좋아 보여도 때로는 남을 배려하기 위해 아내에게 희생을 강요하므로, 착한 남자와 사는 것이 더 힘듭니다.

대판 싸운 날 배가 아파 죽는 줄 알았습니다. 진땀이 나고 악 소리가 나도록 창자가 꼬이는 것 같은데 약도 못 먹고 밤을 새웠습니다. 다음 날 아침 입안과 입술이 터져 있었습니다.

남편은 아내가 아파 배를 움켜잡고 고통스러울 때 친구들과 화투를 쳤습니다. 그리고 산달이 되고 애를 낳아 기르는 동안에도 예의라곤 눈곱만큼도 없는 그 친구의 행실에 제동을 걸지 못했습니다.

나는 시댁에 들어간 날부터 그 친구가 장가가는 날까지 고통을 감내해야 했습니다.

내 딸은 담배 냄새 나는 사람을 싫어합니다. 뱃속에서 엄마의 마음을 읽었나 봅니다.

8개월(29주~32주)

-태아의 키는 53~59cm, 몸무게는 약 1,350~2,000g이다.

-폐가 잘 발달되어 있어 태내에서도 숨쉬기를 원활하게 할 수 있다.

-단기기억이 형성되기 시작하여 수 분에서 수 시간 동안 단순 정보를 기억하는데, 그 의미를 기억하는 것은 아니다.

-소리의 강약을 구분한다. 소리의 높낮이나 크고 작음을 구분한다. 엄마 목소리의 강약에 따라 엄마의 기분을 알아챈다. 그러므로 엄마가 즐겁고 행복하면 그에 맞춰 아이도 편안하게 놀게 된다. 태아에 가해지는 좋지 않은 소리는 태아 뇌에 스트레스를 주므로 조심해야 한다. 늘 태아가 행복하게 놀 수 있는 환경을 만들어야 한다.

-피부는 주름이 조금 잡혀 있고 붉다. 보호막이 갓난아기의 피부에 방수 역할을 하고 있다

-머리를 아래로 한 자세로 태아의 위치나 자세가 정해진다.

-몸은 10개월 된 태아와 거의 비슷하나 피하지방이 아직 부족하다.

-엄마 뇌를 통해서 아기가 명암을 느끼기 때문에 밤늦게 자거나 아침 늦게까지 자는 것은 삼가고 규칙적인 생활리듬을 지키도록 노력해야 한다. 태아가 바깥세상의 어둡고 환한 것을 알게 되는 것은 눈으로 아는 것이 아닌 뇌로 느끼는 것이다. 멜라토닌이라는 호르몬은 밝은 것을 보면 줄어들고 어두운 것을 보면 늘어난다. 즉, 엄마의 눈과 뇌를 통해 태반을 거쳐 아기에게까지 전달되는 것이다.

태아는 밤에는 잠자고 낮에는 깨어있는 정상적인 생활 패턴을 가져야 한다. 밤낮의 정상적인 패턴에 익숙하게 길들여지지 않은 태아가 태어났을 때 그 아기는 밤낮을 바꿔 생활을 하여 부모가 밤잠을 못 자

도록 한다. 낮에는 자고 밤에는 자지 않고 보채는 아기들은 태어나기 전에 엄마로부터 밤낮의 패턴 교육을 못 받은 아이라고 생각하면 된다.

–단열과 영양을 위하여 저장된 피하의 지방층이 생겨 피부의 두께가 두꺼워지며, 몸에는 항체가 점점 증가한다.

–아기는 하루 약 3.8ℓ의 양수를 마신다. 8개월이 되면 양수는 매 3시간마다 완전히 교체된다.

–35주 된 태아는 양수를 통해 양수에 섞인 물질 중 맛있는 것과 맛없는 것을 구별한다.

엄마가 먹는 다양한 음식의 맛에 태아가 이미 길들여져 태어난다는 말이다. 엄마가 편식을 하면 태어난 아기도 편식을 할 것이고 엄마가 편식 없이 골고루 잘 먹었다면 아기도 태어나서 편식 없이 식사를 잘 할 확률이 높다.

"어머, 혹시 쌍둥이에요?"

"아니라는데요. 그런 소리 많이 들어요."

배가 나와도 너무 심하게 나왔습니다. 살도 너무 많이 쪘습니다. 거울을 보면 낯선 여인이 서 있었습니다. 밤낮으로 먹어대니 당연한 결과지만 심각할 정도로 배가 불어났습니다. 도대체 얼마나 먹성 좋은 애가 태어날지 궁금했습니다.

결혼 전에 45킬로그램의 깡마른 아가씨였습니다. 잠도 늘 잠깐 눈을 붙일 정도로 깊은 잠을 자지 못했습니다.

아이를 임신한 후로 하루 종일 잠에 취해서 생활을 했습니다. 치질이 심해졌습니다. 다리 종아리가 툭툭 터지고 배가 쩍쩍 갈라졌습니다. 그래도 먹는 것을 멈출 수가 없습니다.

어릴 때 지능이 조금 낮아 동네에서 천덕꾸러기로 여겨지던 아이가 생각났습니다. 그 아이는 늘 먹을 것을 입에 물고 다녔는데 몸은 다른 애들보다 비대했고 볼은 늘 터질 것 같았습니다.

'맙소사! 내가 뭘 생각하는 거야.'

의사도 과하게 체중이 늘었다고 걱정했습니다. 좀 덜 먹고 좀 덜 자라고 처방을 했습니다. 운동을 하라고 권했습니다.

산에 올라가다가도 자고, 내려오다가도 잤습니다.

'잠자는 병에 걸린 것 같은데 무당이라도 찾아가 봐야 하나.'

'먹어도 먹어도 허기지는데 못 먹고 죽은 귀신이라도 붙었나. 어찜 이토록 허기지지.'

'남들은 입덧으로 상전 대우를 받으며 호사를 누린다는데, 임신 이후 밥맛이 없어 본 적이 단 하루도 없으니…….'

'팔자가 모심을 받을 상팔자가 아닌 거지 뭐.'

'에라, 모르겠다. 일단은 먹고 보자. 꿀꿀 돼지로 살지 뭐.'

'뱃가죽 터진 거야 남이 못 보는 곳이니 됐고. 장딴지 터진 거야 바지 입으면 되지만, 아! 그런데 치질은 어떻게 해.'

'그것도 나중에 생각하기로 하고 일단은 먹자.'

9개월(33주~36주)

–태아의 키는 45~48cm, 몸무게는 2,000~2,500g정도이다.

–피부 표면에 붙어 있던 하얀 태지가 양수 속에 녹아버리고 주름이 없어지고 탄력 있는 피부가 드러난다.

–장기도 거의 발달하고 눈의 망막 세포도 성숙해 만일 조산을 하더라도 큰 문제없이 아기를 키울 수 있다.

–폐와 콩팥 기능이 완성된다.

–스스로 호흡을 조절하고 노폐물을 배출한다.

–외부 자극에 즉각 반응을 보이며 몸짓으로 답한다.

–물체를 본다.

–좋아하는 맛과 싫어하는 맛을 확실하게 구분하여 좋아하는 것부터 먼저 섭취하고 싫은 것은 피한다.

–태아가 성장함에 따라 임신 8개월보다 면역력이 더 증강하여 탄생 이후의 각종 균과 바이러스를 이길 준비가 되었다.

의사가 운동을 안 하면 자연분만이 어렵다고 했습니다.

매일 뒤뚱거리며 5km를 걸어 관악산에 다녀왔습니다. 올라갔다가 내려오는 길에 내 아이가 집에서 가까운 서울대를 졸업하는 인재가 되었으면 좋겠다는 염원을 담고, 서울대에 들러 학생들과 이야기를 주고받으며 학문의 정기를 받고 집에 왔습니다(신께서 태교의 간절한 마음을 아셨는지 딸은 세계적으로 서울대보다 대학 순위가 높은 외국 대학에 갈 수 있는 길을 열어 주셨다). 그 길이 왕복 9km정도 되었습니다. 아이를 위해 하루 10km 이상을 걷고자 노력했습니다.

덕분에 배와 다리 전체가 쩍 갈라졌고 치질은 심해져 피가 흘렀습니다. 고통스러웠습니다. 그래도 걷고 또 걸었습니다. 자연분만을 위하여.

10개월 해산

–태아 키는 50~55cm, 몸무게는 2,000~3,800g이 된다.

–머리뼈는 아기가 출산 과정을 통과할 수 있도록 부드럽고 신축성 있게 되어 있다. 머리를 골반에 두고 나올 준비를 한다.

–태아는 본능적으로 바깥세상으로 나가야 될 때가 다가왔다는 것을 알고 머리 부위가 골반 속으로 들어가기 시작한다. 피부의 주름이 없어지고 솜털도 줄어들어 거의 남아 있지 않게 된다. 혼자서 호흡을 조절하고 노폐물을 배출하는 등 세상에 나와 혼자 살아갈 준비를 한다. 해산 시기가 오면 활동을 멈추고 몸을 작게 오므린 다음 머리를 아래쪽의 골반에 두고 태어날 준비를 하게 된다.

–진통은 수축이나 점액의 유출이나 양수가 터지면서 시작된다.

–임산부는 체조와 호흡법을 꾸준히 연습하고 휴식과 수면을 충분히 취한다. 출산을 두려워하지 말고 행복한 마음으로 아기를 만나게 될 순간을 기다리며 안정을 취해야 한다.

예정일인데 아기가 꼼짝도 안 했습니다.

다음 날도 그 다음 날도 아기는 세상으로 나올 생각을 안 했습니다.

의사 선생님께서 말씀하셨습니다.

"아기가 나올 생각을 안 하네요."

"나올 때까지 기다리죠. 뭐."

"제왕절개를 해야 할 것 같습니다. 골반에 비하여 아기가 너무 커서 산모가 위험할 수 있어요."

"낳아 보다가 안 되면 그때 수술하면 안 되나요?"

"제 판단을 믿으세요. 서로가 힘들어집니다."

"자연분만하려고 제가 얼마나 걸었는데요. 집에 가서 생각해 보고 연락드릴게요."

하룻밤 지나고 또 하룻밤이 지나고 일주일이 지나도 아기가 나올 생각을 안 했습니다.

남편은 일주일이 지나자 휴가를 냈습니다.

"오늘 병원에 가 애를 꺼내자."

"자궁 속이 편한가 봐. 기다리자."

"일단 병원 가 보구."

병원으로 갔습니다.

남편은 의사를 만나고 왔습니다. 보호자로서 제왕절개 수술을 하겠다는 도장을 찍었답니다.

"수술을 하려면 애 낳을 준비를 했어야 하는데 아무 준비도 없이 애를 맞이하라구. 기가 막혀."

"예정일에서 너무 멀어지면 애가 잘못될 수도 있대. 내가 집에 가서 준비해 올게."

우린 그렇게 그날 아이를 낳게 되었습니다.

딸을 낳았는데 보통 여자 아기들이 3kg에서 3.3kg인데 4.1kg의 슈퍼 우량아기로 태어났고 목청도 남자 아기보다 더 우렁찼습니다.

요즘은 식생활의 변화가 원인인지 운동 부족이 원인이지 모르지만 4kg 이상의 아기들이 늘어나는 추세인데, 28년 전에는 여자 아기로는 극히 드문 몸무게였습니다. 목이 삼 겹도 아닌 오 겹에다가 어찌나 못생겼는지 내 아기가 맞나 의심스러울 정도였습니다. 외계인이 내게로 온 것 같았습니다. 의사에게 애가 바뀐 게 아니냐고 물어 봤더니 같은 날 5명의 아기가 태어났는데 제일 커서 바뀔 염려가 없다고 깔깔깔 웃으셨습니다.

그날 여자 아기 3명, 남자 아기 2명이 바깥세상으로 나왔는데 한 아기는 딸이라는 이유로 아기 아빠와 할머니가 화를 내서 산모가 많이 울었습니다. 그 산모는 몸조리를 단 하루도 못하고 아기를 낳은 날 저녁에 바로 퇴원을 했는데 지금 그 아기가 잘 컸는지 궁금하네요.

시대가 바뀌어 요즘은 딸을 낳으면 모두 싱글벙글하는데 그 시절만 해도 아들선호가 심했습니다. 하지만 우리는 아들이 아닌 딸이어서 기쁨 두 배였습니다. 남편은 장모와 일주일 동안 병원에서 산바라지를 하며 나와 아기를 돌봤습니다.

나는 45kg이었던 몸무게가 65kg까지 나가는 임신 비만이었습니다.

막달에는 약 11~15kg의 체중이 늘어나는 것이 적당한데 20kg이 늘다 보니 다리가 부어 힘줄이 튀어 나오고 배는 쩍쩍 갈라지더니 항문은 아예 찢어지기를 반복하여, 아기를 낳은 후 치질수술로 남편은 또 15일을 병원에서 출퇴근을 했습니다. 그 공덕으로 남편이 미울 때도 그 고마움을 떠올리며 바가지를 덜 긁으며 살았던 것 같습니다.

남편은 내가 미워질 때 무슨 생각으로 참고 살았을까요.

궁금해서 어느 날 물어 봤더니 시끄럽답니다. 답변을 피합니다.

마누라가 미울 때도 많았을 텐데, 아마도 자기 자식을 낳았기에 참고 살았을 것 같습니다.

낙태에 관한 짧은 설

특별한 사정이 없다면 낙태를 하지 말아야 한다. 우리가 임신이라는 것을 알 수 있는 4주 안에 머리가 이미 만들어지고, 임신 5주만 되어도 귀여운 손가락 10개가 형체를 갖추는 소중한 생명을 죽이면 안 된다.

임신 6개월까지 낙태를 할 수 있다고 말하는 의사도 있는데 그건 말도 안 되는 발상이다. 6개월이면 손발을 움직이고 자궁 밖의 엄마 목소리를 알아듣고 지능이 발달하고 있는 단계인데, 낙태를 한다는 것은 옛날 사형수의 목을 베던 망나니와 같은 짓을 하는 것이다. 그것은 살인이다. 나는 성당에 나가지는 않지만 천주교의 낙태를 금하는 교리가 아주 바람직하다고 생각한다.

태아의 발육 상태에 대해 적어 보는 것은 절대로 낙태를 해서 안 되는 이유를 알려주기 위함이다. 무지에 의해 낙태를 하는 것은 용서받을 수 있지만, 태아가 사람 형체를 갖춰가는 발달 단계를 숙지하고도 낙태를 강행한다면 그것은 살인 의사가 있는 것과 같은 것임을 강조하고 싶다.

제4장

자녀교육을 위해 사회 속 어려움을 극복하는 부부

건강한 가정은 안주인의 작품

가족이 늘 화목하게 살고 싶다면 아내이자 어머니는 다음과 같은 사항들을 실천해야 한다.

첫째, 가족 건강(정신적, 육체적, 사회적)을 우선순위에 두고 생활해야 한다.

가족 중 환자가 있으면 집안이 밝고 평안하기 힘들다. 마음이 편해야 육체적인 건강도 유지되고 일을 해도 능률이 오른다. 육체적인 질병은 마음의 병으로부터 온 것이다. 암도 작은 염증으로 시작되는데 그 염증이란 녀석도 어두움을 좋아한다.

마음이 밝으면 면역력이란 당찬 녀석이 염증이 좋아하는 어두침침한 균을 밝은 빛으로 녹여버린다. 마음이 어둡고 추우면 나쁜 균을 불러 모은다. 나쁜 마음의 균들이 육체로 들어가 염증이랑 못된 잡균과

뭉쳐 다니며, 우리의 육체 곳곳 여기저기로 세력 확장을 하여 세포들을 야금야금 파먹어 아프게 하는 것이다.

사회생활을 하다 보면 지독히 못된 사람들이 있지만 내가 현명하면 나쁜 사람들을 피할 수 있다. 동네 어귀에 쓰레기봉투를 한 개만 놔두면 며칠 뒤에 쓰레기가 작은 산만큼 쌓인다. 그 쓰레기를 치우고 깨끗이 소독하면 더는 쓰레기들이 쌓이지 않듯이, 가족 구성원들이 건강하면 못된 균들이 붙으려고 해도 제풀에 떨어져 나간다.

어떤 엄마들은 '우리 애가 어쩌다 못된 애를 만나서 인생이 망가졌어요' 라고 말한다. 현명하지 못한 엄마의 생각이다. 내 아이가 반듯한 가치관과 건강한 정신을 가지고 있었으면 행실이 건전치 못한 친구를 교화시키지, 덩달아 나쁜 짓을 하지 않는다.

안주인이 현명해야 가족이 모두 건강하고 인류에 이바지하는 훌륭한 남편과 자녀가 탄생된다.

둘째, 가족 모두 긍정적인 마인드로 생활해야 한다.

긍정적인 마인드란 앞서 말한 건강과도 연관되는 것인데 부정적인 생각을 가지고는 절대로 건강해질 수 없다. 밝은 정신과 육체적 건강은 긍정의 힘에서 나온다. 희망도 긍정의 힘에서 나온다. 성공도 긍정의 힘에서 나온다.

부정적인 생각이 들기 시작하면 세상만사가 모두 어둡게 해석된다. 부정적인 마인드를 지닌 자녀들은 자신의 노력에 문제가 없는지는 점검해 보지 않고 모든 것을 남의 탓으로 돌려버린다. 친구 아버지보다 내 아버지가 무능해 보이고, 엄마의 음식이 형편없어 보이고, 형제자

매가 귀찮고 못나 보이고, 만나는 사람들의 약점이 늘 먼저 보인다. 친구는 고액 과외를 해서 공부를 잘하는 것 같고, 자신은 일반 학원을 다녀서 성적이 좋지 못하다며 절망할 수도 있다. 친구가 고가의 명품 재킷을 입을 때, 시장표 재킷을 입은 데 대하여 열등감을 느낄 수도 있다.

긍정적인 마인드를 가지면 세상을 보는 눈이 편해지고 내 현실을 인정하면서 힘차게 앞으로 나아가는 용기가 있고 당당하게 살 수 있는 힘이 생긴다. 현재 조금 힘들더라도 늘 밝은 미래를 꿈꾸며 성장해 나간다. 긍정적인 마음 없이는 절대 행복할 수 없다. 가족 구성원이 밝은 기운으로 살아갈 수 있도록 만드는 것은 엄마와 아내의 역할이다.

셋째, 가족과 늘 함께하는 문화를 형성한다.

가족이 취미 생활을 함께 하고 가족끼리 즐길 수 있는 것을 만들어 여러 가지 활동을 같이 하다 보면, 서로를 이해하게 되고 삶에 여유도 가져올 수 있다. 가족은 각자 개성이 다르고 원하는 것도 다르지만 화합을 위해 조금씩 양보하며 함께 할 수 있는 방법을 모색해야 한다.

어느 날 남편이 황어를 많이 잡아 온 날, 내가 살생을 하는 낚시가 싫다고 하자 남편은 소중하게 모았던 낚시 도구들을 모두 친구에게 줘버렸습니다. 반면 내가 골프 치는 것을 남편이 원하지 않아 나는 골프 배우던 것을 중단했습니다. 부부 공동 취미를 등산과 드라이브로 선택하여 우리 가족은 주말마다 산으로 가서 좋은 추억을 만들었습니다.

텔레비전 시청을 좋아하는 남편은 텔레비전 연속극에 정신 줄을 놓고 싶지 않다는 저의 뜻에 따라 과감히 텔레비전을 없앴고, 대신 나는 남편이 원하는 모니터가 큰 컴퓨터를 구입하는 데 기쁜 마음으로 힘을 보탰습니다. 우리 부부는 피자를 좋아하지 않아도 딸이 원하면 언제든지 맛있게 먹었고, 영화를 볼 때도 셋이서 타협점을 찾았으며, 강아지를 입양할 때도 1년 넘는 시간을 가지며 서로의 주장을 조율했습니다.

딸이 성인이 되었지만 결혼 전까지 나는 부모와 함께하는 가족여행을 고집했습니다. 다행히 딸이 불평불만 없이 따라 주어 고마웠습니다. 딸을 데리고 다니면 언어 소통에 문제가 없어 좋은 점도 있지만 가족 중심 생활을 가르치고 싶은 마음도 포함되어 있었습니다.

이처럼 가족은 서로 양보하며 타협점을 찾아 가야 화목을 이루게 된다. 가정이 생기면 가족의 의사를 존중하고 늘 함께하는 문화를 형성하는 것이 좋다.

넷째, 가족이 질 좋은 음식을 먹도록 연구해야 한다.

살아가면서 음식 문화는 매우 중요한 요소이다. 식재료는 가능하면 원시 상태 그대로를 구입하여 먹고 가공된 것은 피하는 것이 좋다. 가

공된 식품에는 식품첨가물로 아황산수소나트륨, 아황산나트륨, 메타중아황산나트륨, 차아황산나트륨 등이 사용된다.

아황산염은 효모에 의한 알코올 발효의 방지 또는 해산물이나 고기 해동 시 흑변 방지에도 이용하는데, 혈관에 좋다고 마시는 포도 주스와 적포도주 안에도 방부제인 아황산염이 많이 첨가되어 있는 제품이 있다. 그뿐만 아니라 채소와 과일에도 마르지 말고 썩지 말라고 약품들이 많이 뿌려지고 있다니, 과일 껍질에 영양가가 많다는 것은 알지만 꼭 껍질을 벗기고 먹어야 한다.

채소나 과일을 구입할 때도 생산지와 유기농 인증마크가 있는지 찾아보아야 한다. 사이비 단체에서 유기농 인증을 발급한 식품들도 활개를 친다고 하니 사이비 단체 인증은 아닌지 꼭 검증해 보아야 한다. 정부에서 곧 유기농 인증을 강화한다고 한다. 앞으로 안심하고 장을 볼 수 있을 것 같아 그나마 다행이다.

남편과 여행을 하는데 복숭아 밭 앞 큰 알림 간판에 '유기농 인증 복숭아' 라고 쓰여 있었습니다. 그런데 그 옆 논에서는 약을 뿌리고 있었습니다.

그 농약이 복숭아밭으로 날아올 것 같은데 그 복숭아는 유기농 인증을 받고 판매가 이뤄지고 있었습니다. 물론 복숭아에 종이봉투가 씌워져 있었지만 유기농이라고 껍질째 먹기는 꺼림칙했습니다.

다섯째, 남편이 부정한 일을 하도록 만들면 안 된다.

부정한 돈을 원한다거나, 남편의 직위를 이용하여 경거망동하면 파멸의 길로 갈 수도 있다. 남편 역시 아내의 바람과 달리 쓸데없는 행동을 하게 되면 그 가정 역시 화목하기 힘들다. 남편과 자녀의 인생을 성공의 길로 갈 수 있도록 도우려면 아내이자 엄마인 여자들은 평생 가족을 위해 가치관을 바로 정립하고 옳은 일을 실천하는 성실한 모습으로 살도록 노력해야 한다.

남편의 실수를 포용하는 아내

살다 보면 세상살이가 자기 마음먹은 대로 되지 않는다. 모두가 출세하고 돈도 움켜잡아 부자로 살고 싶어 한다. 그렇지만 성실하게 나름대로 최선을 다하며 잘 살고자 노력을 하는데도 일이 원하는 대로 풀리지 않을 때가 있다. 또는 최선을 다해 노력을 했는데도 능력의 한계를 느낄 때도 있다. 또는 남편들이 잠시 이성을 잃고 빗나가거나 아예 이성에 마비가 와서 가정을 깨뜨릴 위기에 봉착하기도 한다. 이때 안주인들은 어떤 것이 자식의 미래에 도움이 되는지를 판단해야 한다.

남편이란 존재가 가정에 회오리바람을 몰고 올 때, 자녀들이 회오리바람 속으로 곤두박질치지 않도록 막아 설 수 있는 것도 엄마의 힘이다.

가정에 폭풍이 몰아칠 때, 아내의 자리에서 인내하며 잘 대처를 해야 자녀들의 마음에 상처를 남기지 않는다.

중요한 것은 남편에게 어떤 좋지 않은 일이 발생했을 때, 아내에게 솔직히 털어놓고 가족의 이해를 구할 수 있는 분위기를 만들어 줘야 한다. 아내는 남편의 여러 가지 실수(습관적이 아닌 도박, 외도, 탈선, 빚보증 등)가 발생했을 때, 가족이 행복해 질 수 있는, 함께 오순도순 살아갈 수 있는 방안을 강구해야 한다. 가정의 평화가 깨지면 자녀들은 어른들이 겪는 몇 배의 정신적 방황을 체험하게 된다.

지혜로운 엄마는 자녀들이 앞으로 전진하는 데 방해물을 제거해 주는 역할을 잘할 수 있지만, 어리석은 엄마는 남편의 실책을 원망하면서 자녀가 나아가는 길에 재를 뿌릴 수도 있다.

남편이 강남 중형아파트 한 채 값을 주식으로 날렸을 때 잠시 머리가 멍했습니다. 엄청난 쇼크였습니다. 이 상황을 어떻게 대처할까 생각해 봤습니다. 며칠 밤을 뒤척이며 나를 다독이고 마음을 가라앉혔습니다.

내가 죽을병에 걸렸다고 가정해 보았습니다.

역으로 남편이 죽을병에 걸렸다고도 생각해 보았습니다.

내가 죽었다고 가정해 보았습니다.

남편이 죽었다고 가정해 보았습니다.

결론은 간단했습니다.

이 문제는 화를 낼 일이 아니었습니다.

그래서 기도를 하며 내 삶을 뒤돌아보았고 반성의 기회로 삼았습니다. 내게 마음 내려놓기를 실천할 수 있는 기회를 주기 위한 신께서 주신 시련이란 생각이 들었습니다.

화나고 기막히던 마음이 정리되었습니다. 훌훌 화를 털고 마음을 비웠더니 가슴이 시원해졌습니다. 마음을 비운다는 것이 어쩌면 생각 돌리기란 말이 맞는 것 같았습니다.

나는 남편에게 고맙다고 말했습니다.

"여보야 고마워. 당신이 내게 깨달음을 줬어. 정신세계가 득도의 경지로 가넹. 하하하 히히히, 우리 웃자."

남편도 저에게 고마워했습니다. 우린 서로 고마워했고 더 애틋한 부부의 정이 오고 갔습니다.

만약 서로 앙앙대거나 싸워서 이혼을 했다면 가정의 평화가 깨졌을 것입니다. 돈 잃고 가정이 깨지는 것보다, 돈은 잃었지만 서로 아끼는 마음이 더 돈독해지고 잘하려고 더 노력하게 되었으니 남은 긴 인생을 생각하면 잃은 것보다 얻은 것이 더 많았습니다.

서로 으르렁거리며 싸우지 않으니 가정이 평화로운 상태에서 딸 역시 평안하게 공부하며 본인이 원하는 목표지점까지 달려가고 있습니다.

지친 남편을 안아주는 아내

여자들은 외롭다는 말을 많이 한다. 그런데 여자들만 외로운 것이 아니다. 태어날 때 남자도 울고 여자도 울었듯이 남자들도 여자와 감정이 다르지 않다. 다만 남자는 강해야 한다고 관습적으로 강한 척 길러졌을 뿐이다.

여자들이 결혼생활과 직장생활을 병행하다 보면 힘이 들고 지치고 누군가에게 위로받고 싶어질 때가 많다. 여자가 남자에게 기대고 싶듯이 남자도 외롭고 지칠 때 누군가에게 의지하고 싶어진다. 남편들은 겉으로 강해보여도 여자보다 약할 때가 많다. 남편들은 여자들보다 중압감에 더 시달리고 늘 사람들과 함께 어울려도 고독하다고 한다.

예전에는 남편들이 가장으로서 권위도 강했고, 삶이 조금 흐트러져도 경제적으로 조금 무능력해도 가족들로부터 대우를 받았다. 반면 지금의 신세대 남편, 쉰세대 남편들은 슈퍼맨이 되어 아내와 자녀들 기분도 잘 맞춰줘야 하고 돈도 많이 벌어야 한다. 사회의 빠른 변화에도 적응해야 하고 후배가 앞지르지 않도록 한 자리 한 자리 위로 빨리 올라가야 한다. 후배가 앞서기 시작하면 사표가 기다리고 있고, 가족이 경제난에 봉착하게 된다. 가족의 만족감을 못 채워주면 자신의 무능을 자책하며 혼자 술을 마시고 남자 자존심을 앞세워 혼자서 고민을 감내해야 하는 어려움에 처하기 십상이다.

자녀들 성공에 거름이 되기 위해 간이 굳어가도록 스트레스 재를 뒤집어쓰고 하루하루를 견디며 지탱해간다. 세계 경제가 경직될수록 남편들의 고통은 늘어만 간다. 경제난을 겪지 않고 사회적으로 성공했다고 해서 외롭지 않은 것은 아니다. 직책이 높아질수록 더 외롭다. 늘 말조심을 해야 하고 혼자 결정하는 일이 많아진다. 신분상 힘든 것을 마음대로 털어 놓지도 못한다. 피라미드 같은 상층으로 올라갈수록 외로움이 더 절절하다.

남편들이 험난한 사회에 정신 줄을 놓고 방황이 시작되면 킬러들의 먹잇감이 될 수도 있다. 한순간에 가정이 깨질 수도 있다.

지인의 남편은 공무원으로서는 높은 자리에 올라갔는데 지난 9월에 혼외 딸이 나타나서 지인이 울고불고 난리가 났습니다. 평생 남편 얼굴 보기도 힘들었고, 자정을 넘어 맞이하는 얼굴은 늘 술에 찌든 얼굴이었다고 합니다.

지인은 결혼을 위해 대학 3학년 때 중퇴를 하고 어린 나이부터 시집살이를 했습니다. 집안 경조사에도 외국 출장이 잦은 남편을 대신하여 혼자 다녔고, 12년째 시어머니 치매를 돌보며 시동생을 둘이나 키워 결혼까지 시키느라 늘 지쳐있었습니다. 그런 착한 아내를 두고 외도를 한 것입니다. 그 남편은 아내에게 하는 말이 '아내의 하소연 소리가 지겨웠고, 피곤하다는 핑계로 아내가 잠자리에도 불성실했고, 치매 노인이 있는 집 안에 들어서면 답답했고, 아내의 표정이 돌부처 같았다' 고 아내 탓만 하더랍니다.

아들은 지난해 힘들게 뒷바라지를 하여 대학에 입학시켰고 연년생인 고등학교 3학년 딸의 뒷바라지로 머리가 돌 지경인데, 혼외 딸이 초등학교에 간다고 호적에 올려 달라고 떳떳하게 요구했다니 미치고 팔짝 뛸 상황이 벌어진 것입니다. 남편에 대한 배신감에 치를 떨며 내 지인은 자리 보존하고 누웠고 딸은 올해 대학 진학을 못했다고 합니다. 지인은 이혼을 하고 정신과 치료를 받고 있으며, 시어머니는 요양병원으로 보내졌습니다.

지인은 평생 희생이 물거품이 되었다는 생각에 인생의 허무함에 몸서리치며 우울증에 시달리고 있습니다. 지금도 잠깐 잠이 들면 여러 가지의 돌부처 형상이 광대 웃음으로 꿈에 나타나서 진땀을 흘리며 잠에서 깬다고 합니다. 더 큰 문제는 엄마가 고생하고 피폐해져 가는 모습을 옆에서 지켜본 딸이 '아빠를 죽이고 싶다' 는 격한 말까지 하며 공부에 손을 놓고 방황한다는 것입니다.

이 예는 한숨이 절로 나오는 우리 곁의 아픈 가정 중에 한 집일 뿐입니다. 외도로 인한 이혼이 늘어나는 것은 수많은 사연을 가진 가정이 이 순간에도 난파선처럼 흔들리고 있다는 증거입니다.

우리는 가정과 학교에서 표면상으로는 양보하라고 배우는데 현실 속에서는 늘 남보다 앞서고 이겨야 한다고 배우게 된다. 아니라고 말하는 이는 위선자라는 생각이 든다.

학교에 입학하면서부터 서열을 세우고 공부 못하는 학생은 찬밥 신세다. 인격도 성적순이다. 임대주택에 사는 아이들이 가는 학교가 있고, 큰 평수의 아파트에 사는 아이들이 가는 학교가 있다. 어떤 시골 고등학교에서는 학생 한 명이 일류 대학에 입학하면 경사 났다고 플래카드를 내거는데, 서울의 어떤 학교는 30~40명이 무더기로 일류대학에 들어가 빵빵한 동문을 형성하며 훗날의 거대 인맥을 예약 받는다.

남자들은 그런 서열 싸움을 피부로 느끼며 살기에 내 자식을 일류 학교로 보내려고 뼈가 부서지도록 돈을 벌고 목줄 걸고 위로 올라가려고 발버둥 친다. 죽을 둥 살 둥 남자는 돈을 벌고자 한다. 여자는 결혼하면서 당당히 사표를 낼 수 있지만, 남자는 결혼과 동시에 사직서를 쓰면 바로 이혼감이다. 남자는 오로지 정년퇴직이 목표다. 직장생활이 지옥이라도 그곳에서 헤엄쳐야지, 지옥에서 나오면 불벼락을 맞는다.

그래서 이 시대의 남편들은 위기 상황이 많아 불안하고 외롭다. 못난 남자들은 이런 사회생활이 힘들다고 술의 힘을 빌려 횡설수설 떠들고 집에 돌아와서 가족에게 화풀이를 하는 경우도 있지만, 대부분의 남자들은 현명한 사리판단으로 고뇌를 승화시키는 방법을 찾는다. 이때 남편의 마음을 편하게 안아주는 아내가 지혜로운 사람이다.

참을성이 많은 사람일수록 자신과의 싸움이 치열하고 고독하다. 남자들에게는 강한 인내심만큼 누군가 자신을 위로해 줄 사람이 필요하다. 남편들이 방황하다가 위로받고 싶어 들어가는 종착역이 자신을 받들어 주고, 뇌를 마비시키며, 본능적인 애무를 해 주고, 무슨 말이든 지껄여도 들어주는 술집 종사자나 바람난 여자 품이다. 바람난 여자들이 남의 남자를 뺏으려고 온갖 교태로 꼬드기기 전에 내 남편을 지키는 것이 내 인생에 상처를 내지 않는 방법이다. 진정으로 남편과 자녀들을 위하는 지혜로운 아내라면 내 남자를 지켜야 한다는 것을 잊어서는 안 된다.

어릴 때는 남자아이든 여자아이든 모두가 부모에게 응석을 부렸다는 것을 기억하자. 남자아이는 성장하면서 '남자는 이래서는 안 된다, 저래서도 안 된다, 요렇게 해도 안 된다' 등 모든 구실을 붙여 남자다움을 강조하며 길러졌다. 하지만 가슴 한편에는 엄마에게 나는 젖 냄새가 그립고, 누군가의 위로가 필요하고, 속을 풀어 놓을 사람이 필요해 대화상대를 찾아 헤매기도 한다.

남자가 나이를 먹으면 먹을수록 지위가 올라가면 올라갈수록 엄마 냄새가 그립고 엄마의 젖가슴에 얼굴을 묻고 싶어 한다. 억제된 본능 속에는 장난기가 숨어있다. 어릴 때 여자 친구를 괴롭히며 깨알 같은 재미를 느꼈듯이 아내의 치마 속에서 놀고 싶은 욕구가 있다. 남편은 아내가 '사랑해' 하며 한 번만 포근히 안아줘도 힘이 불끈 솟는다. 아내의 진정한 사랑은 남편의 몸도 마음도 건강하게 만든다.

남편으로부터 사랑을 받고 싶으면 아내가 먼저 남편을 사랑하고 아끼는 것도 한 가지 방법이다. 사회에서 높은 지위를 갖고 있다 한들 대기업 회장이라 하더라도 결국 아내 치마 속에 안주하는 어린애가 되는 것은 모든 남편들의 공통점이다. 사랑을 준 것 이상으로 남편으로부터 챙길 수 있으니 아낌없이 남편을 보듬으며 살아가는 지혜가 필요하다.

아이의 아빠가 바람난 여자들에게 낚이면 가정은 물론이고 자녀의 인생까지 풍비박산 날 수 있다. 자녀의 미래를 위해서라도 자녀들에게 정성을 쏟듯이 남편 관리를 잘 해야 한다. 부부가 서로 사랑해야 아이들도 정서적으로 안정되어 공부에 집중할 수 있고 사랑을 할 줄 아는 성인으로 자란다.

아이들 역시 우울한 집안에서는 공부가 되지 않는다. 우리가 스트레스를 받거나 우울하면 전두엽 뇌회로가 인지기능이나 판단기능을 제대로 작동시키지 못한다. 스트레스가 강하면 뇌가 멍해지며 머리로 들어왔던 지식을 뱉어내고 만다.

가정이라는 둥지는 늘 밝고 포근해야 아이들이 몸도 마음도 건강하게 자랄 수 있다. 뿌리가 흔들리면 나뭇가지의 성장이 멈춘다. 뿌리가 흔들리면 나뭇가지가 말라 부러진다. 뿌리가 흔들리면 몸통까지 썩을 수도 있다. 뿌리가 건강하고 단단해야 꽃이 피고, 열매를 맺고, 씨앗이 다시 뿌리를 내릴 수 있는 환경이 조성된다. 내 남자는 내가 지켜 튼실한 열매를 수확하면 그 맛이 더욱 달콤할 것이다.

남편의 권위를 지켜주는 아내

남편을 친구처럼

남편을 애인처럼

남편을 남편처럼

아내를 친구처럼

아내를 애인처럼

아내를 아내처럼

서로의 인격을 존중해야 한다는 말을 많이 한다.

그런데 '남편을 존중하자'는 말을 하면 '존중받게 행동을 해야지'라고 말하는 사람이 더 많다. '남편을 존경하자'는 말에는 아예 아내가 '헹~' 코웃음 친다. 속에서 열불 나는 소리 하지 말라고 한다. 그런 집은 안주인이 행복하지 못한 가정이다. 안주인이 행복하지 못하면 자녀들도 행복을 누릴 수 없는 환경이 될 수도 있다.

'난 남편을 존경합니다.'

'존경할 요소가 참으로 많습니다. 그래서 결혼생활이 행복합니다.'

이 말을 듣는 순간 타인들은 귀신 씨나락 까먹는 소리 하지 말라고 할 수도 있습니다.

가족 간에 존경이란 말에 경기하듯이 거부하지 말자. 잘 생각해 보면 가족이 이해하고 화합하면 서로 존경받을 수 있다. 대통령도 국가 운영 평가와 지지율이 50%가 넘으면 성공이다. 그렇듯이 배우자의 강점이 약점보다 50%를 넘어서면 존경받을 요소를 찾아낼 수 있다. 우린 사람이다. 신이 아닌 사람이기에 실수도 하고 잘못도 한다. 그리스 신화를 보면 신도 잘못을 하는데 하물며 사람인 우리가 완벽할 수는 없지 않은가.

욕심을 내려놓으면 남편에게서 존경할 요소들이 보이기 시작한다. 그리고 집 안에서부터 인격적으로 존중하며 키운 아이가 밖에 나가서도 존중받는 사람으로 성장하듯이, 가정에서 남편을 존경해야 사회에서도 진정으로 존경받는 인물이 된다.

그런데 자녀보다 못한 대우를 받는 남편이 많은 것이 작금의 현실이다. 가정에서 자녀나 반려견보다 멸시를 당하는 존재로 전락하는 남성들이 늘어난다는 얘기가 주변에서 심심찮게 들린다. 아내들이 남편 역할, 아빠 역할에 모범답안을 정해 놓고 닦달하거나, 모범답안에 벗어난다고 붉은 줄로 엑스 자를 긋다가 종국에 가서는 가차 없이 이혼이 라는 선을 긋기 일쑤다.

고개 숙인 남편에서 고개 처박히는 남편으로 가는 행적을 보면 남편들 본인 탓이 많다. 그렇지만 자녀의 장래를 생각해서라도 남편의 권위는 세워 줘야 한다. 자녀 앞에서 남편의 권위를 무참히 짓밟는 것은 현명하지 못한 처사다. 엄마의 태도에 따라 또는 언사의 느낌과 행동의 형태에 묻어 나오는 무시를 자녀들은 자연스럽게 받아들인다. 정도가 심해지면 자녀 앞에서도 남편에게 모욕적인 언행을 하는 경우도 있다.

가정에서 남편의 권위는 아내가 만들어 주어야 한다. 남편의 권위가 바로 서야 자녀교육도 바로 설 수 있다. 아이들 앞에서나 타인들 앞에서 남편에게 조금 부족한 면이 있더라도 남편을 존중하고 남편의 위상을 높여 주어야 당당하게 자녀교육에 임할 수 있는 아빠가 된다. 만약 남편을 깔보고 무시하면 아이들도 아빠를 무시하게 되고 아빠 말을 듣지 않게 된다. 아이들이 아빠를 무능하다고 인식하거나 아빠의 존재감을 못 느끼게 되면 자녀교육에 분명히 문제가 발생한다.

'아빠 자신 처신도 제대로 못하면서 우리만 닦달을 해.'

'뉘 집 아저씨가 떠들고 계세요.'

'화가 나니 우리에게 화풀이 하는 거잖아.'

내가 운영하던 상담소에서 실제로 상담을 해 준 가정의 이야기입니다. 30대 후반의 엄마가 상담소를 찾아와서 자신의 아들을 어떻게 하면 좋겠냐고 하소연을 했습니다. 초등학교 1학년 아이가 엄마와 입씨름을 하고 엄마가 뭐라고 한 마디 하면 바락바락 소리를 지르며 대든다는 것입니다.

"장난감 정리 좀 해라."

"엄마는 설거지도 제대로 안하면서. 엄마부터 먼저 하세요."

"숙제 좀 해라."

"싫어요. 놀다가 이따 할 거야."

엄마가 무슨 말을 해도 말대꾸를 했고, 야단을 치면 싸울 기세로 대들어 애가 감당이 안 된다고 합니다.

어느 날,

아들이 자지 않고 컴퓨터 게임에 몰두하길래 엄마가 야단을 쳤지만 아들은 쳐다보지도 않고 신경질을 냈습니다.

화가 솟구쳐서 남편에게 소리칩니다.

"아들 좀 야단쳐 봐요. 당신은 도대체 뭐하는 사람이야."

아빠가 아들을 불렀습니다. 아들은 고개도 안 돌리고 대답합니다.

"왜요?"

"이제 자야지"

해도 아들이 들은 척도 하지 않아 아빠가 다시

"내일 일찍 일어나 학교 가야 하니 자라."

아이 입에서 나오는 말

"에이 씨."

아빠가 화를 못 이기고 달려가 아이를 한 대 때렸더니 아이 입에서

"왜 때려. 엄마한테 이를 거야. 시발." 하더랍니다.

엄마가 게임광이었고 불면증과 우울증이 있는 가정이었습니다.

엄마가 가정에서 휘두른 언어폭력과 거친 행동을 보고 자란 아이였기에 당연한 결과가 나온 것입니다.

정도를 벗어나 심하게 말대꾸를 하는 아이를 보면, 가정에 정서적으로 문제가 있어 욕구불만이 가득차 일단은 반항해봅니다. 아빠에게까지 그런 행동을 하는 것은 아버지의 권위가 바닥으로 곤두박질친 경우입니다.

부모와 아들의 갈등을 완화시키고 아들을 변화시키기 위해선 부부의 생활 태도와 부부 관계 개선부터 먼저 하라고 조언을 했습니다. 엄마의 아이 아빠에 대한 공격적인 생활 태도부터 고치고, 아빠의 권위를 세워 주라고 상담을 해 주었습니다. 그리고 부모부터 밤에 일찍 자고 아침에 일찍 일어나 가족 아침 식사를 챙기라고 했습니다. 엄마에게 정신과 치료를 권했고 아이의 마음속에 내재되어 있는 아픔이 무엇인지 찾아보라고 했습니다.

그 가정은 상담을 받고 가족 모두의 생활 태도를 고치면서 가족애가 살아난 예인데, 일차적으로 부모가 자신의 잘못을 인정하고 개선하고자 노력했기 때문에 상담과 치료가 성공할 수 있었던 예입니다.

아내가 남편을 허수아비로 만들면 남편은 가정에서도, 바깥 생활에서도, 주눅 들고 분노가 일어 하는 일마다 잘 풀리지 않고, 실패하는 경우가 많아질 수도 있다. 아내는 남편이 많은 단점을 가졌더라도 극복하고 가정에서 존중받는 아빠가 될 수 있도록 노력하여야 한다.

여자는 아내로서, 엄마로서, 딸로서, 며느리로서, 직장인으로서 해야 할 일이 너무 많다. 힘들어도 해내야 하는 것이 운명이다. 안주인이 행복하면 집안의 모든 일들이 술술 풀릴 뿐만 아니라 자녀들도 당연히 밝고 씩씩하게 잘 자라게 된다. 이런 부모가 자녀들이 유쾌하게 성공의 지름길인 고속도로를 찾아 달릴 수 있는 톨게이트를 찾아줄 수 있다.

아빠가 존경받는 가정을 만드는 아내

산업화가 급속히 이뤄지기 전 또는 아내의 지위 향상이 높아지기 전에는 자녀 진로 결정, 자녀의 결혼 결정, 경제권 등이 아버지에게 집중되어 있었다. 아버님에서 아버지를 거쳐 아빠라고 불리는 세대로 오면서 대부분의 아빠는 돈을 벌어 오는 하숙생으로 전락했고, 결정권들은 아내에게로 넘어갔다. 아빠는 오직 돈을 잘 벌고 사회적 지위 상승을 하면 된다. 나머지는 엄마가 정보력과 발 빠른 실천력으로 자식들의 목적을 달성하기 위해 뛰어다닌다.

가정에서 아이들이 커 가면 커 갈수록 아빠를 통한 올바른 가치관과 사회생활의 패턴을 자연스럽게 익혀갈 수 있도록 해야 한다. 엄마가 아무리 종종걸음으로 자녀들 교육에 전념해도 아빠가 자녀에게 무관심하면 교육의 효과가 제대로 발휘되지 않기 때문이다.

어떤 아빠들은 집안일에 무신경하다가 아이가 고3 수험생이 되면 어쩌다 아이들 공부를 점검하고, 기대에 부응 못한 결과에 화를 내며 평지풍파를 일으킨다. 아기 때부터 엄마의 관심과 교육에 길들여진 자녀들은 아빠의 말을 한 귀로 듣고 한 귀로 흘러 보내는 태도를 보이거나, 갈등이 심해지면 비행 청소년이 되어 가출을 감행하기도 한다.

내가 아는 어르신 아들이 판사가 되었다고 합니다.

판사 아버지는 난봉꾼으로 다른 여성을 트럭 옆자리에 태우고 술에 취해 운전하다가 교통사고로 돌아가셨는데, 어머니는 아들에게 늘 아버지가 좋은 분이었다고 말씀하셨다고 합니다. 돌아가신 아버지는 훌륭한 사람이었으니 너도 훌륭하게 자라야 한다고 남편을 두둔했다고 합니다. 이후 그 아들은 법관인 판사가 되었고 지금은 변호사로 활동하고 있습니다. 그는 현직에 있을 때도 존경받는 사람이었습니다. 훌륭하다고 생각한 아버지가 정신적인 지주였던 셈입니다.

가정이 행복하게 운영되기 위해서는 어머니의 역할과 책임도 중요하지만 아버지의 역할이 매우 중요하다. 아버지가 존경받는 가정의 자녀들이 반듯하게 잘 자라 성공의 문을 열게 된다. 남편이 완벽하지는 않더라도 존경받을 수 있는 인격과 기량을 갖췄으면 매우 기쁜 일이나, 만약 장점보다 단점이 많다고 하더라도 남편의 단점을 지혜롭게 보완하여 사회에서는 인정받고 집에서는 아이들로부터 존경받도록 해야 행복한 가정, 성공적인 가정이 될 수 있는 것이다.

아버지가 바쁘고 자녀교육에 신경을 못 썼더라도 존경받는 분위기에서는 절대로 자녀들이 아버지에게 함부로 행동하지 않고, 가출을 생각하지 않고, 비행청소년이 되지 않는다. 남편들이 뭔가를 잘못했을 때 자녀들에게 아빠의 잘못을 적나라하게 얘기하지 않는 것도 한 방편이다. 엄마가 아빠를 책임 추궁하는 모습을 자녀들이 보고 자라면 자녀들 마음속에 아빠처럼 되지 말아야지 하는 생각이 은연중에 내재되어 아빠의 말이 아이들에게 먹혀들지 않는다. 또 아빠의 행동에 문제가 있을 때 엄마의 푸념이나 하소연 등으로 아빠의 결점들이 자녀에게 은연중에 전달되고, 남의 떡이 더 커보이듯이 자녀들 눈에 주변의 다른 아빠들이 더 훌륭하게 보일 수 있다.

부모의 단점이 뇌리에 박히게 되면 부정적인 마인드가 강하게 형성되고 반항의 씨앗이 싹트게 된다. 사춘기가 되면서 사고력과 판단력에 문제가 발생할 수도 있게 된다. 부모에 대해 부정적인 이미지가 강하게 형성된 아이들은 마음을 보듬어 줄 대화 상대도 없고 삶의 길잡이가 되어주는 가장 큰 멘토 역할을 할 사람을 잃은 것이다.

부모의 말이 귀에 들어오지 않게 되면 가족 간에 불신이 증폭되고 가정이란 배가 심하게 흔들리게 된다. 긴긴 인생행로에 가정이란 배가 순항을 하려면 서로 존중하고 아끼는 풍토가 형성되어야 한다. 아빠들도 사회생활로 바쁘고 하루하루가 고달프더라도 자녀들에게 모범을 보이고 가족 구성원들이 서로 신뢰를 쌓을 수 있도록 노력해야 하는데, 간혹 아빠 역할이 서툴 수가 있다. 그럴 때는 아내가 힘을 보태주어야 한다. 친구 같은 아빠, 비빌 언덕이 되어주는 아버지, 인생의 길잡이가 되어주는 선배가 되어 아이들 마음속에 좋은 아버지상이 심어질 수 있도록 도와야 한다. 그것이 가정의 평화를 가져오고 자녀들을 성공으로 인도할 수 있는 길을 열어 주는 핵심이다.

자녀가 험한 길을 가게 될 때, 제대로 가야 할 길을 잡아 줄 수 있는 부모가 되어야 한다. 그러자면 존경하는 아빠의 말 한 마디는 어떤 보약보다도 효과가 확실하다.

왜 아빠의 말이 효과가 더 좋으냐고 따져 물을 수도 있다. 엄마의 말도 중요하지만 엄마는 아빠보다 늘 자녀와 함께하며 잔소리를 많이 하게 되므로 아무리 좋은 말을 많이 해도 귓등으로 스쳐버릴 수 있다. 그러나 아빠와 조용히 마주앉아 심도 있게 토론하고, 인생 선배로서 자녀의 앞날에 부딪치게 되는 어려움을 헤쳐 나갈 수 있도록 진심어린 지침의 말을 들려주는 교육은 엄마의 말과는 분명 차이가 있다.

나는 딸에게 늘 해주는 말이 있습니다.

아빠는 너에게 큰 키와 먹어도 살찌지 않는 우성 유전인자를 물려줬다.

아빠는 신이 아니기에 잘못이나 실수도 있지만 정도에서 벗어나지 않는 사람이다.

아빠는 이 사회로부터 존경받아야 하는 도덕적인 사람이다.

아빠는 삶을 정직하고 살아가시는 분이다.

아빠는 술, 담배, 여자, 도박을 가까이 하지 않는 점잖은 분이다.

아빠는 직장과 가정에서 모든 생활을 부지런하고 성실하게 하시는 분이다.

아빠는 효자다.

아빠는 외가 친척들을 아끼고 도와 엄마 마음을 편하게 해 주신다.

아빠는 너의 기저귀를 매일 손수 빨았던 분이다.

아빠는 엄마의 해산바라지와 외할머니 병간호를 오랫동안 하신 분이다.

아빠는 가족 사랑이 최우선인 사람이다.

아빠는 인내심이 강한 사람이다.

세뇌교육 시키듯이 어릴 때부터 지금까지도 늘 해주는 말입니다.

남편이 미울 때도 있지만 남편도 내가 미울 때가 없겠습니까. 서로 장점을 바라보며 사는 거지요.

자식을 키우면서 재능의 강점이 무엇인지 찾아서 키우면, 강점이 커지는 만큼 약점은 절로 쪼그라듭니다. 또한 자녀의 장점을 크게 성장시켜 성공적인 삶을 살 수 있듯이 남편에게 느꼈던 서운한 감정은 버리고 장점들을 부각시켜 좋은 점만 바라보면 저절로 존경심이 우러나옵니다.

자식의 성공은 부부가 서로를 아끼는 모습을 보이며 자녀에게 정성과 사랑 그리고 희생에 혼을 불어넣어 만들어 낸 예술입니다.

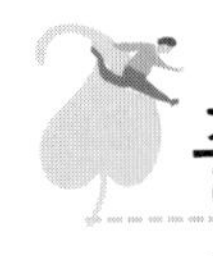

출세 지향적인 남편의 역할을 대행하는 아내

결혼 당시 평직원이나 대리인 남편이 임원까지 올라가는 길을 생각해 보자. 평직원에서 임원까지 올라가는 기간이 20여 년이 넘어야 한다. 20년이 넘도록 별 보기 운동을 해야 한다는 말이다. 출세하고자 하는 남편은 일과 인맥 관리로 24시간이 모자란다. 거미줄 같은 인적 네트워크를 만들자면 자녀교육에 앞서 사회적 대인관계와 술에 애정을 쏟아야 한다.

한국 사회는 묘하게도 술로 하루를 마무리하는 경우가 많다. 회사 내 상사나 거래처 또는 직간접 영향을 미칠 수 있는 위치의 사람들에게 아쉬운 소리를 하기 위해 아부아첨이란 양념을 뿌리려면 맨 정신으로는 힘들 것이다. 쉰다는 것은 사치에 가깝기 때문에 달력에 표시된 주말을 잊어야 한다. 주말을 챙겨 먹다 보면 챙겨 먹은 만큼 무능력자가 되고 만다. 새벽에 하늘을 보지 않으면 잘못한 것도 없으면서 불안하다. 자녀들 얼굴을 잊어버린다. 아이는 청소년이 되었지만 아빠의 얼굴보다 아기 때 추억밖에 생각나지 않는다.

이처럼 출세 지상주의로 임원이 되었을 때, 원하는 것을 성취했다고 하지만 그것 역시 편한 자리가 아니다. 새벽 동이 트기도 전에 직원들보다 먼저 출근하여 다음 날 새벽까지 만나야 할 사람들을 만나서 술자리라는 2차 업무를 하고 곤드레만드레가 되어 집이란 곳에 잠시 들어와 눈을 붙인 뒤 어김없이 아침 회의에 참석해야 한다.

임원은 자신의 업무에 성과를 올리고 회사에 미래 발전적 비전을 제시하려면 다양한 책과 다양한 강좌를 접해야 한다. 사회, 정치, 경제, 문화, 종교 등의 각 분야의 사람들을 만나 현실감 있는 현장 얘기들도 들어야 한다. 그러므로 가족과 함께 해야 하는 시간이 많지 않다고 보면 된다.

회사에서 임원 가족에게 혜택을 많이 주는 만큼 남편은 회사에서 주는 혜택 이상의 성과를 내야 한다. 회사에서 주는 돈 이상으로 능력 발휘를 못하면 가만히 두지 않는다. 회사에 만족할 만큼 성과를 내지 못하면 직장이 댕강 날아갈 수도 있다. 그것이 경제 법칙이다. 그만큼 직장생활은 살벌하다.

남편의 사회생활이 그러함에도 대부분의 아내들은 남편이 돈 많이 벌어오고, 승승장구 진급하여 높은 직책으로 오르기를 바란다. 일찍 귀가하여 아내와 아이들 교육도 완벽하게 챙겨주고, 가끔은 가족을 위해 이벤트도 해주며, 처가 경조사도 잘 챙기는가 하면, 가족 여행도 하며 간간이 콧바람도 쐬게 해주기를 바란다. 그런데 그건 꿈이다.

물론 일과 가정 모두 성공시키는 슈퍼맨들도 있다. 사회생활도 잘해서 최고 봉우리로 올라가고 가정에서는 존경받는 가장도 있다. 그렇지만 능력이 탁월한 일부 사람들 얘기다. 1%의 선택받은 사람들이다.

출세지향적인 남편을 선택했고 남편이 출세하기 원한다면 남편 얼굴을 지갑 속에서나 볼 각오를 해야 한다. 그 말은 태어날 자녀들도 아버지 구경을 자주 못하는 자식으로 자란다는 말이다.

남편이 출세하면 아내로서 받는 혜택도 많다. 회사에서 좋은 차와 더불어 운전해 줄 사람까지 챙겨 주고, 일반 회사원들이 평생 모아야 하는 돈을 1년, 2년 안에 받아 챙기고, 어디를 가도 사모님 소리 듣고, 좋은 음식 먹고, 좋은 마사지를 받고, 비싼 회원권을 구입하여 골프장에서 멋지게 폼도 잡아볼 수 있다. 백화점에서 명품 코너를 돌고, 아이들에게는 마음껏 족집게 과외를 시킬 수 있다는 말이다.

그렇지만 외롭다. 삶이 허망하다.

이런 생각이 들기 시작하면 우울증이나 조울증에 걸릴 수도 있다. 모든 고충을 이겨내고 자녀들에게 아버지의 부재를 이해시키고 화목한 가정을 꾸릴 자신이 있으면 결혼하고, 남편이 밤늦게 들어와 자녀교육을 함께 고민하지 않는다며 불평불만을 일삼아 가정이 화평하지 못해 자녀교육을 성공시킬 자신이 없다면 결혼을 고려해 보는 것이 좋을 듯하다.

결혼에 앞서 남편과 내가 원하는 삶을 함께 할 수 있는가를 바로 파악해야 한다. 내가 슈퍼우먼이 아니듯 남편도 슈퍼맨이 아니다. 자신은 모든 것을 갖추지 못하면서도 남편은 모든 것을 갖추기를 원하고 자신의 부족한 모든 것을 채워 주기만을 바라면 안 된다. 나에게 장점이 있듯이 남편도 장점이 있고, 내가 단점이 있듯이 남편도 단점이 있다.

부부란 서로 돕고 이해하고 보태며 살아야 한다. 서로 탓하며 야금야금 할퀴고 상처를 내면 어느 시점에서 화가 콧구멍 목구멍으로 치밀어 올라오기 시작하여 결국 상처가 곪아 터지게 된다. 그렇게 되면 자녀들은 부모가 받은 상처의 몇 배의 고통을 받아 불행이 싹트게 된다. 이렇게 상처 받은 아이들은 자라면서 부모에게 복수하듯이 말썽을 피우게 된다. 문제아 뒤에는 문제부모가 있으므로 결혼하기 전에 꼭 부모교육을 받아보고 내가 감당할 수 있는 배우자를 선택해야 한다.

배우자를 선택할 때, 서로의 사회생활에 불만 없이 흔쾌히 동참하고 참아낼 수 있는지 알아보고 결정해야 후회 없는 인생을 살 수 있다.

여자들이 배운 만큼 자아성취를 위해 일에 매달리듯이 대부분의 남자들은 여자보다도 더 강렬하게 출세, 권력, 명예를 위하여 또는 이 모든 것을 떠나서도 먹고 살기 위한 방편으로 일에 매달려 살고 있다. 아내를 행복하게 해 주고 싶고, 자녀들을 잘 키우고 싶어서 또는 자신의 성취 욕구로 밤낮을 가리지 않고 일에 매달려 사는 남자들이 이 사회를 이끌어 가고 있다.

부지기수의 남편들이 사업 또는 상사에게 충성을 다하고자 낮에는 일에 매달리고 밤에는 인간관계를 돈독히 하기 위해 사람들과 술에 매달린다. 사람들을 이리떼처럼 몰고 다니는 불쌍한 남편들을 보며 이 사회의 모순된 현상이라고 말하면서도 개선하기 힘든 사회 구조라고 체념한다. 남편들은 아내와 자녀들과 합의도 없이 관례적·습관적으로 거리를 배회하고 있다. 사무실로 가득 찬 도심 안 특성에 맞게 밤에 넥타이 부대들과 여성들이 술 냄새를 풍기며 2차, 3차 술집을 찾아 기웃거리며 거리를 헤맨다. 밤 문화도 시간이 모자라 조찬 모임까지 하며 사회생활을 유지하는 현실 속에서 밤거리를 배회하며 몰려다니는 사람들을 이해하지 못하는 것은 아니다.

이처럼 실질적으로 조직 문화에서 이탈한다는 것은 힘든 상황이다. 조직관계에서 혼자 빠져 나오면 뒤통수가 근질거릴 수밖에 없다. 직장생활에 적응하며 굴러 굴러 간다는 것이 힘들고, 한 단계 한 단계 진급해 올라가는 일이 버겁기 마련이다. 이 삭막한 경쟁 세계에서 패자가 되지 않기 위해 용을 쓰다 보면 지치는 마음을 술의 힘을 빌려서라도 잊고 싶을 것이다.

밤늦도록 술집을 헤매던 남편들이 승승장구 승진을 하고 돈을 벌고 권력을 잡았어도, 어느 날 자신의 모습을 내려다보며 초라하고 외로운 늙은 들개 한 마리가 되어 있다는 사실을 깨닫고 서글퍼진다면 성공적인 인생이 아닌 실패작이다. 더군다나 그토록 열심히 살았는데 자식 농사를 망쳐버렸다면 더 허탈하다. 어쩌면 자식 농사의 성공이 더 행복한 삶의 목적이 될 수도 있다. 자녀가 성인이 되면 자식을 내려놓으라고 단호하게 말하여 강연장에서 박수를 받기도 한다. 그런데 현실적으로 부모가 자식의 불행을 마음 편하게 바라본다는 것은 어불성설이다.

매일 저녁식사를 같이 하며 하루 일과를 잠자리에서 같이 정리해 보는 남편과 가정을 꾸릴 것인지, 사회·국가의 남자로 일하는 남편을 두고 자녀교육과 가정의 온갖 일들을 혼자 처리하며 씩씩하게 살아갈 것인지, 한 번쯤 생각해 보는 것도 좋을 듯하다. 출세 지향적인 남자와 행복하게 백년해로하며 자식 농사를 성공시킬 자신이 있는지 심사숙고하고 아이를 낳아야 실패가 없다.

내 성공이 기쁨 하나라면 자식 성공은 기쁨이 무한대다.

철의 여인, 워킹맘

예전에는 남자의 대학 진학률이 월등히 높았지만, 지금은 남자와 여자 차이가 별로 나지 않는다. 공무원이나 교사 합격률에서 여성이 앞서는 경우도 있다. 예전만 해도 군대에 여자는 간호 장교밖에 없었는데 지금은 군대를 지원하는 여성들이 많아지는 추세다.

얼마 전에는 공군사관학교 수석졸업자에게 주어지는 대통령상을 차석인 남학생에게 주려다가 번복하여 여학생에게 주는 해프닝이 있었다. 1997년부터 선발한 공군사관학교에 여자 지원자들의 경쟁률이 높을 뿐만 아니라 수석졸업을 몇 년째 여성들이 차지하는 등 자아실현을 위해 여성들이 막강한 힘을 발휘하고 있기 때문이다.

시대에 뒤떨어진 발상으로 아내는 집에서 살림만 하고 남편은 가정경제를 책임져야 한다는 의식으로 살아가다 보면 어려움에 봉착할 수도 있는 게 요즘 현실이다. 돈이 너무 많이 쌓여 숨을 못 쉴 정도의 재력가 집안이나 아이들 사교육비를 전적으로 책임질 수 있을 만큼 수입이 많은 남편을 둔 가정이 아니라면, 맞벌이는 필수다. 또한 경제적으로 힘들지 않더라도 여성들의 학력이 높아지는 만큼 자아실현을 위해 직장생활을 선호하는 엄마가 늘 수밖에 없다. 남편보다 능력 있는 아내들이 예전에 비해 증가하는 추세다.

그런데 직장생활을 하는 엄마는 인간을 넘어선 기량을 발휘해야 한다는 어려움이 있다. 가정에서는 살림을 해야 하고, 직장에서는 남자들과 경쟁을 해야 하며, 자녀들도 남부럽지 않게 키워야 하는 것은 기본이다. 남편과 나와 아이가 함께 성공의 문을 열기 위해서는 인간의 능력으로서는 감당하기 힘든 삶을 살아야 한다(나 역시 맞벌이를 하면서 잠을 충분히 자 본 기억이 손가락으로 셀 정도로 허둥지둥 살아 봤기에 워킹맘의 애환을 누구보다 잘 안다).

맞벌이 남편은 직장 한 곳이지만, 아내는 직장과 가정 두 곳에서 모두 완벽히 일 처리를 해야 자녀들이 안정된 성장을 할 수 있다.

엄마들이 직장생활을 하는 것은 자아실현뿐 아니라 남부럽지 않은 자녀 양육을 하기 위한 경제적 발판을 마련하기 위함인데, 오히려 일에 치여 자녀교육에 소홀해 지기도 한다. 맞벌이를 할 경우 여자는 임신과 육아 문제로 더 많은 고민을 하게 되고, 육아 후에는 교육 문제에 이르기까지 해결해야 할 과제가 산적해 있다.

제대로 된 양육정책과 교육정책 없이는 아이를 낳아 키울 수 없는 것이 작금의 현실이다. 아이 잉태에서부터 아이가 성인이 될 때까지 정부에서 책임을 지는 제도가 없으면 아이를 낳는다는 것이 현실적으로 힘들다. 정부에서 아이들이 성인이 될 때까지 책임을 질 수 없다면 아이를 더 낳으란 계몽을 하면 안 된다. 아이를 낳으라고 권하기 전에 정책 수립이 선행되어야 한다.

직장생활을 시작하면서 딸을 동네 어린이집에 보냈는데 어린이집 환경이 너무도 열악했습니다. 26년 전 얘기니 지금은 그런 열악한 환경의 어린이집이 없을 것이란 생각이 듭니다.

딸은 선천적으로 천식이 있고 폐가 약한 아이였는데 단체 생활로 인해 감기가 떨어지지 않고 자주 아팠습니다. 아이가 아프면 직장 일을 모두 제쳐놓고 아이를 데리고 병원으로 달려가야 했고 며칠씩 결근을 해야 했습니다. 직장생활을 계속할 수가 없었습니다. 결국 딸을 위해 유아교육 공부를 했고 내 손으로 어린이집을 만들어 딸과 동네 아이들을 돌보았습니다.

그런데 모든 엄마가 나처럼 어린이집을 운영하며 자녀를 키울 수 없지 않겠습니까?

맞벌이 가정 아이들은 초등학교에 가서도 문제가 대두된다.

부모 참여 교육이 많다. 부모 참여를 제한하는 학교에서도 몇몇 전업주부 엄마들의 극성에 맞벌이 자녀들이 상처를 받기도 한다. 우리나라 교육 제도에서는 중·고등학교에 가서도 경제력이 빵빵하고 직장생활을 하지 않는 엄마들이 발로 뛰며 얻은 정보력으로 자식을 대학 문턱까지 끌어 올린다. 직장생활을 하는 엄마는 직장에서 일을 하는 틈틈이 여기저기 검색을 하고, 같은 반 엄마들에게 부탁을 하여 학원을 알아봐야 하고, 실력 있는 아이들과 같은 그룹이 되어 공부할 수 있도록 통사정을 해야 한다. 또 진학을 위한 정보를 얻기 위해 귀동냥을 해야 하고, 공휴일에는 가족은 물론 시댁과 친정을 챙기고 집 안의 밀린 일들을 황소처럼 해내야 한다.

직장을 다니는 주부는 지친 몸과 정신을 달랠 시간이 없다. 언제나 전전긍긍 종종걸음을 쳐야 한다. 아이를 가진 직장 여성들은 사람으로서 감당하기 힘들 정도로 철의 여인으로 살아야 이 시대의 흐름에 맞는 아이 키우기에 성공할 수 있다. 맞벌이 자녀들 중에 성공하는 아이들을 관찰해 보면 역시 부모의 관심과 지지를 전폭적으로 받았음을 알 수 있다.

일에 치여 사는 부모를 둔 아이들은 관리가 되지 않아 기초 학습이 제대로 형성되지 않는다. 공부에 기초가 없으면 휙휙 지나가는 학교 교육을 따라가지 못하고 공부에 흥미를 잃어버린다. 부모가 먹고 사는데 급급하여 자녀교육에 미처 신경을 쓰지 못하기 때문에, 아이는 자신에게 맞지 않는 교육을 받으며 학창 시절을 보내게 된다. 특히나 가난한 맞벌이 가정의 아이들이 이런 길을 따라 낙오자로 살아가고 있다. 가난이 대물림되는 것을 막을 교육정책이 나와야 기분 좋게 보름달 같은 아이들을 쑥쑥 낳을 수 있지 싶다.

다시 한 번 말하지만 아이들이 잉태되는 순간부터 성인식을 하는 날까지 정부에서 책임지고 관리를 해 줘야 한다. 사교육 없이 대학에 진학할 수 있어야 하고, 어린이집부터 고등학교까지 공교육이 바로 서야 한다. 엄마들의 정보력과 부모의 교내활동 충성도에 따라 학교 생활기록부가 화려해지고, 대학졸업 후 취업을 할 때도 요령 좋게 끈 따라 스펙을 쌓고 연줄로 인턴 과정을 밟고 채용되는 일들이 없어져야 한다. 그래야만 직장에 매여 있는 엄마들이 편안한 마음으로 일을 할 수 있고, 아이들도 몸과 마음이 건강하게 자랄 수 있다.

고개 숙인 가장을 일으켜 세우는 아내

세계경제가 곤두박질치면서 실직하는 남편들이 점점 많아지고 있다. 남편이 실직 후 새 직장을 잡지 못하면 맞벌이를 하던 가정은 충격이 덜하지만, 아내가 전업 주부였던 가정은 남편 대신 아내도 돈을 벌어야 하는 당혹스러운 현실에 봉착한다. 돈 벌러 나가 보면 남편들이 그동안 돈 버는 것이 얼마나 힘들었는지 알 수 있다. '남편이 무능력해서 내가 지금 쌩 고생하고 있다' 가 아니라 그동안 남편이 쌩 고생한 덕분에 내가 참으로 편하게 살았다는 것을 알게 된다.

실직하거나 명퇴한 남편보다 사업으로 쫄딱 망한 남편을 둔 가정에 닥쳐오는 불화는 더 심각하다. 부도의 충격은 알거지가 되었다는 것이다. 당장 의식주를 해결해야 하는 심각한 경제적 위기에 봉착한 것이다. 아내가 급한 대로 할 수 있는 일이란 만만한 게 식당일이다. 집에서 밥 하고 반찬 하던 솜씨를 발휘할 수 있는 곳이 식당이다. 처음에는 아침부터 밤 12시까지 식당 보조 일을 해야 한다.

핵가족인데다 사업하는 남편은 늘 밖에 있는 사람이라 집에서 밥 먹는 날이 없었고, 애들은 아침에 학교에 가고 방과 후 학원에 갔다가 밤 늦게야 귀가하므로 집안일의 양이 많지 않았다. 종종걸음으로 하는 식당 보조일은 가정에서 늘 해오던 일에 비하면 몸살이 오도록 힘들다. 그런 와중에 실의에 빠진 남편에게는 우울증과 조울증이 와서 의지력도 자제력도 소진되기 쉽다. 만사에 아내나 자녀들에게 충동적으로 화풀이를 하게 된다. 분노 절제가 되지 않아 술을 방패삼아 폭언도 서슴지 않는다.

이럴 때 이론적으로는 남편을 보듬어 줘야 된다는 것을 알면서도 아내 역시 몸도 마음도 지쳐가는 중이라 견디기 힘들다. 가정이 파탄의 길로 가기 쉽다. 이때 자녀들도 같이 방황하게 된다. 힘들지만 고비를 넘겨야 한다.

남편이 억지소리를 하고 폭언을 할 때, 그 말들을 절대 가슴으로 받아들이면 안 된다. 지금 내 남편은 정신이 아프다. 몸이 아프면 병원에 가고 요양원에서 쉬듯이 정신이 아픈 남편도 전문가 상담을 받거나 잠시 휴식을 할 수 있는 곳으로 가서 자신을 추스를 시간을 주어야 한다. 한없이 왜소해져 가는 남편을 비난하지 말아야 한다. 세상에 대한 남편의 분노와 울분을 삭혀내고 다시 안정감을 찾아 재기할 수 있도록 해야 한다. 남편이 다시 일어서야 아이들도 학업을 중도하차하지 않는다.

남편이 실직을 했을 때, 평소 잉꼬부부로 지내던 가정에서도 쉽게 벌어지는 현상이 있다. 가장이 실직을 하면 아내가 처음에는 남편에게 용기를 북돋아 주며 밥도 세끼 꼬박꼬박 챙겨주지만, 시간이 흐르고 남편의 재취업이 힘들어진다는 것을 알게 될 쯤에는 아내도 자기모순에 빠지게 된다. 남편의 무능이 미워지고 그동안 누렸던 안정감이 깨지면서 초조하고 불안해지기 시작하는 것이다. 가족 모두 행복하려면 끝까지 지혜로워야 하는데, 서서히 할퀴는 말이 나오기 시작하다가 결국 가정 파탄까지 가는 경우가 있다. 아내는 남편으로부터 따뜻한 말 한마디와 진심 담긴 포옹을 원한다.

"당신, 아이들 키우느라고 고생했소."
"시부모 눈치 보느라고 맘고생 많았지."
"손이 많이 거칠어졌네."
"고마워요!"

남편의 말 한마디에 웃고 우는 것이 아내다. 남편들도 마찬가지다. 강한 척할 뿐이지 늘 따뜻한 말이 고픈 것은 남편도 같은 마음이다.

"내가 일터에 나가 보니 당신 그동안 고생 많았습니다."
"당신이 얼마나 힘들었는지 알 수 있습니다."
"당신을 잘 이해하고 당신에게 감사하도록 신께서 기회를 주신 것 같습니다."
"여보 고마워요."
"여보, 내가 벌고 있으니 걱정하지 말고 휴가라고 생각하세요."
"그동안 고생했어요."

"당신은 최선을 다한 거예요."

위로의 말이 가장 필요한 시기다. 남편이 실직을 하고 휘청거릴 때, 아내의 처방에 따라 자녀의 운명도 같이 움직인다. 아빠가 무너지면 가정과 더불어 아이들까지 휘청하여 그동안 자녀교육에 열의와 정성을 다했던 것이 한순간에 어긋날 수 있다.

위기를 항상 기회로 만들어야 성공한다. 인생의 고속도로를 120km로 달리던 차가 80km로 달릴 수도 있고, 지방도로 우회전할 수도 있고, 최악의 경우는 차가 뒤집힐 수도 있다. 변함없이 고속도로에서 안전하게 달릴 수 있도록 용기를 내고, 용기를 줄 수 있는 것이 아내의 따뜻한 사랑이다.

용기와 사랑을 줄 수 있는 말과 더불어 남편의 고뇌를 한 번쯤 안아 줄 수 있는 아내가 되어야 노후에도 행복할 수 있다.

가장의 불안을 보듬어주는 아내

남자들은 강인할 것 같지만 여리다. 결혼하면 남편을 의지하게 되고 남편에게 보호받고 싶은 게 여자의 마음이다. 여자는 그렇게 남편 품에 안주하고 살다가도 남편이 힘들어할 때는 치마폭을 넓혀 남편의 상처들을 보듬어 줄 자세를 갖춰야 한다. 남편의 그릇이 흔들려 깨지지 않게 품에 안아주는 것도 아내의 몫이다.

가장이 불안해하고 힘들어하면 자녀들도 덩달아 눈치 보고 주눅이 들어 어깨를 펴지 못한다. 20~30대 초보 남편들에게는 신혼의 달콤함도 잠시다. 결혼을 하고 나면 부모로부터 독립하여 아내와 장차 태어날 자녀들을 잘 키울 생각으로 마음이 가볍지만은 않을 것이다.

부모 세대는 대부분 비슷하게 가난했기에 다들 억척같이 경제 성장을 이끌어 냈다. 힘들어도 미래가 보였다. 그런데 지금은 경제를 일으킨 주역인 부모 세대가 실직을 하거나 명퇴를 하고 노후 걱정을 하게 된 가정이 많다 보니, 젊은 세대 남편들의 고민이 더 깊어질 수밖에 없다. 지금 2030세대 젊은이들은 자신의 가정은 물론이고 부모 세대까지 책임져야 할 수도 있다. 부모 세대들처럼 고생을 경험하지 않아 미래가 더 두렵고 불안할 것이다.

1. 2030세대의 불안을 들어보면

첫째는 경제생활에 대한 불안이다.

전세금 절반을 빚으로 떠안거나 과중한 월세 부담을 안고 결혼해야 한다. 빚을 갚거나 월세 부담에서 벗어나기 힘든 상황에서 아이는 낳아야 하는데 걱정이 앞설 것이다. 요즘 돈 잘 버는 연예인들은 혼전 임신을 뿌듯해 하며 신혼집 자랑을 하는데, 없는 이들은 그것을 보며 침이 마르고 목구멍이 탄다. 방송 이후 달린 댓글들을 정리해 보면

- 부럽다.
- 목구멍에 뭐가 걸린 듯 울컥해진다.
- 연예인들은 게임하고 운동하듯 뜀박질만 해도 돈 번다.
- 결혼하고 피임을 한 지 벌써 몇 년째고, 맞벌이를 해도 통장에 남는 돈이 늘어나지 않는다.
- 봄이 되면 집주인이 전세 보증금을 인상한다고 한다.
- 넌 전세라 좋겠다. 난 월세다.
- 부모님께서 집장만 할 때 낸 대출 연체금이 늘어간다. 이자를 아내 몰래 내주고 있다. 한숨을 들이쉬고 내쉬지만 숨이 막힌다. 아

내에게 미안해서 말도 못 꺼내겠다.

- 신문 기사를 보니 도로 밑에 땅굴을 파고 석유를 훔쳤다고 하는데, 나도 땅굴을 파고 은행을 털고 싶다.
- 뺑 돌면 하마들고 달려갈 수도 있다.
- 나는 부모가 강남에 집을 사줬다.
- 초등학교 동창 놈은 강남에 5층 빌딩을 갖고 있다. 젠장.
- 빨리 이건희 자식들처럼 재벌이 되고 싶은데, 크하하하.

위 내용을 분석하면 인간의 탐욕과 극한으로 갈라진 사회현상을 보는 것 같다. 태어날 때부터 돈을 거머쥐고 출발한 사람이나 돈 없이 출발한 사람이나 돈에 대한 욕구는 한계가 없는 것 같다. 요즘 같은 불경기에 서민의 자녀들은 점점 사는 게 팍팍해지고 앞날이 불안하여 욕구불만이 더 강해지는 것도 같다.

둘째는 업무에 대한 불안이다.

급변하는 현대 사회에 발맞춰 열심히 따라간다. 그런데 나도 언젠가 무능한 과장님처럼 변화되는 업무를 따라가지 못할 수도 있다. 그리고 자영업을 하는 사람들은 언제 더 큰 괴물 같은 체인점이 들어올지 불안하다. 체인점 소속 점주들은 또 언제 본사에서 트집을 잡아 인테리어를 다시 손보라고 하거나 매상 저조를 문제 삼아 납품 단가를 올릴지 불안하다.

셋째는 건강에 대한 불안이다.

팔팔할 나이에 웬 엄살이냐고 면박을 줘도 어쩔 수 없다. 건강에 자신이 없다. 언제부턴가 속이 쓰리고 트림이 나온다. 조금만 마셔도 설사가 나오고 가슴이 답답하다. 명치가 아프고 방귀가 시도 때도 없이 나온다. 아침에 일어나려니 누군가 밤새도록 때리고 간 것처럼 몸이 뻐근하고 아프다.

지하철에서 서서 졸다가 앞에 바짝 붙어 있는 아가씨로부터 성폭행범으로 몰릴 수도 있다. 잠이 쏟아져도 정신 바짝 차리고 한 시간 가까이 서 있어야 한다. 그러다 보니 무릎도 아프다. 언제부턴가 시큰시큰한 것 같다. 온몸에 무기력증이 온다.

카페인이 제일 센 커피집을 찾아 숭늉 마시듯 한 잔 해야겠다는 생각이 간절해진다. 점심은 편의점에서 삼각 김밥 하나로 때우더라도 진한 커피를 마셔야 정신 차리고 일을 할 수 있을 것 같다. 남들은 남의 사정도 모르고 밥은 싼 것 먹고 비싼 커피 처먹는다고 흉을 본다.

아, 커피가 뱃속으로 들어가니 창자가 용트림을 한다. 며칠 전 위암으로 상무님께서 돌아가셨는데, 창자가 꼬이는 듯이 아픈 것을 보니 나도 위암은 아닐까?

일만 하다가 죽을 수 없다. 그렇다고 땡땡이 치고 병원 갈 시간도 없다. 돌아버리겠다. 오늘도 회식이 잡혀있다. 간암도 걱정되지만 술이 나를 마시고 싶어 한다.

넷째는 노후에 대한 불안이다.

정년퇴직을 할지? 명예로운 명퇴을 할지?

명예퇴직, 명칭은 근사하다. 사회 흐름으로 봐서 공무원이 아닌 이상, 또는 기업회장 자식으로 선택받지 못한 이상 조기퇴직은 각오해야 한다. 그러니 준비를 해야 한다. 노후가 초라해지지 않게 24시간을 25시간으로 만들어 아이들 교육에 전념하고, 아이 총명탕을 얻어먹으면서까지 일처리를 하고, 노후에 가정에서 천대받지 않는 남편이 되려면 아내와 장모님께 열심히 충성해야 한다.

그런데 왜 모두 머리로만 그려지는 그림이 될까. 부모님들이 퇴직금을 야금야금 다 까먹었고 부모님 집은 은행에서 가져가고, 겨우 생활을 유지한다. 물려받을 집도 없이 월급으로 집장만 하려면 15년은 걸리는데. 에라이, 결혼하지 말고 살든가, 애를 낳지 말고 살든가.

2. 4050세대 불안을 들어보면

첫째는 경제생활에 대한 불안이다.

자녀들이 고등학교나 대학교에 진학하는 나이다. 늦게 결혼한 사람은 이때서야 초등학교에 다니는 자녀가 있기도 한 것이 현실이다. 돈이 쏟아져 들어간다는 말이 맞다. 요즘 문제시되는 하우스 푸어(house poor)로 전락하는 대표적인 세대다. 실직을 하거나 사업이 균형을 잃고 넘어지면 가정이 한순간에 와르르 무너질 수 있는 시기이다.

잘 나가는 가정은 가장 왕성하게 돈을 벌거나 승승장구 높은 위치로 치고 올라가며 샴페인을 터트리는 시기가 되지만, 대부분의 가정은 어떤 기로에 서 있는 경우가 많고 숨 가쁘게 자녀교육 뒷마무리를 하느라 전전긍긍하기도 한다. 또한 이 나이쯤 되면 벌어 놓은 돈도 없는데 남편들의 건강도 문제가 많아 병원을 들락거리게 되는 경우도 빈번해진다. 아내들도 건강에 적신호가 들어오고 폐경으로 인한 부작용으로 병원을 찾게 된다. 생활 구석구석을 돈으로 메워야 한다.

돈과 건강으로 가정이 원숙하게 무르익을 수도 있고, 파탄으로도 갈 수 있는 아주 중요한 시기이므로 부부간에 신뢰를 바탕으로 하는 애정 표현을 자주 해야 한다. 남편들이 사회생활도 완벽하게 해야 하고 돈과 마음도 가정에 쏟아 부어야 하는 힘든 시기이다. 자녀들도 힘들어 하며 몸 트림하는 시기이므로 남편으로서 아버지로서 과중한 등짐을 지더라도 잘 극복해야 하는 시점이다. 그런데 머리로는 다 알면서도 실행을 하지 못하고 살아야 하는 현실이 두렵기도 한 시기다.

둘째는 건강에 대한 불안이다.

아내들이 호르몬의 변화와 찰만큼 차고 올라선 화 덩어리 때문에 화기를 주체하지 못하는 시기다. 신체 여기저기 염증을 일으키며 세포 마디마디가 살려달라고 아우성치는 시기다. 남편이 아내의 비위를 건드리면 집이 날아갈 정도로 화가 치솟을 수 있다.

남편들도 예외는 아니다. 불규칙한 생활과 잘못된 식습관으로 성인병에 시달리는 나이가 되었다. 그동안 열심히 마신 술 덕분에 간도 힘들어하고 위도 살려달라고 하지만, 더 걱정스러운 것은 업무를 잘 보지 못할 정도로 기억력이 떨어져 있다는 것이다. 술배가 나온 만큼 성인병은 늘어 가는데 건강을 돌볼 여유도 없이 생활은 어제도 오늘도 내일도 똑같이 돌고 돌아간다. 머리로만 생각한다. 내가 죽어가고 있는데…….

그러면서 술 한 잔을 마시고 잊어버리려고 애를 쓴다. 어느 날 앰뷸런스가 에엥~ 울리며 달려올 수 있다. 지친 삶도 달려올 앰뷸런스도 두렵기만 한 시기다.

어떤 이들은 경제적인 문제로 밤잠을 못 이룰 때, 어떤 이들은 호텔에서 20만 원짜리 부드러운 소고기를 적당히 구워 먹었는데 창자가 뒤틀린다. 비싸고 건강에 좋다는 것으로 150년 살자고 용을 쓰는데도 명치가 아프고 소화가 안 된다. 돈도 많고 권력도 가졌는데 움켜쥔 만큼 오래 살 수 있을지 불안하기 때문이다. 돈 많은 사람도 가난한 사람도 불안하긴 마찬가지다.

셋째는 업무에 대한 불안이다.

휴대전화를 바꿔 그 기능을 다 알기도 전에 새 휴대전화가 나오고, 컴퓨터 기능을 막 익히려는데 또 새로운 기능이 첨가된다. '빠름빠름'을 강조하며 휙휙 며칠에 한 번씩 광고도 바뀐다. 도무지 변화에 따라가기가 쉽지 않다. 내가 지닌 지식과 기술이 퇴물이 된 지 오래다.

장사하는 남편도 경쟁사회에서 살아남으려면 힘들다. 옆집에서 사은품으로 이쑤시개를 내 놓길래 나는 젓가락을 주었더니 다시 옆집에서 쟁반을 돌린다. 도시락을 돌렸더니 옆집에서는 더 고가품인 커피 보온통을 무제한으로 방출한다. 나는 더 비싼 사은품을 돌릴 여력이 없다. 앞집에서는 20대 아가씨들이 최상의 품질을 외치며 손님을 끌어가는데 나는 나이만 먹어서 강 건너 불구경하듯 넋을 놓고 볼 수밖에 없다. 에라이, 머리도 몸도 안 따라 주는데 어쩌냐.

나이는 먹어가고 업무가 과중해서 기억력에도 문제를 일으킨다. 오늘 점심을 뭘 먹었는지도 생각나지 않고, 며칠 전에 누구를 만났는지 도통 생각이 나지 않는데 어쩌란 말이냐. 나이 먹은 아들 녀석은 취직도 못하는데, 이 나이에 직장이라도 다니니 살아남는 데까지 살아남아야 한다. 내일이 무섭다.

부모가 불안을 이겨내지 못하여 가정이 어수선할 때 자녀들이 체감하는 불안은 더 심각하다. 가정을 이끌어가면서 자녀교육에 도움이 되지 않는 것들은 과감히 소멸시키는 용기가 필요하다. 부모가 용기 있게 앞으로 나가는 추진력을 보여야 아이들도 힘차게 노 젓는 법을 배운다. 부모가 어려움을 극복해 나가는 과정을 지켜보며 아이들도 장차 다가오는 시련을 어떻게 극복하며 살아야 하는지 배우고 익히게 된다.

남편 그릇을 보호하는 아내의 지혜

성실하고 건실한 직장인이 최고 위치까지 오르고자 몸부림치다가 허무하게 세상을 떴다는 비보를 접했다. 초등학교 때부터 1등을 했고 최고대학의 경영학부를 졸업했다. 회사에서 동기생들보다 승진도 빨랐다. 그런데 왜 자신을 이겨내지 못하고 2살밖에 안 된 아들을 두고 극단적인 선택을 했을까.

마음에 여유를 갖지 못했기 때문이다. 곱게 자란 크리스털 그릇이 성급하게 끓는 물과 얼음물을 번갈아 맛보다가 결국 터져버린 것이다. 오직 공부만 하던 범생이가 회사에서 최고가 되고자 일에 미친 것이다. 최선을 다했는데 실적이 나쁘게 나왔고 늘 1등만 하던 남자는 저조한 실적을 감당할 힘이 없었다. 선배와의 승진 경쟁에서도 밀렸다. 가정을 소홀히 하다 보니 부부 사이 소통에도 문제가 생겼다. '가정에도 충실하지 못한 사람이 회사일도 제대로 못하냐' 는 부인의 말에 충격을 받고 극단적인 일을 저질렀다니 일반인들은 이해 못할 상황이다.

주변을 둘러보면 숨 가쁘게 계단을 올라가다가 추락하여 깨지거나 물을 담지 못할 정도로 금이 가는 사람들이 자주 눈에 띈다. 물론 우리 주변을 보면 사회적으로도 성공하여 부와 권력과 명예를 이루면서 주일에는 꼭 종교 활동을 하며, 틈나는 대로 가족들과 평온하고 화목한 생활을 하는 사람들도 있다. 외국 출장을 가기 전에 가족들 생일을 기억하고, 카드로라도 축하 메시지를 남긴다. 틈나면 휴대전화로 아내와 자녀가 무엇을 하고 있는지, 필요한 것은 없는지 챙겨본다. 일하는 아빠의 모습을 찍어 가족에게 전송도 해 본다. 이모티콘으로 꽃도 가끔 전달해 본다. 사회적인 성공도 중요하지만 행복한 가정을 만드는 데도 노력과 센스가 탁월하다.

아내들의 로망인 안팎으로 성공한 사람들의 모습이다. 모든 것을 잘 해내는 능력이 출중한 아주 극소수의 남편들이다.

결혼 이후에 남자들은 가중된 책임감으로 일에 몰두하게 된다. 바쁜 아버지는 가정에서 늘 부재상태가 될 수 있다. 가족이 아버지의 부재를 느끼게 되고 아내들이 불만에 대해 침을 튀기기 시작하면 남편의 자리도 흔들리기 시작한다. 가정이 흔들리기 시작하면 위가 위축되고 자신도 모르는 사이에 뇌세포와 심장혈관이 경직되어 간다.

아내의 불만이 가중되고 본인도 악 소리 날만큼 괴롭고 죽을 만큼 힘들면 출세 우선주의나 능력 이상으로 추구하는 활동을 내려놓아야 한다. 내 그릇이 어느 정도인지 제대로 알고 그 현실에 맞춰 적당한 선에서 타협을 해야 한다. 적당한 선에서 자신부터 내려놓기를 연습하며 가정과 직장이 저울 위에서 평행선을 그어야 한다.

어느 한쪽으로 저울이 내려가지 않도록 각자 능력과 성향에 맞는 선에서 적당히 타협을 해야 하는데, 남자들이 스스로 제동을 걸기 힘들다. 남편이 욕망을 못 내려놓고 삶이 피폐해질 정도로 살아가면 아내가 제동을 걸어야 현명하다. 그것이 남편과 자녀를 위하는 길이다.

그런데 문제는 남편을 볶으며 능력 이상의 많은 것을 요구하는 아내가 있다는 것이다. 대부분 남편의 그릇은 아내의 그릇에 짝이 맞춰져 있다. 결혼하기 전에 내 남편 될 사람이 나와 맞는지 다들 계산해보고 결혼한다. 그런데 살다 보면 남의 가정과 비교를 하며 아내가 더 욕심을 내기 시작한다.

그러나 빨리 깨달아야 한다. 그릇보다 더 많은 용량을 담아 봐야 그릇 대비 한계가 있어 넘쳐버린다. 한계점을 인정하고 어느 정도 욕심을 내려놓는 삶을 살아야 행복을 이룰 수 있다. 무작정 욕심을 내고 올라가고자 과도하게 열을 내다보면 과부하 상태가 된다. 심장마비가 오고 뇌혈관이 터질 정도로 스트레스를 받게 된다. 내화성이 없는 그릇이 벌겋게 달아올라 있으면 주변 사람에게 화상을 입히고, 터지기라도 하면 가족에게 잊지 못할 괴로운 상처를 남긴다.

현명한 아내라면 이 모든 것이 부부의 그릇만큼 이뤄진다는 것을 인정하고 가족 간의 신뢰, 사랑, 건강 등 행복추구를 우선순위에 놓아야 한다. 가족 간에 사랑이 가득한 유대감을 만들고 해낼 수 있는 범위에서 최선을 다하는 것이 중요하다. 그래야 가정에 견디기 힘든 쓰나미가 덮친다고 해도 단단한 결속력으로 가족이란 큰 그릇이 깨지지 않는다. 서로를 아껴 주고자 하는 끈끈한 가족 사랑애가, 깨지지도 새지도 않는 그릇을 만든다. 그 튼튼하고 큰 그릇에 행복을 채울 수 있다면 인생은 성공한 것이다.

생존자 증후군을 앓는 이시대 남편들

○○금융계열사에 감원 한파가 불어 닥쳤다. ××화재에 이어 ◇◇카드도 희망퇴직을 단행했다. 앞서 ○○금융계열사 중 @@생명이 올해 불황에도 인력을 줄이지 않기로 선언하면서 다른 금융계열사들도 인력을 동결하거나 감축 범위를 최소화할 것으로 알려졌지만, ××화재를 시작으로 계열사에도 인력 구조조정에 속도가 붙을 것으로 보인다.

–뉴스의 일부

심심하지 않게 올라오는 뉴스 중 하나이다. 대한민국을 들었다 놓았다 하는 회사에서 많은 직원들을 싹둑싹둑 잘라낸다고 한다. 현실이 이렇다 보니 중년의 나이뿐 아니라 이제 출발하는 20~30대 직장인들 중에도 생존자 증후군에 시달리는 사람들이 많다. 어제까지 함께 근무하던 동료와 선배의 자리가 오늘은 빈자리로 남겨져 있다. 그 빈자리를 바라보며 난 살아남았다는 안도가 아니라 나도 저렇게 될 텐데 하는 불안감으로 정신적 공황상태까지 온다.

어디 그뿐인가, 위로차 만난 직장 동료나 선배들이 실직 후 사회와 가정에서 겪는 고충을 듣다 보면 마음은 더 심란해진다. 사회에서는 등신 취급을 하고 가정에서는 아내의 구박이 시작되고 자녀들은 무능력한 아버지로 치부하더라는 것이다. 직장을 잃은 동료 선배들은 패배감이 짙었다. 그들은 결코 무능한 사람들이 아니었다. 살아남은 나보다 업무 능력이 월등했고 우수했다. 능력자들이 잘렸고 열등감과 패배감에 시달린다. 능력도 없이 살아남은 듯한 나는 어떻게 살아야 하나 착잡하다.

먼저 나간 선배들은 퇴직 후 가정에서 융화되어 잘 살아가기 위해서 평소에 아내와 자녀에게 공들여 시간을 투자하라고 충고한다. 실직 후에 느낀 것은 실직 전에 가족에 투자하고 노력한 만큼 가정에 동화되고 실직을 극복하는 시간이 빨라진다는 것이다. 그런데 지금 잠자는 시간 외 회사에 내 모든 것을 투자하기도 빠듯하다. 내가 해내야 하는 업무량은 나를 집어삼킨다.

직장상사에게 잘 보이지 않으면 언제 지방 발령을 받을지 모른다. 제때 진급을 못하고 쫓겨날지 모른다. 어제 만난 선배는 무능력했던 게 아니다. 업무능력이 방방 날았다. 다만 옳은 말을 잘하고 직장 상사 비위를 좀 못 맞췄을 뿐이다.

염병할…… 지친다. 마음도 몸도 무너진다. 나만 힘든가! 아니다. 맞벌이하는 아내도 지쳐있다. 집에 가는 길에 아내는 어린이집에서 아이를 데려갈 것이고 씻기고 밥을 먹일 것이다. 동화책을 읽어주다가 파김치가 되어 코를 골고 자고 있을 것이다.

나는 올빼미처럼 어두운 거실에 아이가 늘어놓은 장난감을 밟지 않고자 노력하며 방으로 들어가야 한다. 술 냄새 때문에 작은 방에서 쪽잠을 자고 나가야 한다. 안방 침대는 아내와 아이들 차지가 된 지 꽤 된 것 같다. 이 망할 놈의 세상. 망하지도 않는다.

아니다. 그래도 저승보다는 이승이 더 낫다고 한다. 세상이 종말로 치달아서는 안 된다.

오늘도 일찍 집에 와서 아내의 비위를 맞추고 아이와 놀아주고 책도 읽어줘야 했었는데 오늘 김 부장 일행과 3차까지 했다. 이래서는 안 된다고 생각하면서도 발길이 집으로 향하지 못하고 있다. 집에 일찍 들어가서 가족에게 충성해야 하는 것을 잊은 게 아니다. 그런데 회사에서도 살아남아야 하기 때문에 어쩔 수 없이 가족과 함께 못했다.

이것이 한계다. 이렇게 남편들은 세계적인 불경기 속에서 생존자 증후군을 앓고 있다.

어린이집과 유치원을 운영하는 일은 남편보다 스트레스를 더 받는 직업이었습니다.

다치는 애들은 없는지, 아픈 애들은 없는지, 선생님들이 애들을 사랑으로 돌보는지, 운전하시는 아저씨가 안전 운전은 하고 있는지, 주방 아주머니가 깨끗하고 맛나게 음식은 잘하는지, 원아 모집은 잘 되는지, 신경 써야 하는 것이 한두 가지가 아닙니다. 생존자 증후군에 시달리는 것은 남편 직업보다는 내 직업이었습니다.

그런데도 여자는 모성 본능이 있어 더 섬세하게 남편과 자식이 힘든 일이 없는지 눈여겨 살피게 됩니다. 뒤숭숭한 세월을 알기에 퇴근 후 남편 표정이 어둡지 않은지 안색도 살펴보고, 생존자 증후군으로 식은땀을 흘리며 자고 있지는 않은지 보게 됩니다.

아내가 방방 나는 슈퍼우먼이 돼야 살 수 있는 세상입니다.

아내의 자리에 앉게 되면 남편과 같이 직장생활을 하면서도 나보다는 남편을 챙기게 되고, 엄마의 자리에 서게 되면 자식의 삶이 우선이 됩니다. 아내의 자리, 엄마의 자리에서 희생이 따라야 집안이 평안합니다.

구석기 시대 유물론적 생각이라고 반박을 하시는 분들도 계실 것입니다. 나도 내 권리 주장을 하며 남편에게 또박또박 따지던 시절이 있었습니다. 조금의 희생보다 내 주장을 강하게 하고 나면 감정이 상하고, 그로 인한 스트레스가 더 큰 짐으로 다가온다는 것을 결혼 10년 만에 깨달았습니다. 작은 희생에서 오히려 큰 것을 얻을 수 있었고, 이해와 사랑으로 보듬으면 가치 있고 보람된 결과들이 찾아왔습니다.

나를 조금만 내려놓고, 배려하는 마음으로 살면 하루하루가 평온합니다. 오늘이 평온해야 내일 일이 잘 풀리고 미래의 운명이 밝게 펼쳐진다는 생각은 나만의 생각이 아닐 것입니다. 남편을 위하고 자식을 위하는 것이 곧 나를 위하는 것입니다.

집안의 가장이 생존자 증후군 같은 부질없는 병에 걸리면 집안에 먹구름이 끼고 비바람이 몰아치게 될 것입니다. 비바람이 걷힐 때까지 가족이 앞으로 나아가지 못하면, 자식은 부모보다 더 불안하고 우울하여 후퇴의 길을 걸을 수도 있습니다.

가장이 마음에 병을 얻으면 자녀들이 길을 잃고 방황할 수 있다는 것을 생각하고 남편에게 힘을 실어 줘야 합니다. 나를 내려놓고 모성 본능을 발휘하여 자식과 남편에게 부드러움 속의 강한 힘을 보태주는 것이 여자의 일생입니다.

제5장

자녀의 인생을 위해 치료가 필요한 배우자

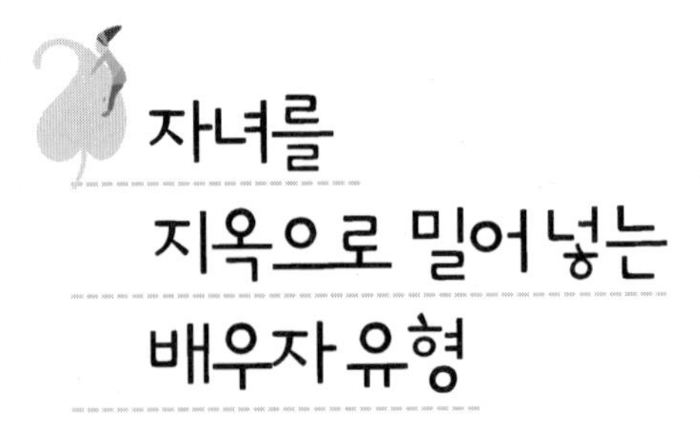

자녀를 지옥으로 밀어 넣는 배우자 유형

1. 자녀를 성폭행하는 짐승

초등학생인 친딸을 몇 년 동안 강간한 인면수심의 아버지가 징역 13년의 중형을 선고받았다. 인면수심의 아버지에게 15년간 전자발찌를 채우고, 10년간 정보를 정보통신망에 공개하도록 명령했다.

이런 기사를 접할 때마다 소름이 돋는다. 이런 사람은 자식을 낳으면 안 될 사람이었다.

2. 사이코패스

심리학자 로버트 헤어는 100명 중 1명꼴이 사이코패스라고 했다.

즉, 우리 주위에도 사이코패스가 존재할 수 있다는 것이다.

사이코패스는 다른 정신장애를 가진 사람들과 달리 자신의 문제와 감정을 잘 숨기고, 평소 주위 사람들에게 좋은 사람으로 인정을 받는다. 사이코패스의 기질은 평소에 잠재되어 있다가 끔찍한 범행을 통해서만 밖으로 나타나기 때문에 사이코패스를 미리 알아보는 것은 쉽지 않다. 사이코패스는 사회상류층이나 엘리트층에서도 의외로 많이 나타난다.

사이코패스들은 고도의 범죄를 계획할 수 있는 지능과 논리력을 가지고 있어, 사회에서 성공하는 경우가 많다. 사이코패스는 자신의 감정과 고민에는 매우 예민하나 타인에 대해 공감을 할 수 없기 때문에 그 누구와도 정서적 유대감을 맺지 못한다.

이들은 과대망상증이 심하고 자신의 욕구를 충족시키기 위해서는 무슨 일이든 할 수 있다. 거짓말과 속임수에 능하고, 대단히 충동적이고 즉흥적인 성향을 지녔으며, 극도로 포악하고 잔인한 범죄를 저지르고도 전혀 죄의식을 느끼지 못한다.

3. 외도하는 배우자

자식을 낳은 상황에서는 부모가 외도를 하거나 이혼하는 것에 대해 미성년 자녀들이라 할지라도 승낙을 받아라.

결혼하기 전에 연애를 하든 바람을 피우든 무슨 짓을 하든 자기 마음이다. 또 자녀들이 성인이 된 다음에는 이혼을 하든 연애를 하든 상관 안 한다. 그러나 결혼을 하고 더구나 자식까지 낳고 그 자식이 미성년일 때 하는 외도는 죄악이다. 자식이 미성년일 때는 부모 인생이 자녀의 삶에 탯줄처럼 연결되어 있기 때문이다.

배우자의 외도를 묵인해서는 안 된다. 자식이 성인이 될 때까지는 절대로 그런 일이 일어나서는 안 된다. 일단 자식이 생기면 내 인생은 나의 것이 아니다. 자식하고 숨을 같이 쉰다. 자식은 태어나고 싶다고 부모에게 매달려서 이 세상으로 나온 것이 아니다. 어른들이 자신의 본능적 욕구로 낳은 것이다. 자손 보존을 위해 낳았든, 성 본능으로 낳았든, 부모들이 자신의 행동에 책임을 져야 한다. 성인이 될 때까지는 자녀들이 부모의 외도로 인해 상처를 받아서는 안 된다.

배우 아무개는 본인 입으로 아내가 아닌 여성과 사랑을 나눴다며 아름다운 로맨스였다고 떠들어댑니다. 사회자는 사회적인 통념을 벗어나 아름다운 로맨스로 승화시키며 진행을 해 갔습니다.

나는 생각이 다릅니다. 외도와 이혼이 많아지는 현대인의 사생활에 시비를 걸고 싶습니다. 구닥다리 사고로 웃긴다고, 배꼽이 하품하는 소리를 지껄인다고 해도 말해야겠습니다.

현대사회가 이혼을 당연시 여기며 자식들의 인생은 타고난 팔자고 극복사항이라고 말하지 맙시다. 외도를 하려면 결혼을 하지 말고, 아이를 낳지 말고 즐기며 살았어야 합니다. 공인들이 방송에 나와 난 참을성 있고 희생하며 살았다는 것을 자랑삼아 배우자의 외도를 묵인했고 여자를 집 안까지 끌어들인 것을 참으며 남자들은 다 그렇거니 생각하고 살았다고 서슴없이 말을 토해냅니다. 웃기는 얘깁니다. 피해를 본 당사자는 용서한다고 쳐도 성장과정에 있던 아이들도 이해하고 받아들일 수 있었을까요?

그 아이들은 부모의 삶에 진저리를 치고 미국으로 떠나버렸습니다. 성장기에 아픔을 음악으로 풀지 않았다면 미쳤을 거라고 말했습니다.

진행자는 공인에게 대범하게 인고의 세월을 살아오셨다며 칭송합니다. 자식에게는 부모덕에 고뇌를 예술로 승화하였으니 부모에게 감사하라고 했습니다. 드라마에서도 유부남을 꼬드겨 가정을 파괴하는 것이 점점 당당하게 그려지고 있습니다. 외도로 인한 이혼율도 점점 높아지고 있습니다.

외도를 사랑이란 말로 승화하면 안 됩니다. 결혼은 신성한 것이고 선택을 했으면 지키는 것이 아름다운 것입니다. 내가 하면 로맨스고 남이 하면 불륜이라는 생각도 잘못된 것입니다. 모든 외도가 불륜이고 행해지면 안 되는 것입니다. 특히 자식을 낳은 기혼자라면 자녀들이 성인이 될 때까지 가족을 소중히 여기고 외도는 절대로 하지 말아야 합니다.

다시 말하지만 가정을 지킬 자신이 없으면 결혼하지 말고, 자유로운 영혼으로 마음껏 즐기며 살면 됩니다. 동거하며 자식을 낳지 않고 살면 됩니다. 결혼을 했더라도 자식을 낳지 말고 서로 즐기면 됩니다.

지난해 존경하는 우리나라 대 서예가를 뵈었습니다.

그분은 그 날 아내를 위해 연주를 하셨습니다. 학자이면서 또 아시아에서 최고의 명성을 갖춘 서예가께서 풍류를 즐기며 거문고를 타는 모습은 내겐 경이로움이었습니다. 그 날 그분의 거문고 연주도 좋았지만, 대화중에 평생 간직할 교훈의 말씀을 남기신 것이 더 또렷이 기억납니다.

"오늘같이 뜻 깊은 날에 ○○○께서 참석 안하셨네요."

"내가 안 불렀어."

"친구 아니십니까?"

"무슨 놈의 친구. 친구 아냐. 친한 지인이야."

"수십 년을 함께하지 않았습니까?"

"그놈 젊은 여자하고 바람났다가 이혼하고 혼자 살아. 수십 년 살 섞고 살던 마누라도 버리는 놈이 난들 못 버리겠어. 그래서 친구 아냐."

외도하고 조강지처와 자식을 버리는 사람들은 언제나 주변 사람들에게 배신을 밥 먹듯이 하고, 이 사회의 종기 같은 배신 아이콘이란 말씀이었습니다.

흔히들 남자가 바람을 많이 피운다고 하는데 그건 잘못된 인식이다. 남편이 바람날 때 상대는 여자다. 고로 여자가 바람피우는 숫자만큼 남편들 생활이 문란한 것이다. 배우자를 내가 지켜내야 나와 자녀 인생이 잠시라도 꼬이는 것을 막을 수 있다.

4. 마약에 중독된 배우자

긴말 할 필요 없이 마약에 빠지는 사람은 배우자감으로 적당하지 않다.

5. 광적 종교생활에 빠진 배우자

종교란 선하게 살자는 삶의 근본 목적과 고뇌 없이 살고픈 간절한 바람을 신(神)의 절대적인 힘에 기대고 의지하는 과정이다. 종교마다 교리에 따른 의식의 절차도 다양하다. 옛날 동굴 벽화에서 사냥을 하는 모습을 그린 그림이 발견되었는데, 먹고 사는 데 급급했던 사람들이 자연과 신에게 사냥이 잘 되어 풍족한 먹잇감을 구하기를 기원하며 간절한 마음을 담아 그렸을 것이다.

신이나 자연에게 무언가를 바라던 마음은 우리 어머니들 세대가 장독대나 부엌에 정화수를 떠놓고 기도하던 소박하고 아름다운 모습에서도 흔히 찾아볼 수 있었다.

종교마다 생활 모습도 다르다.

유교는 부모에 대한 효성과 임금에 대한 충성 그리고 다른 사람에 대한 예절을 강조한다. 이슬람교는 돼지고기를 먹지 않는다. 힌두교는 소를 신성하게 여겨 소고기를 먹지 않는다.

우리나라 불교는 살생을 금하여 고기를 먹지 않는다. 같은 불교라도 고기를 먹는 나라도 있다. 천태종은 스님이 결혼을 하고 원불교 교무는 결혼을 하고 정녀와 정남은 결혼을 하지 않는다. 조계종은 결혼을 금하는 계율이 있다.

기독교 역시 여러 계파로 나누어져 있고 계파마다 종교문화가 달라 지켜야 하는 계율이 다양하다. 천도교는 '사람이 곧 하늘' 이라는 생각으로 모든 사람을 평등하게 대하고자 노력한다.

대종교는 이웃과 나라와 우주를 이롭게 하라는 종교다.

각 종교는 교육 사업과 자선 사업을 많이 하고 효, 건전한 가정, 감사, 근면 등을 강조하며 가족이나 주변 사람들에게 사랑을 주고 서로의 행복을 기원한다. 그렇지만 사이비 종교에 빠져들면 가정이 피폐해지고 사회로부터 격리되는 불행한 삶을 살게 된다.

미국에서는 성경을 광적으로 해석하여 태어난 지 다섯 달 된 셋째 아들에게 심한 매질을 가해 목숨을 빼앗은 사례가 있었다. 피해 아들은 숨진 채 경찰에 발견되었다. 발견 당시 둔기로 맞아 온몸에 피멍이 들고 두개골과 다리가 부러져 있었다. 경찰 조사 결과 두 살 된 딸과 한 살 된 아들도 부모의 그릇된 성경 해석으로 인해 구타에 시달렸던 것으로 드러났다. 세상에 태어난 지 5개월 밖에 안 된 자신의 아들을 때려서 죽여 놓고 "성경 말씀에 따른 것이 죄입니까?"라며 항변했던 미국의 광신도는 아들을 죽이고도 반성을 하지 않았다. 우리나라에서도 비슷한 일이 발생한 적이 있다.

가족을 등한시하고 가족에게 불행을 몰고 오는 종교는 참다운 종교가 아니다. 종교는 자신은 물론이고 가정의 행복을 추구하고 나아가 이웃의 행복을 기원하며 봉사할 수 있는 것이어야 한다. 비정상적인 종교 생활을 하는 사람은 자녀 인생에 치명타를 입히게 된다.

6. 피해자가 된 가정폭력 가해자

여성들 사이에 술 문화가 자리를 잡으면서 가정폭력을 행사하는 어머니가 늘어나고 있다. 술과 더불어 우울증까지 겹쳐 자녀들을 고통으로 몰아넣는 어머니들의 극단적 행동도 사회의 큰 문제로 부각되고 있다.

몇 달 전에도 엄마가 술에 취해 딸을 살해한 사건이 일어났다. 또 제주도에 사는 열여덟 살 고교생은 아버지를 흉기로 찔러 중태에 빠지게 했다. 아이는 사건 발생 2시간여 만에 경찰에 붙잡혔다. 존속살해미수 혐의로 조사를 받고 있는 아이는 가정폭력 피해자였다. 평소 폭력을 일삼던 아버지가 사건 당일에도 어머니를 폭행하자 이를 말리다가 우발적으로 범행을 저지르게 된 것이다.

상습적이고 지속적인 가정폭력이 일어나는 가정에서 가해자를 살해하는 일은 드물지 않다. 폭력에 시달리던 아내가 남편을 죽이는 일뿐만 아니라, 폭력의 피해자이자 목격자인 자녀가 가해자 아버지를 죽이는 일도 지속적으로 발생하고 있다. 자식이 살인자가 된 후 어머니는 이혼하지 않은 것을 후회했다. 부모가 자식을 살인자로 만드는 안타까운 가정들이다. 아이도 어머니도 오열하며 졸도까지 하지만 이미 자식이 살인자가 된 후에 후회하는 것이다.

이런 사건에 적용되는 '존속살해' 혐의와 이에 따른 가중처벌이란 법 현실이 안타깝다. 사건 발생의 원인인 '가정폭력' 을 감안하면 어떨까? 가정폭력으로 인한 존속살해는 사회에도 책임이 있다. 정부도 책임이 있다. 이웃도 책임이 있다. 이들 '가정폭력의 피해자' 들은 어쩌다 한 번 폭력을 당하는 것이 아니고 날이면 날마다 당하는 경우가 많다.

가정폭력 피해자들은 몸도 마음도 곪아 터지고 다시 곪아 터지기를 반복하여 암보다도 무서운 병을 앓다가 어느 날 가해자로 돌변할 수 있다. 폭력가정의 자녀들은 오랜 시간 폭력 피해에 노출돼 있어 분노, 외상 후 스트레스 장애 등의 심리상태를 나타낸다.

가정폭력에서 일어난 사건을 정당방위로 인정하는 방법은 없을까? 획일적인 '존속살해' 를 적용해 가중처벌 받는 피해자들은 이중으로 고통을 당하는 것이나 다름없다. 참으로 안타깝고 마음이 저리다.

국가와 사회가 가정폭력 피해자들을 적극적으로 보호하지 못할 때, 극심하게 폭력에 시달려온 피해자들은 '살기 위한' 마지막 방법으로 '살인' 이나 '자살' 을 선택할 수밖에 없다. 그들이 선택한 '생존을 위한 몸부림' 은 가정폭력을 방관한 사회 모두가 책임져야 할 문제다.

가정폭력을 휘두르는 가해자에게 엄한 법을 적용해서 두 번 다시 폭력을 휘두르지 못하도록 조처를 해야 한다. 가정폭력 가해자들의 처벌이 너무 미미하다. 거리에서 누군가 한 대만 쳐도 형사처벌을 받는 현실이다. 가족이라고 하여 폭력을 휘두르는 사람을 관대하게 바라보는 사회의 인식도 바뀌어야 한다. 가정폭력 피해자는 부모라는 이유로 신고를 못하는 인식도 바뀌어야 한다. 그것이 밝은 사회가 나아가야 할 방향이다.

7. 도박에 중독된 배우자

속초시 모텔에서 도박 중독으로 수억 원의 빚을 진 남편이 부인과 아들을 살해한 뒤 농약을 마시고 자살을 시도했는데, 아들은 죽고 본인은 의식을 잃어 병원으로 옮겨졌다가 살아난 비극적인 사건을 기억할 것이다. 아내가 수도 없이 울고불고 말려도 병적인 도박을 고치지 못하고 극한 상황까지 간 사건이다.

도박에 대한 엽기적인 사건도 있었다. 세계 뉴스로 전파를 탄 사건인데, 중국 30대 부부가 남편의 병적인 도박 습관을 두고 격렬한 부부싸움을 벌였다. 남편이 매일 밤을 새며 도박을 하고 돌아오자 화가 난 부인이 말싸움을 하다가 급기야 칼을 꺼내 휘둘렀고, 남편은 성기가 잘려나가는 큰 부상을 입었다.

상습 도박 중독은 손목을 자른다고 해도 그 유혹을 끊기 힘들다고 한다. 컴퓨터가 발달하고 스마트폰이 보급되면서 도박 사이트에 중독되는 젊은이들이 늘어나고 있다. 청소년들의 우상인 연예인들이나 사회지도층에 있는 사람들도 가정생활이 깨질 정도로 빠져들고 있다. 이들은 가정불화로 아이들의 삶까지 위태한 상황으로 몰고 가는데, 더 큰 문제는 기하급수적으로 늘어나는 도박 사이트들이 청소년들과 아동에게도 손을 뻗고 있는 현실이다. 이 역시 사회 책임 하에 사이트를 막고 도박이나 도박게임에 중독된 사람들을 격리하여 강제적으로도 치료를 해야 할 상황이다.

8. 의처증 의부증

친구가 남편의 의처증으로 인한 폭력에 시달리다가 이혼하고 외국으로 가버렸다. 신혼여행지에서부터 시작하여 이혼할 때까지 지옥에서 살았다고 한다. 친구 남편의 어머니는 유명한 요정을 운영하던 분인데 그 어머니의 숨겨진 아들로 자라면서 마음에 병을 얻은 것으로 추측된다. 얼마 전 기사를 보니 사회 인지도가 있는 공인이 부인을 의심하여 집에 CCTV를 설치하고 아내의 차량과 휴대전화에 위치 추적기를 달아서 감시하며 싸웠다고 한다.

의처증, 의부증은 망상장애란 질병이다. 이 병은 여러 가지에서 복합적으로 오는 것인데 자신감 실조, 우울증, 대인기피증, 조울증, 사업실패, 정신적 충격, 어릴 시절 불우한 환경 등 여러 요인에 기인한다. 환경적 의심이 부풀려진 경우는 치료가 수월하지만 뇌변화로 오는 망상적 질병은 고치기 힘들다.

사회생활도 잘하고 직업적으로도 성공한 사람들이 유독 남편과 부인에게만 이 망상적 질병을 나타내므로, 아주 곤혹스러워진다. 일상생활도 잘하고, 직업도 좋고, 매너도 좋아 보이지만 상대에 대한 집착이 강하거나 의심이 많고, 타인에 대한 적개심으로 무장한 사람은 피하는 게 상책이다. 또 세상 흐름에 부정적인 견해가 강하면 일단 피하는 것도 바람직한 행동이다. 상대방의 전화에 집착하여 정보를 캐려고 하거나 별 문제가 아닌 것에 의심의 강도를 높이는 사람도 피하는 것이 좋다.

9. 마마보이, 마마걸

우리나라는 6·25전쟁으로 인해 상상하기 어려울 만큼 큰 인명피해를 입었다. 이 피해를 회복하고자 여러 명의 자식들을 낳았던 시기가 있었다. 이때 태어난 사람들을 즉, 요즘말로 베이비부머 시대의 사람들이라고 정의하고 있다.

이들은 죽을힘을 다해 힘든 삶을 살아왔다. 어렵게 지나온 전쟁의 상흔을 어느 정도 추스르고 나자 대한가족계획협회가 정부의 방침에 따라 60년대 후반에 출산 조절 캠페인을 벌였다. 그 효과로 70년대 이후로 자녀를 둘이나 하나만 낳아 키우는 가정이 급격히 늘어났다. 베이비부머 세대처럼 가난하고 자식이 많으면 각자 알아서 커야 했지만 경제적 부흥 시기에 자식을 하나, 둘 키우다 보니 어떤 집은 자식이 하느님이 되어 버렸다.

그런 가정에서 자란 자녀들은 성인이 되었음에도 나잇값을 못하는 마마보이나 마마걸로 종종 사회 문제로 등극한다. 마마보이들은 결혼 후에도 자신의 엄마 가치관과 행동만을 따르면서, 가장으로서 역할을 못할 뿐만 아니라 아끼고 챙겨야 할 아내를 투쟁의 상대로 여기며 시시콜콜 자신의 엄마에게 고해바치면서 엄마에게 업혀 사는 경우가 있다. 아들의 고자질로 인해 시어머니가 아들을 대신하여 며느리에게 실력 행사를 하여, 웃지도 울지도 못하는 상황이 벌어진다.

마마보이 행태가 보이면 남편과 사는 것이 아니라 시어머니 가치관과 생활관으로 살아야 하므로 독립된 가정을 꾸리기 힘들다. 아내들 중에도 장모와 합세하여 남편을 좌지우지하는 사례도 많이 보인다. 시시콜콜 장모가 결혼생활에 관여하는 경우도 있다.

남자가 결혼하여 너무 처가에 엎어져 사는 모습도 보기 좋지 않다. 결혼을 하면 새로운 가정의 독립체제가 이뤄져야 하기 때문이다.

10. 병적 거짓말을 하는 배우자

거짓말은 누구나 한 번쯤 해 봤을 것이다. 거짓말은 자기 방어를 하기 위한 것과 병적인 것이 있다. 어릴 때 남들로부터 인정받고 싶을 때나 어른으로부터 혼나는 것이 두려워 자신을 지키기 위해 거짓말을 하기도 한다. 성인이 되어서 상대방을 위한 선의의 거짓말을 하기도 하는데, 여기에서 문제가 되는 사람은 어른이 되어서도 습관적으로 거짓말을 입에 달고 다니는 사람과 병적으로 거짓말을 하는 사람들이다.

위험한 병적 거짓말을 살펴보면 다음과 같다.

– 공상허언증: 거짓말을 지어내 남에게 믿을 수 있도록 얘기하고 자신도 믿는 것이다. 자신의 거짓말을 자신도 믿으므로 참으로 고치기 힘든 병이다. 어떤 분이 학력위조로 사회를 어지럽게 했는데 긴 시간

동안 그분의 말과 행동을 지켜보며 공상허언증이 아닌가 생각해 본 적이 있다.

– 병적 거짓말쟁이: '경계성 인격장애' 란 어떨 때는 평온한 상태로 생활하다가 스스로 생각하고 만든 작은 스트레스에도 자살충동을 느낄 정도로 극단적인 감정의 기복을 보이는 경우인데, 불안정한 정신상태를 보이는 질환이다. 경계성 인격장애를 갖고 있는 경우에 병적 거짓말이 나타날 수 있다. 이런 분들은 사람들이 자기를 싫어하는 것에 두려움을 가지고 살아간다. 늘 사람의 관심을 받고자 노력한다.

– 작화증: 작화증은 기억의 일부가 완전히 사라지고 엉뚱한 다른 생각을 만들어 옛 기억으로 착각하고 이상한 행동을 하는 증세다. 자신의 의지와는 상관없이 기억이 변형되는 기억장애로 인해 자신이 의도하지 않은 기막힌 행동이 나타나는 증세이다. 즉, 정신병적 질환으로 만들어지는 거짓말 환자다. 뇌 이상으로 인한 것으로 사회생활이 힘들고 격리를 당하는 경우가 많다.

11. 알코올에 중독된 배우자

어느 곳의 누구는 배가 불러 터져 죽겠다는데, 어느 곳에는 당장 먹고 살기가 너무 힘들고 잘 사는 집 애완견보다도 못한 삶을 살아가고 있는 사람들이 있다. 이런 사회를 바라보며 취하지 않으면 미칠 것 같다고 부어라 마셔라 한다.

경제가 악화되고 빈부 격차가 심해지면서 술을 먹고 미쳐가는 사람들이 늘어나고 있다. 분노와 폭력을 부르는 알코올 중독자 부모의 자식들이 다시 알코올 중독자가 되는 심각한 일도 벌어지고 있다. 폭력 속에 방치된 아이들이 학교에서 또는 어른들 손길이 닿지 않는 음지에서 폭력을 흉내 내고 있다. 알코올 중독 상태에서 충동 조절력을 상실해 폭력을 사용하다가 그것도 절제가 되지 않아 살인까지 가는 경우가 있다.

알코올 중독자 중에는 우울 장애, 조울증, 피해망상 등으로 불안하고 초조한 상태에서 자신을 보호하기 위해 술에 의존하기도 하고, 술에 취하면 분노를 이기지 못하고 폭력을 행사하는데, 이 경우 가족이 가장 큰 피해자가 된다. 알코올 중독자를 상담해 보면 성장과정에 문제가 많았거나 가정폭력의 희생자들이 많다는 사실을 알 수 있다. 대를 이어 알코올 중독자가 되거나 가정폭력이 답습되기도 한다.

알코올 중독자가 되어 폭력을 행사하는 사람들은 정신질환으로서 반드시 치료를 받아야 한다. 또한 피해자인 가족의 신체적 상해, 정신적 충격에도 관심을 가져야 한다. 그렇지 않으면 제2의 정신질환자가 양산된다고 봐야 한다. 알코올 중독자로서 가정폭력을 일삼는 환자를 치료하기 위해서는 환자는 물론, 가족 모두로 치료 범위를 확대해야 한다. 그렇지 않으면 치료 효과를 기대하기 어렵다.

물론 이런 폭력적 상황과 같은 사회 병리 현상은 개개인의 성장과정이나 숨 막히는 생활환경, 유전적 정신병리 뿐만 아니라 술에 의지하지 않고서는 살아갈 수 없는 사회집단 전체나 계층 간의 갈등, 제도의 문제까지 포괄적이고 구체적으로 짚어 치료해 가야 한다. 알코올 중독자나 그 가족들 모두 하루 속히 사회의 도움 속에서 치료를 받아 건강한 삶을 누리도록 도와야 한다.

12. 폭력적인 배우자

무서운 영화를 보거나, 미친 듯이 달려드는 개를 보거나, 처참한 교통사고 현장을 보거나, 악다구니를 쓰며 싸우는 현장을 보는 등 여러 종류의 무서운 현장을 한 번쯤은 체험해 본 적이 있을 것이다.

공포나 무서움은 누구나 경험해 보아서 알겠지만 피부에 소름이 돋고 뇌에 충격을 주기도 한다. 그런 두려움에 떨고 나면 온몸에 기가 빠져나가고 정신이 혼미해지면서 일에 의욕이 없어져 무기력한 상태가 되어 버린다. 한두 번도 아니고 가정에서 반복적으로 소름끼치는 경험을 계속 반복하게 되면, 가족 모두 정신적인 충격으로 인해 삶이 피폐해진다.

중매로 의사와 결혼한 친구가 조울증으로 정신과 치료를 받다가 결국 이혼하고 새 출발을 했습니다. 무용을 전공하고 유복하게 자란 친구입니다. 늘 깔깔깔 웃으며 주변 사람들을 즐겁게 해 주는 아이였습니다.

친구들과 놀기 좋아하는 아이가 결혼 후 친구들과 소식을 끊었습니다. 풍문으로 아이를 낳고 산후 우울증으로 친정에 와 있다는 소식을 들었습니다. 그런데 가까이 살면서도 친구가 도통 얼굴을 보여주지 않았습니다. 그리고 몇 년 뒤 이혼을 하고 친정집으로 두 아이를 데리고 왔다는 소식이 들려왔습니다.

친구는 아이를 데리고 내가 운영하는 유치원에 입학을 시키고자 데려왔습니다. 친구는 모 대학병원 의사로 있는 남편으로부터 심한 욕설과 더불어 맞고 살았다고 했습니다.

친구의 아들 중 큰아이는 입학하던 날부터 친구들과 심하게 싸웠습니다. 자신보다 약한 친구들을 때리고 괴롭히는 정도가 심각했습니다. 동생은 형과는 달리 엄마의 큰 눈을 닮아 잘생겼는데 친구들과 같이 놀지 않고 한쪽 구석에서 블록 쌓기나 버그토이(조립형 장난감)만 갖고 시간을 보냈습니다. 바깥 놀이 시간에도 혼자 모래 장난을 하다가 장난꾸러기들이 노는 모습을 멍하니 쳐다보기만 했습니다. 누군가 큰 소리를 내거나 실수로 자신을 밀치면 큰 눈에서 소리 없는 눈물이 주르르 흐르곤 하여 주변 아이들이 당황스러워했습니다.

심한 폭력을 행사하는 가정에서 자란 아이들은 마음이 위축되어 있거나 자신의 능력을 발휘하지 못할 정도로 뇌세포가 놀라있고 긴장되어 있어, 일에 집중하거나 공부에 몰두할 수 없게 됩니다.

그리고 가슴에 폭행당한 만큼 분노가 축적되어 있어 언젠가는 폭행당한 피해의식이 분노가 되어 화산이 분출하듯이 폭발하게 됩니다.

폭행하는 아빠 밑에서 양육된 아이들은 친구의 큰아들처럼 자신보다 약자인 사람이나 동물에게 분풀이를 하는 경향이 많습니다. 폭행하는 남편이 있으면 주변에 도움을 빨리 요청해야 합니다.

친구는 남편에게 맞아 유산을 두 번이나 했다고 합니다. 친구는 너무 긴 세월 폭행에 노출되어 있었습니다. 친구의 자존심으로 자식들의 인생까지 망칠 뻔 했습니다.

폭력적인 남편은 주변에 빨리 알리고 전문가에게 상담 치료를 받게 해야 한다. 상습적 가족 폭행은 병이다. 폭력성이 보이면 절대로 결혼해서는 안 된다. 만약 이미 결혼을 했다면 치료를 받아야 한다. 그런데 사회에서 인지도가 있는 직업을 가진 사람들은 치료를 절대로 받지 않는다. 그것이 더 큰 문제다.

13. 폭언을 퍼붓는 배우자

묘하게도 엘리트층이라 불리는 직업에 종사하는 사람들 중에 가족에게 입에 담지 못할 폭언을 일삼는 사람들이 심심치 않게 나타나고 있다.

아니, 그렇게 말쑥한 부장님께서,

그토록 지적인 변호사 양반이,

마음씨 좋고 허허 하기만 하던 그 사람이,

텔레비전에서 많은 이들의 마음을 어루만져 주는 그 인기 있는 박사님이,

아름답고 우아한 부인께서 육두문자를.

순하고 온화해 보이는 옆집 새댁이 상스런 욕을.

세상에 웬일이야?

이런 사람들이 놀랍도록 많다. 이것도 감기 같은 병이다. 상담을 받아 고쳐야 한다. 이런 사람에게는 분명히 마음에 깊은 상처가 있고 분노가 있다. 그 상처를 끌어내어 보듬어 치료를 해야 한다.

폭언에 길들여져서 자란 자녀들도 문제가 된다. 부모로부터 듣고 배워 남몰래 약자에게 써먹기 때문이다. 간혹 자신도 모르게 주변 사람들에게 써먹는다.

유치원에 예쁘장하게 생긴 4세 여자아이의 예쁜 입에서 기상천외한 욕이 튀어나올 때마다 선생님들이 당혹스러워했습니다. 그 아이가 일상용어처럼 사용하는 욕을 같은 반 아이들이 배워 한동안 곤혹스러웠습니다.

결국 부모님을 불러 상담을 했습니다. 다행스럽게 그 아이 아빠는 분노조절이 잘 안된다고 솔직하게 인정했고, 분노조절 교육을 받아서 가정에 평화를 찾았습니다.

그 가정 같은 경우는 성공 사례이고, 대부분의 아빠들은 상담치료 받기를 꺼려합니다.

가족에게 상습적으로 폭언을 하는 남자는 분명 성격장애가 있거나 또는 성장기에 삭이지 못한 마음의 상처가 큰 분노로 자리 잡아 약자인 가족에게 분출하는 것이다. 꼭 치료를 받게 하여, 정상적인 삶을 살 수 있게 돕거나 치유시킬 자신이 없으면 아예 배우자로 선택하지 않는 것이 상책이다.

14. 게임에 중독된 배우자

건전한 게임은 즐거운 취미 중에 하나다. 그런데 가정생활이나 사회생활에 지장을 초래한다면 중독으로 분류하여야 한다.

직업으로 하루 종일 게임하는 사람을 말하는 것이 아니라 일상생활에 지장을 줄 정도로 자신의 의지와는 달리 매달리게 되는 사람들이 있다. 스마트폰이 보급화 되면서 걸어가면서, 지하철 안에서, 흔들리는 버스 안에서, 또는 집에서 밤을 꼴딱 새우며 게임에서 헤어 나오지 못하는 사람들이 있다.

어떤 사람은 의사 시험을 앞두고 스트레스를 게임으로 풀려고 시작했던 것이 게임중독으로 발전했다. 그는 게임 중독 폐인이 되어 임신한 아내를 살해했다. 알코올이나 마약 중독자처럼 피해야 할 남편감이다. 의지가 약한 사람들이 잘 걸리는 병이다. 의지가 약한 사람들은 자기와의 싸움에서 늘 지는 사람들이다. 가족을 책임지기에는 문제가 많은 사람들이다.

15. 애완동물을 학대하는 배우자

애완동물을 피하고 싫어하는 것과 학대하는 것은 다른 것이다. 애완동물을 학대하는 사람은 마음이 모질고 사나운 본성을 갖고 있으며 정신적으로 피폐한 사람이다.

애완동물을 학대하는 사람을 무심코 넘길 일이 아니다. 동물을 학대하는 사람들은 잠재된 성격이 이기적이거나 상처가 많고 차고 날카로운 기질의 소유자다. 동물을 학대하는 사람은 사람도 학대하는, 차갑고 섬뜩한 기질을 가진 사람이다.

자연을 사랑하고 동물을 사랑하는 사람들은 정적이고 따뜻한 마음을 소유한 반면에 동물을 학대하는 사람들은 자식에게도 모질게 대할 수 있다. 따라서 자식과 원만한 관계 형성이 되기 힘들다. 가족에게도 상처를 많이 입힐 수 있는 잠재적 기질을 가진 사람이므로 또한 피하는 것이 좋다.

가족의 속을 끓이는 배우자 유형

아래의 배우자들과 평생을 함께하려면 계속 부딪치며 살 확률이 높다. 참고로 이런 배우자도 있다는 것을 알아두고 이런 부모가 되지 않도록 노력해야 한다.

1. 철없는 배우자

요즘 드라마를 보면 아내에게 헌신하는 멋진 남편들이 여성 시청자들에게 부러움으로 다가선다. 나도 저런 남편 만났으면, 저런 남편과 살아봤으면 하는 아내들이 있다.

'그건 드라마다. 특별하니까, 얘깃거리가 되고, 모두가 간접 경험으로 행복해 하니 드라마로 성공하는 것이다.'

그렇게 생각하고 살아야 속 편하다.

내가 결혼할 때 나도 철이 없는데 남편은 더 철부지였습니다. 지금도 존경할 정도로 착하고 순수합니다.

그런데 착한 남자랑 살다 보면 애로사항도 많더라고요.

총각 시절 죽을 때 돈 싸들고 가냐며 월급을 타면 몽땅 다 쓴 남편.

결혼 후에도 남에게 선심 쓰느라 월급이 모자랐고, 돈이 없으면 남으로부터 돈을 빌려서 주고 싶은 사람에게 주는 남편.

땡전 한 푼 없이 비행기 표 하나 달랑 들고 제주도로 신혼여행 떠난 남편.

며느리가 시어머니로부터 야단맞으면 혼자 숨어버리는 남편.

보증금 100만 원에 월 5만 원하는 반지하 방에서 결혼했다고 싱글벙글하는 남편.

지하방을 나와 시댁으로 입성해서도 임신한 아내가 쉬지 못하게 밤늦도록 점 100원 화투나 카드놀이 하는 남편.

친구가 애인을 데리고 와서 동거하고 싶다니 냉큼 방을 내주는 남편.

친구 뒷바라지를 해 주는 등 남의 힘든 일을 도맡아 해 주는 남편.

단적인 예만 몇 가지 썼지만 어쨌든 남편은 철이 덜 들어 결혼했습니다.

나만 그렇게 살았겠습니까. 도처에 깔린 철없는 남편들로 인해 와이프들이 속을 바글바글 끓이고 살죠.

그래도 결혼생활 30년이 되고 보니 신혼 때 철없던 남편이 듬직해져 의지할 수 있고 존경스럽습니다. 직장생활 잘하여 월급 매달 받아오고, 낭비벽 없고, 술주정 안 하고, 자식 잘 챙기고, 처가에 잘하고, 효자 아들이고, 성격 좋고, 건강하고, 순수하고, 착하고, 빨래도 잘해주고, 가끔 설거지도 해 주고, 반찬투정 안 하고, 쇼핑 잘하고, 마누라 생트집 몽땅 받아주고, 마누라 어깨도 주물러주고…… 칭찬할 것이 많네요.

2. 복종을 강요하는 배우자

집안의 가장은 가정의 중요한 존재다. 그러나 권위만을 앞세워 아내와 자녀에게 기세등등한 어린 시절 골목대장처럼 군림하는 남편들은 폭군에 불과하다. 세상이 변하고 있음을 직시해야 한다. 내가 제일 잘났고 너희는 내 말만 잘 들으면 만사형통이란 생각으로 가족을 이끌어 간다면 가족에게 소외당하고 외로워진다. 가정에서 가족과 정서적인 유대감 형성을 못한 남편은 일에서는 성공할지 모르지만 아내와 자녀들에게서는 콩알 튕겨져 나가듯 튕겨져 나갈 수 있다.

가장이 수직선에 서서 명령하면 안 된다. 수평적 관계에서 어깨동무를 하고 행복을 추구해 나가야 한다. 가장이 수직관계를 원하면 가족이 견디기 힘들기 때문이다.

3. 자녀를 쥐어박는 배우자

"누굴 닮아 그 모양 그 꼴이야?"

"바로 당신! 당신을 닮아 그 모양 그 꼴이다."

"당신이 변하면 아이들도 변한다."

친구가 매일 남편과 싸우며 하는 말이란다.

변호사 남편은 공부를 못하는 아들이 못마땅하여 눈엣가시처럼 여기며 아이를 쥐어박는단다. 아들은 주눅이 들어 틱 현상과 더불어 우울증까지 왔다고 한다.

유전인자를 무시할 수 없는 것 같다. 친구가 성악을 했는데 아들이 노래하고 춤추는 것이 좋아 거리에 나가 재능자랑을 하면 아이 아빠는 그런 아들이 더 못마땅하여 아들이 눈에 뜨일 때마다 화를 내고 공부 안 한다고 쥐어박는단다.

그런 가정이 한두 집이 아닌 것 같다. 잘난 부모들이 평범한 아이들을 불행하게 만드는 경우가 많다. 부모는 사회적 지도층인데 자식이 자신들처럼 승승장구 못하면 무시하고 멸시하기도 하고 언어폭력과 물리적 폭력을 행사하는데, 그런 경우 아이들이 우울증·편두통·소화장애·폭력·수줍음·말더듬기·손톱 물어뜯기·학습장애·민감함·반항·열등감·수면장애·얼굴근육마비 등이 나타나기도 한다. 안타까운 가족들이다.

4. 휴일에 잠만 자는 배우자

직장인이라면 누구나 휴일에 늘어지게 자고 싶은 욕구가 생긴다. 직장에서 윗사람 아랫사람의 인간관계, 쌓이는 업무량, 승진, 지방전출, 승진탈락, 좌천, 명퇴 여러 종류의 스트레스가 쌓이므로 휴일만이라도 만사 잊고 자고 싶은 것은 당연한 생각이다. 이해한다.

그런데 학창 시절 하기 싫은 공부를 위해 유혹을 물리치며 공부했던 때를 떠올려 보자. 그렇게 공부하여 구직자들이 모래알처럼 많은 이 시대에, 바늘구멍 같은 곳을 통과하여 직장도 갖게 되었고, 결혼도 했고, 자녀도 생겼다. 화초가 싹만 나서 되는 것이 아니다. 영양분을 공급하여 꽃을 피우고 열매를 맺고 다시 씨를 만들듯이 우리도 가정에 꽃 피우고 열매 맺고 다시 씨를 만들 수 있도록 노력해야 한다.

직장을 유지하기 위해 노력하듯이 가정이란 조직 관리도 소홀하면 안 된다. 가정에 불화가 오지 않도록 스트레스는 가족과 함께 즐길 수 있는 취미나 활동으로 풀어야 한다. 그래야 가족 모두 행복할 수 있다. 부모가 스트레스와 피로를 잠과 게으름으로 풀다 보면 자녀들도 게으르고 공부와 멀어지게 된다.

5. 하루 종일 리모컨과 씨름하는 배우자

사무실이나 지하철에서 전화기를 손에 놓지 않고 짬짬이 이것저것 검색을 한다. 집에 오면 아예 본업으로 착각할 정도로 스마트폰이나 텔레비전에 몰입한다. 리모컨 숫자가 닳도록 애용하여 배터리 교체를 자주 해야 한다.

부모가 텔레비전을 차지하고 채널을 돌리기 시작하면 그 해악은 고스란히 자녀에게 오염된다. 어린이들도 게임과 텔레비전 시청으로 대부분의 시간을 보내게 된다. 휴대전화의 발달로 시간과 장소를 가리지 않고 모두 전화기에 빨려 들어가고 있다.

"바깥에서 스트레스 받고 고생만 하다가 잠시 휴식을 취하는데 그것마저 못마땅해." 하고 말을 툭 내뱉는 남편이 있다고 치자. 문제는 부모의 행동을 따라하는 자녀들이 책과 멀어진다는 것이다. 부모들이 지긋지긋하게 고생하며 돈을 벌어 아이들 교육을 잘 시키고자 했던 것이 도로아미타불이 된다는 의미다. 부모의 행동에 영향을 받은 아이들은 게임을 하거나 텔레비전 보는 것이 공부인 줄 알고, 학교에 가서는 잔다고 생각해 보라.

"드르릉 쿨쿨."

기가 막힐 일이다.

6. 누워서 잔소리만 하는 배우자

"넌 집에서 평소에 뭐하냐?"

"못 박아라."

"쓰레기 냄새 난다."

"재떨이 갖고 와라."

"문 닫아라."

자신은 텔레비전 크게 틀어놓고 연속극 보면서 아이들에게는 공부해라 잔소리하고, 자신은 카드 팍팍 긁어 술 먹으면서 아내에게 살림 못한다고 구박한다.

목에 힘주고 아내와 자녀들에게 온갖 잔소리만 하는 남편,

잔소리가 징글징글한 남편이다. 사회에서 성공 못할 남편이다.

이는 남편뿐이 아니다. 남편 아침밥도 안 해주고 애들 아침도 굶겨 학교로 보낸 뒤 쿨쿨 자고 아침 겸 점심을 먹고, 찜질방에서 수다 행렬에 참여하다가 저녁에 아이들에게 공부 안 한다고 늘어지게 잔소리하는 엄마가 있다.

당연히 애들은 부모 보란 듯이 공부하지 않는다.

7. 자녀교육에 관심도 없는 배우자

자녀교육은 부모 중 한 명이 혼자 담당하면 한계에 봉착한다. 여자인 엄마가 할 수 있는 교육이 있고, 남자인 아빠가 할 수 있는 교육이 따로 있다. 자녀교육에 관심이 없는 부모는 늙어서 마음고생을 등에 짊어지고 허덕일 가능성이 농후하다. 제대로 된 가정교육을 받지 못하고 자란 아이들은 올바른 사회생활을 하기 힘들기 때문이다.

요즘은 부모 참여 교육이 많다. 어린이집부터 부모 참여 교육이 다양하게 이뤄진다. 어디 그뿐인가. 초등학교에서도 부모 참여 교육이

이뤄진다.

아이들이 중학교에 들어갈 때쯤이면 엄마 잔소리로는 한계를 느낀다. 부부가 함께 자녀교육에 힘을 써도 아이들이 힘든 교육 환경을 헤쳐 나가기 힘들다. 엄마 혼자 자녀교육을 담당한다는 것은 자녀들의 한쪽 눈을 가리고 한쪽 귀를 막고 교육하는 것과 같은 의미이다. 자녀교육에 관심이 없는 아빠는 가장으로서 불합격이고 자녀교육을 등한시하는 엄마는 본인의 존재 가치를 쓸모없게 떨어뜨리는 사람이다.

8. 자녀에 대해 하나도 모르는 배우자

자녀의 나이, 생일, 학년, 반, 성적도 모르는 부모라면 밖에서 열심히 돈만 벌어주면 모든 것을 척척 알아서 다 해주는 줄 아는 남편이거나 바람난 엄마다. 엄마가 바람난 가정은 이미 깨진 쪽박이라고 봐야 한다.

가족을 위해서 밤낮으로 일하느라고 잊어버렸다면 그나마 다행이다. 가족을 위하는 마음을 가진 부모가 어쩔 수 없는 환경에 처했다면 이해될 상황이다. 그렇지 않다면 문제 있는 부모다. 자녀의 생일 날짜조차 모른다는 것은 문제가 심각한 부모다. 간혹 생일 날짜는 기억하지만 일주일 전까지 기억하던 것을 깜빡할 수는 있다. 하지만 자녀를 낳아 놓고 무관심인 부모는 늙어서 회한의 눈물을 흘릴 수도 있다.

9. 자녀에게 명령하는 배우자

자녀에게 부모가 생각하는 틀에 맞춰 명령조로 어떤 일이나 행동을 강요하는 부모가 있다. 이런 억압적 분위기에서 자란 아이들은 어릴 때는 말을 잘 듣는 것 같은데 사춘기가 지나면서 반항이 거세진다. 부모의 힘에 의한 강요는 논리적인 대화로 이뤄지는 것이 아니라 비논리적인 억압으로 이뤄지기 때문에 마음 한구석에 불만이 쌓일 수밖에 없다. 이런 가정에서는 아이들 삶의 자세가 능동적인 성인으로 자라는 것이 아니라 수동적으로 자란다.

강요받고 자란 아이들은 부모가 힘이 빠졌을 때 성장기에 배운 대로 답습한다.

"그렇게 하지 말라니까요."

"그러니까 나이 들어 실수를 하죠."

"내 말대로 하면 실수가 없을 것 아니에요."

강압적으로 면박을 주는 행동으로 부모와 자식의 그림이 아름답지 못한 추상화로 변질되는 모습을 상상해 보면 자녀에게 어떻게 행동해야 하는지 답이 나올 것이다.

10. 배우자를 무시하는 배우자

상담을 하다 보면 배우자를 무시하는 배우자가 단골 메뉴로 등장한다. 이런 배우자들이 여기 저기 널려 있다는 것이 문제다. 빨래도 아닌

데 널려 있다는 표현이 심하긴 하지만 빨리 개선되어야 하는 사고력이다. 빨래라면 탁탁 생각을 털어 말리면 되지만 배우자이기에 난감하다. 우리의 전통적인 가족제도가 모계 제도가 아닌 부계 제도이고, 남성 중심적인 성격을 띠고 있었기 때문에 아내는 남편에게 예속되어진 관계로 보았다.

예로부터 관습적으로 아내를 상대적으로 낮추어보는 남편 중심의 가족제도를 그대로 답습한 남편들이 아직도 현존한다. 아내의 운명이 남편에게 달려 있다고 생각하는 사람들이 많은 것이 작금의 현실이다.

가정생활에서 남편이 아내를 아끼고, 사랑하고, 소중히 여기는 것은 혼인생활을 위한 기본적인 소양이라고 하겠다. 그래야만 아이들도 엄마를 존중하고 따른다. 남편이 아내를 무시하는 행동을 하는 것은 지질한 남자들이 선택한 길이다. 지질한 남자가 되지 않으려면 아내를 존중하고 아끼고 사랑해야 한다. 지질한 남편 중에 황혼 이혼을 당하는 경우가 많다. 반면 여성의 지위가 드높아지면서 매 맞고 살지는 않더라도 아내의 구박 속에서 살아가는 남편들이 늘어가고 있다. 남편을 무시하는 가정에서 자라는 아이들 역시 자존감보다는 열등감으로 살아갈 확률이 높다. 그래서 부부는 서로 존중하며 살아야 한다.

11 가족의 단점만 꼬집는 배우자

어릴 때부터 칭찬에 인색한 가정에서 자란 사람들 중에 나타나는 현상이다. 성인이 되어서도 욕구불만이 내재되어 있고 스스로 열등감이 많다. 그러면서도 자식들이 자신보다는 잘나기를 바라는 욕구가 크므로, 배우자와 자녀의 장점보다는 단점이 더 크게 부각되어 보이는 것이다. 가족에 대한 욕심이 없다면 아예 단점이 눈에 들어오지 않는다. 성인이더라도 사랑으로 보듬어 주어야 할 배우자다.

12. 출산에 무관심한 배우자

출산 시 산모에게 있어 내 아이가 탄생한다는 기쁨과 행복감도 있지만 다른 한편으로는 불안과 초조, 두려움 등 여러 감정이 복합적으로 엉켜 복잡한 생각이 뇌를 가득 채우게 된다. 아이를 낳을 때, 대부분의 남편들은 아내의 이 모든 감정들을 이해하고 마음에 안정을 얻도록 배려하지만 간혹 코빼기도 비치지 않는 남편들이 있다.

자녀를 낳을 때, 피치 못할 사정이 아니면 산고를 이해하고 아기가 엄마와 함께 편안한 마음으로 이 세상 빛을 보도록 남편이 힘을 보태야 한다. 자녀를 낳을 때, 특별한 사정없이 제 볼일만 보러 돌아다닌 남편은 평생 '남편놈'으로 전락한다. 출산 때 남편에게 서운한 감정이 생기면 그 아이가 성인이 될 때까지 서운한 마음이 사라지지 않게 된다.

존경은 자신이 존경받도록 행동할 때 받을 수 있다.

13. 아이를 질투하고 모유를 탐내는 배우자

아내가 아들을 출산하고 모유를 수유하자 아기에게 젖을 못 물리게 하는 남편 때문에 화가 나서 다투는 부부가 있었다.

나에게도 아내의 젖을 공유할 권리가 있다는 남편,

아기에게만 젖을 주면 불공평하다는 남편,

젖은 아기가 먹는 것이므로 남편을 이해할 수 없다며 난감한 고민을 털어 놓는 엄마.

가끔 갓 태어난 아기를 상대로 아내를 뺏겼다고 질투를 하며 불만을 토로하는 철없는 아빠가 있다. 아내는 모성 본능을 발휘하여 아기에게 모든 마음이 가게 된다. 이때 남편은 중요하지 않은 사람으로 전락해 버렸다는 고독감으로 외로워한다. 아이가 태내에 있을 때도 외로웠고, 출산 후에도 수유를 통해 아이가 아내와 일심동체가 되어 있는 것에 선망의 감정으로 부러워하는 남편이 있다.

자식에게 아내를 뺏겼다고 질투나 선망의 감정을 가진 남편을 이상한 사람이라고 몰아붙이며 싸우지 말고 이해하고 도와야 한다. 아내는 남편이 아빠의 역할을 할 수 있도록 도와야 한다. 아빠가 적극적으로 아이에게 다가갈 수 있도록 배려해야 한다. 아빠로서 아이에게 애정을 가지고 엄마와 함께 아기를 돌볼 수 있도록 배려하면, 남편의 아내를 독점하고자 했던 감정들이 아기에게로 돌려지게 된다.

아빠가 아기와 접촉하면서 아기에 대해 잘 알게 되고, 애정이 싹트기 시작하면 시간이 흐를수록 아이를 질투의 대상으로 보지 않는다. 아내의 애정을 갈구하던 남편은 좋은 아빠로 재탄생하게 된다. 지혜로운 여성만이 아내이자 엄마가 되어 순탄한 항해로 자녀들에게 행복을 선사할 수 있다. 남자는 결혼과 동시에 애가 되고 애는 자라면서 어른이 된다.

14. 아이와의 접촉을 피하는 배우자

시대가 많이 변하여 요즘 젊은 아빠들은 대부분 아이 양육에 적극적이지만, 간혹 마음속으로는 아이가 예뻐 돌보고 싶어도 남자가 아이에게 매달리는 것은 채신머리없다거나 간혹 딸아이를 내가 어떻게 다루나 하는 조심스러운 생각에 일부러 아이와의 접촉을 피하는 아빠들이 있다. 아내는 이런 남편으로부터 스트레스를 받게 된다. 그런 경우 자연스럽게 아이와 접촉할 기회를 만들어 주는 것도 아내이자 엄마로서의 역할이다.

아이를 목욕시킬 때 혼자서 힘들다며 아기를 한 번쯤 물속에 퐁당 빠뜨리는 시늉만이라도 하면서 남편에게 도와달라고 구조요청을 해 보자. 남편이 기겁하며 도와줄 것이다. 또는 산후 후유증으로 아이를 안기 힘들다고 남편에게 아이를 안고 우유를 먹여 달라고 해 본다든가. 시댁 일을 핑계 삼아 몇 시간 남편에게 아이를 맡길 기회를 만들어라.

남편이 처음에는 곤혹스러워하다가도 차츰 적응하게 될 것이다. 남편이 아내와 함께 아이를 양육해야 아이와 부모와의 애착 관계도 좋아진다. 엄마 역시 잠시라도 자신만의 시간을 즐기게 되면 정신 건강상으로도 양호하게 될 것이다. 엄마만 양육에 몰두하면 육아 스트레스로 아이한테도 좋지 않은 영향을 미치게 되고 남편은 남편대로 겉돌게 된다. 아빠와 아이가 애착 관계로 이어져야 한다. 사춘기 때 아빠와 아이의 대화가 원활하게 풀려야 가족이 화목하게 지낼 수 있다.

15. 자녀양육에 협력하지 않는 배우자

'나는 돈 벌어 주면 되고 아이들 양육은 당신 책임이잖아' 요런 마인드로 자녀들과 아내가 충돌이 있을 때조차도 개입하지 않는 밉상인 남편이 있다.

아이들이 엄마에게 강한 애착을 느끼는 만큼 엄마의 의사에 반하는 저항도 크다. 저항심을 나타낼 때 엄마의 격한 태도에 따라 아이들도 같이 분노를 나타내다가 상황이 악화되면 간혹 가출로 이어지기도 한다. 모자, 모녀 관계가 수렁에 빠지면 중재 역할을 할 사람이 필요한데, 이럴 때 아빠의 개입이 필요하다. 아빠의 지혜로운 개입은 갈등의 분위기를 잠시 가라앉히고 서로 생각할 수 있는 시간을 준다. 뭐가 잘못된 것인지 자신을 재점검해 볼 수 있는 시간을 가져보기도 하고, 반성의 기회로 삼는다.

아빠의 애정 어린 개입은 가족 구성원의 현명하고 올바른 조화를 가져온다. 자녀와 아빠의 애착 관계가 형성되어 있지 않은 가정은 대화가 끊기고 가족 관계가 남보다 못한 경우로 이어지기도 한다. 아빠들은 언제나 가정이 화평할 수 있도록 아내와 자녀들에게 충고를 할 수 있는 권위 유지를 하고, 부드러운 미소를 잃지 않는 남편이 되도록 노력해야 한다. 세상살이가 아무리 바쁘고 힘들지라도 자녀를 키우는 데 아내와 잘 협력하는 남편이 되어야 한다.

16. 보증을 서거나 돈을 빌려주는 배우자

보증을 서거나 돈을 빌려주어 가족을 힘들게 하는 사람은 골치 아프고 한심한 배우자다. 사업을 하거나 먹고 살려고 최선을 다하다가 집을 날리고 가정이 풍비박산 나면 억울하지는 않다. 한순간 지인의 보증 사인 하나로 가정이 고통과 고뇌의 나날을 보내야 하고 자녀들의 삶에 치명적인 상처를 내게 하는 배우자면 곤란하다.

가정을 위해서라면 해서는 안 되는 일을 지인이 부탁할 때 냉정하게 거절할 줄도 알아야 한다. 결혼을 하면 모든 일에서 가족이 우선시되어야 한다. 가족이 불행하게 되는 일은 절대로 하면 안 된다. 그럼에도 불구하고 가족 몰래 보증을 서거나 신용대출까지 내서 돈을 빌려주는 사람들이 있다. 사귈 때 보면 지인들에게 싫은 소리를 못하고 누가 도와 달라고 하면 앞뒤 안 가리고 도와주는 사람들이 있다. 바깥에서 보면 좋은 사람으로 보이지만 내 배우자가 되었을 때는 골치 아픈 일이 한두 가지가 아니다.

내 가정을 챙길 줄 모르는 사람은 좋은 배우자가 아니다.

17. 쉽게 사기당하는 배우자

요즘 주변에 명예퇴직을 하는 사람들이 몇 집 건너 한 집씩 나온다. 좋은 말로 명예퇴직이지, 본인들은 평생을 바쳐 온 조직체에서 어느 날 갑자기 잘렸다는 절망감으로 인생의 척추가 끊긴 기분이라고 한다. 그리고 눈만 뜨면 일터로 나가던 습관이 몸에 배어 하루 이틀 시간이 지나면 불안하고 초조하여 명퇴금을 안고 이곳저곳 기웃거리다 사기꾼의 표적이 된다는 것이다.

사기꾼의 표적이 되면 십중팔구 당하고 만다. 정년퇴직이 아닌 명예퇴직을 한 경우 자녀들이 아직 성년이 되지 않은 경우가 많다. 성년이 되지 않은 자녀들이 성년이 될 때까지 밑받침을 해 줄 돈을 날리고 나면 가족은 서로 찢어지는 아픔을 겪어야 한다. 명예퇴직금을 사기당한 경우는 명예퇴직금으로 사업을 하다가 망한 경우보다 가족해체가 더 빨리 온다는 연구 결과도 있다.

요즘 직장은 정년 보장을 기대하기 어렵다. 명예퇴직은 누구나 겪을 수 있는 상황이다.

명예퇴직금을 사기당하는 사람들의 유형은 다음과 같다.

첫째: 귀가 얇아 평소에도 남의 말에 솔깃해 하는 경솔함이 보인다.

둘째: 평소에 가족과 대화나 토론 문화가 없다.

셋째: 배우자의 말을 무시하는 경향이 있다.

18. 준비 없이 사업하다 빚까지 지는 배우자

요즘 주변에 많이 나타나는 현상 중 하나가 젊은 나이에 명퇴금을 받아 사업에 도전하는 것이다. 직장에서 경영을 배우지 못한 사람들이 사업을 한다는 게 그리 쉽지 않다. 남의 밑에서 직원으로 근무하는 것과 내가 주인이 되어 경영을 하는 것에는 차이가 많다. 경험 없이 시작했다가 퇴직금은 물론이고 빚까지 져서 찜질방을 전전하는 사람들이 있다. 사업을 해서 멋지게 직장 동료들 보란 듯이 성공하고 싶은 마음에서, 또는 돈을 벌어 가족을 먹여 살려야 한다는 강박증 때문에 일을 벌인 경우도 있을 것이다.

가보지 않은 낯선 길을 가려면 충분히 검토하고 돌다리를 몇 번이고 두들겨 보아야 한다. 사전 경험을 하지 않고 급하게 서두르는 남편이 있다면 아내가 지혜롭게 대처해야 한다. 남편이 허둥지둥하거나 의기소침해 있을 때, 아내가 현명해야 나도 살고 자녀들도 험한 꼴을 당하지 않는다.

내 분신 같은 아이들을 그동안 잘 키워왔는데 명퇴 시점에서 그르치면 안 된다. 남편이 명퇴했다고 아내가 남편들을 쥐 잡듯이 닦달하거나 무능력하다고 비웃어도 안 된다. 앞으로 어떻게 사냐고 한숨을 들이쉬고 내쉬면, 남편들이 다급한 마음에 덜컥 일을 저질러 땀으로 인내로 평생을 바쳐 얻은 돈을 몽땅 날리고 폐인이 될 수도 있다.

명퇴를 했더라도 당당한 남편이 될 수 있도록 아내가 남편을 격려해야 한다. '함께 벌어 조금 아끼며 살자' 고, '당신 그동안 너무 열심히 일했다' 고, '하느님께서 잠시 휴식이란 선물을 줬다' 고, 힘과 용기를 줘야 한다. 가족 모두 아빠에게 따뜻하게 대하고 아빠는 잘할 수 있다는 믿음과 사랑으로 보답하면 마음에 여유가 생겨 지금 당장은 힘들어도 실패할 확률이 줄어든다.

아내는 명예퇴직한 남편을 성공시키기도 하고 무능력하게 만들기도 한다.

자녀 성공에 비협조적인 배우자 유형

지질한 유형의 배우자들이 부지기수로 많다. 25년 동안 상담을 하면서 힘들어하는 배우자의 대표적인 유형 100가지를 분류하고 그 중에 67가지는 지질한 배우자들로 분류해 보았다.

나도 지질한 유형에 몇 가지 해당되는 것 같다.

성인이 되면 의사 결정도 본인 스스로 해야 하며 책임과 의무도 혼자 지고 가야 한다. 그렇기에 성인이 되어 어떤 길을 선택할 때 매우 신중하게 결정해야 한다. 데이트를 하면서 결혼 후 나타날 수 있는 성향 분석을 해 보고 아래와 같은 경향이 보인다면, 선택은 자유다. 선택하지 않든가, 선택해서 참고 살든가, 고쳐보며 살든가.

선택은 스스로 하는 것이지만 살면서 서로 맞지 않는다고 이혼을 마음대로 하면 안 된다. 아이가 없는 상태라면 마음대로 이혼해도 괜찮지만 자녀가 있다면 이혼할 때, 꼭 아이들 승낙을 받아야 한다.

- 늘 술에 취해 횡설수설하며 가족을 괴롭히는 배우자
- 내 초라함을 자녀를 통해 보상받으려는 배우자
- 자녀를 비인격적으로 멸시하는 배우자
- 가족과 같은 취미가 한 가지도 없는 배우자
- 밖에서 받은 스트레스를 가족에게 푸는 배우자
- 가족과의 대화에 담쌓은 배우자
- 모든 것을 돈으로 해결하려는 배우자
- 게으른 배우자
- 씻지 않아 냄새나는 배우자
- 왕년에 잘사는 집 자손이었다며 등골 빼먹는 배우자
- 주말마다 남녀가 어울려 등산가는 배우자
- 배우자가 아닌 이성에게 시중드는 배우자
- 가족과 한 약속은 지키지 않아도 무방하다고 생각하는 배우자
- 집 안을 담배 냄새로 찌들게 하는 배우자
- 경제개념이 부족한 배우자
- 남에게는 후하고 가족에게는 짠 배우자
- 아내는 일터에서 고생하는데 혼자 폼 잡고 다니는 배우자
- 바깥 대인 관계는 좋으면서 집에서는 벙어리 행세하는 배우자
- 생활비가 부족한데 분수에 맞지 않게 허세 부리며 돈 쓰고 다니는 배우자
- 자신은 무절제하면서 자녀에게만 엄격한 배우자

- 외박을 자주 하는 배우자
- 자기밖에 모르는 이기적인 배우자
- 맞벌이하면서 청소 한 번 도와주지 않는 배우자
- 술 먹고 늦게 들어와 자녀들을 깨워 얼차려 시키는 배우자
- 자녀의 잘못된 행동을 꾸짖지 않고 인기 관리하는 배우자
- 생활 습관이 잘못되어 늘 어수선하게 어질러 놓는 배우자
- 술 먹고 자기 몸 관리를 잘못하여 늘 여기 저기 아프다는 배우자
- 돈을 빌려 쓰고 가족에게 떠넘기는 배우자
- 컴퓨터 게임과 화투에 집착하는 배우자
- 자기 취미 생활만 고집하는 배우자
- 성격이 모나고 뾰족한 배우자
- 신경질을 밥 먹듯이 내는 배우자
- 가족을 믿지 못하는 배우자
- 매사 포기가 빠른 배우자
- 가족을 우울하게 하는 배우자
- 이혼을 입에 달고 사는 배우자
- 자녀들과 늘 싸우는 배우자
- 가족을 팽개치고 단체 여행 다니는 배우자
- 가족 일도 해결 못하면서 오지랖 넓게 남을 돕는다는 배우자
- 아내를 가정부 취급하는 배우자
- 가족을 심부름꾼으로 생각하는 배우자
- 부부가 아닌 이성들과 차 마시고 드라이브 다니는 배우자
- 가족에게 쓰는 돈은 아까워하면서 타인에게는 씀씀이가 헤픈 배

우자

- 아침에 깨우기 전에는 안 일어나는 배우자
- 새벽에 친구들을 자주 집에 데리고 오는 배우자
- 외상으로 술 퍼먹는 배우자
- 삶에 원칙이 없는 배우자
- 권위라곤 눈곱만큼도 없는 배우자
- 한탕 할 생각만 하는 배우자
- 기분 따라 직장을 옮기는 배우자
- 싸우기만 하면 시댁과 친정으로 쪼르르 달려가는 배우자
- 친정, 시댁을 모욕하거나 경멸하는 배우자
- 직장에서 화난 감정을 집에 와서 트집으로 푸는 배우자
- 줄담배 피우는 배우자
- 이웃과 툭하면 싸우는 배우자
- 난폭운전을 하는 배우자
- 자기 몸만 챙기고 자기 보약만 챙기는 배우자
- 자기 조절 능력이 없는 배우자
- 평생 책 한 권 안 읽는 배우자
- 허풍쟁이 배우자
- 초저녁에 자다가 일어나 새벽 2~3시에 먹을 것 달라는 배우자
- 밤새워 혼자서 야동 보는 배우자
- 주의산만으로 정신없는 배우자
- 절약정신이 투철하여 저승 갈 때 돈 갖고 가겠다는 배우자
- 매사에 부정적이고 불만만 가득한 배우자

- 자신의 명예만 지향하여 가족을 힘들게 하는 배우자
- 나이 들수록 졸졸 쫓아다니며 시시때때로 잔소리하는 배우자

불행한 환경으로 인한 시기별 트라우마 증상

사람들은 때에 따라 불행한 환경에 처하는 경우가 있다. 이러한 환경들은 어떻게 극복하느냐에 따라 인생전체 성패에 크게 작용하기도 한다.

올바로 극복하는 경우, 모범적인 사례로 주위로부터 칭송을 받기도 한다. 그러나 단순히 위기를 모면하기 위한 극복이라면 전혀 다른 양상이 자신을 옭아매게 된다. 특히 어린 시절에 겪은 불행한 환경은 성장하면서 여러 가지 부작용을 일으킨다. 일어나는 현상들을 미연에 알고 대처능력을 기른다면 그나마 부작용의 폐해를 줄일 수 있을 것이다. 해결책을 마련하기 위한 부작용의 사례를 정리해 본다.

1. 아동기-청소년기 증상

- 야뇨증
- 잦은 싸움
- 폭력행사
- 병적 거짓말
- 제멋대로의 행동
- 밤늦게 돌아다니는 행동
- 잦은 결석
- 책임감 결여
- 불량한 옷차림
- 불량 친구와의 교제
- 훔치는 행동
- 폭행
- 충동성
- 가출
- 성범죄
- 성도착

2. 성인기 증상

- 사회적 규약을 위반하거나 사회적으로 해가 되는 행위를 한다.
- 미성숙한 사고력과 반항적 가치관을 갖고, 사회 규율을 어기고

타인의 권익을 침해하는 반사회적 행동을 보이는 이상 성격이 나타난다.

- 비정상적·비생산적·반사회적 행동방식에 괴로워하지도 바꾸려 하지도 않으며, 반사회적 행동으로 자기만족을 누린다.
- 어릴 때 형성된 욕구불만의 강도가 증가하면 성인이 되어 큰 범죄자로 이어진다.
- 핑계와 거짓말로 모면하고 잘못했다는 느낌을 갖지 않는다.
- 겉보기에도 반항적이고 겉도는 행동을 한다.
- 주기적으로 발작적인 반사회적 행동을 반복한다.
- 대인관계 부적응·일처리 능력 부재 현상이 드러나며 극도로 자기중심적이고 정서적으로 불안정하다.
- 자기 눈앞에 이득이 이루어지지 않을 때 쉽게 흥분하고 난폭해진다.
- 보기에는 귀엽고, 착하고, 남의 기분을 잘 알아주는 것 같고, 현명해 보이기도 하고, 지능도 정상인 편이고, 말도 합리적인데 반사회적인 행동을 한다.
- 결혼생활 적응이 어렵다.
- 직업 적응이 힘들다.
- 경제적 독립을 못하는 경우가 많다.
- 술, 약물 상습 복용, 성적 문란 증상이 나타난다.
- 행동에 대한 옳고 그름을 모르고 자기 생각만이 법이다.

제6장

자녀의 운명 바꾸기

자녀를 키울 준비가 된 가정

사랑해라. 열심히 사랑해라. 후회 없이 정열적으로 사랑을 해라. 사랑이 찾아오면 눈멀고 귀 막고 코까지 막혀버리는 가슴 벅차도록 설레는 행복감에 젖을 수 있다. 사랑은 눈물의 씨앗이 아니라 행복하고 아름다운 것이다.

그런데 사랑과 임신은 별개의 문제이다. 아이가 성인이 될 때까지 책임지지 못할 임신은 다시 한 번 생각해 봐야 한다. 요즘은 혼수로 아이를 임신한다고들 하는데 부모가 될 준비를 하고 아이를 잉태하는지 묻고 싶다. 책임감 없이 아이를 잉태하는 것은 바람직하지 못한 일이라 생각한다. 자신들이 좋은 아빠, 엄마가 될 준비가 되어 있다고 판단이 섰을 때 아이를 잉태해야 한다.

어린이집과 유치원을 운영하며 부모의 잘못된 처신으로 불행한 아이들을 볼 때마다 마음이 많이 아팠습니다. 어린아이들이 죄 없이 주눅 들고 고통 받는 모습에 가슴이 아리아리하도록 화가 치밀어 오르곤 했습니다.

부모로부터 상처받고 자란 아이들은 '내가 왜 우리 부모 밑에서 태어났을까?' 하고 생각해 본 적이 있을 것입니다. 여러 가지 생각을 하며 '숙명이야' 또는 '운명이야' 라고 종결짓고 또 현실 적응을 위해 하루, 일 년, 이 년, 십 년, 이십 년 세월을 보내다 보면 어느새 자신이 남편과 아내가 되고, 상처를 주던 부모님과 똑같은 모습이 되어 있음을 알게 될 것입니다.

자식 입에서 '내가 왜 우리 엄마, 아빠 같은 사람한테서 태어났지' 몸서리치며 '우리 부모 밑에 태어나지 말았어야 하는데' 란 말이 나오지 않게 해야 한다고 생각합니다.

우리나라 이혼율은 심각할 정도로 높다. 이혼 당사자들도 상처를 받지만 미성년 자녀들의 상처는 부모 이상으로 깊고 아프다. 앞에서도 서술했지만 자녀들이 부모를 선택한 것이 아니다. 그렇기에 아이들에게 아픔을 줘서는 안 된다. 책임질 수 없는 임신은 죄악이다. 부디 사랑은 원 없이 하더라도 임신은 신중하기를 바란다.

시대가 변하여 여성 상위 시대라고 하지만, 여자는 어떤 배우자를 만나는가에 따라 제2의 새로운 인생이 만들어진다. 착한 여성분들이 남편을 잘못 선택하여 고통의 나날을 보내다가 이혼하는 경우를 많이 봤다. 결혼은 신중해야 하고 임신은 더욱더 신중하게 생각해야 한다.

결혼을 하고 살다 보면 연애할 때와 달리 상대방의 현실적인 단점들을 발견하게 된다. 이해심이 부족하다 보면 서로의 실망스런 부분들 때문에 할퀴고 싸우기도 한다. 가정사의 각종 현실적인 문제에 봉착했을 때, 이겨낼 자신이 생기면 그때 아이를 잉태하는 것이 좋을 것이다.

가정의 중심에 서는 남편이 부모 역할 수행에 충실할 수 있는 자신감이 섰을 때, 엄마로서 제 역할을 할 수 있을 때 아이를 가져도 늦지 않다. 이미 결혼해서 아이를 가졌다면 아이가 성년이 되기 전에 가급적 이혼은 하지 말아야 한다. 부모는 아이가 성년이 될 때까지 가정이란 둥지를 따뜻하고 포근하게 잘 지켜야 할 의무와 권리가 있다.

복불복으로 태어난 자녀를 책임지는 가정

"잉태되고 싶다고 졸라서 잉태된 사람 손들어 보세요."

"없지요."

"태어나고 싶다는 의사를 밝히고 태어난 사람 손들어 보세요."

"안 계시지요."

"본인이 부모를 지정해서 태어난 사람 손들어 보세요."

"있을 수 없지요."

"이 나라를 선택해서 태어난 사람 손들어 보세요."

"묻는 사람이 바보지요."

아무도 없다.

우리는 우리의 의사와 상관없이 운명이라는 말로밖에 설명할 수 없는 인연의 고리로 부모와 자식이라는 명칭으로 맺어진다. 과학이 아무리 발달한다 해도 설명할 길이 없다. 정자와 난자가 만나서 생명체를 얻었다는 것만 말할 수 있다.

가난한 부모, 부유한 부모, 지식이 많은 부모, 배움이 없는 부모, 자식을 사랑하고 아끼는 부모, 자녀를 버리는 부모 등 좋은 인연인지, 악연인지도 모르고 복불복으로 태어났다. 운 좋으면 훌륭한 인격을 갖추고 좋은 환경을 제공하는 부모 밑에 태어난다. 행복이 가득한 가정에 태어난 자녀들은 평생을 유복하게 잘 자란다. 사랑으로 자란 사람은 고난 극복을 유연하게 할 수 있는 힘도 부모로부터 물려받는다.

우월 유전인자와 더불어 좋은 환경을 제공한 부모는

행복을

봉사를

리더를

성공을

자녀가 배우도록 한다.

자식에게 고난과 고통이 어떤 것인지 철저하게 가르치는 부모는

술에 취해

성욕에 취해

도박에 취해

폭력에 취해

게으름에 취해

권력에 취해

돈에 취해

종교에 취해

정신병에 취해

마약에 취해

이기심에 취해

고난과 고통을 준다.

우월한 유전인자와 더불어 좋은 환경을 제공하는 부모와 성장과정을 함께 했다면 행운아다. 요즘 청소년들이 하는 말로 땡잡은 것이다.

자녀들의 아픔과 고통은 생각조차 해보지 않고 제멋대로 사는 부모도 많다. 자식의 삶을 피폐하게 만드는 부모들이다. 자식들을 슬프고 어둡고 불행하게 만드는 부모들이다. 운이 없으면 고난과 고통을 주는 부모를 만난다. 이런 부모를 만난 아이들은 성장과정에서 얻은 상처가 많아 그리운 추억과 행복한 가슴을 갖는 데 어려움을 겪는다. 아이를 낳아 놓고 부모가 책임을 회피하거나 돌봄이 부족하면 아이의 인생은 평생 세찬 폭풍을 맞게 된다.

부모로서 자격을 갖추지 못한 부모를 만나 가정과 사회의 냉대 속에 자란 사람들 사연은 가슴 저리도록 아프고 슬프다. 그 사람들의 꽁꽁 숨긴 마음을 풀어 놓는다면 웃고 우는 사연들이 살아온 햇수만큼 상처 깊은 책으로 엮어질 것이다. 그들은 부모로부터 벗어날 때까지 삶이 엄동설한이다. 봄이 오기만을 간절히 기다리며 추위에 오들오들 떠는 풀잎처럼 말이다.

자식이 성년이 되기까지 20년은 부모와 자식이란 관계로 동행하게 되는데, 부모에게는 막중한 책임과 의무가 있다. 그런데 의무는 팽개치고 권리 주장만 하는 부모를 우리는 어떻게 받아들여야 할까. 결정은 각자의 몫이다. 이 세상에 운 좋게 태어났건 불운을 지니고 태어났건 고뇌의 바다에 던져진 것은 마찬가지다. 살아봐서 알겠지만 이 세상에서 살아간다는 것은 고난 극복의 길이다. 파도와 싸우며 따스한 육지로 헤엄쳐 나가는데 좀 더 편하게 가느냐, 머리통에 쥐나도록 힘들게 가느냐의 차이다.

태어나는 순간부터 우리는 숨이 트이기 위해 우렁차게 웃는 것이 아니라 울기부터 시작한다. 출발점이 울음이다. 그런데 엄마 뱃속에서 웃는 것을 이미 배웠다는 것을 잊지 마라. 양수 속에서 헤엄치는 것도 배웠고 행복해서 웃는 것도 배웠다. 그러므로 인생이란 눈물바다에서 헤엄치며 가더라도 웃으며 가야 행복하다.

다복한 가정에서 성장한 아이들은 부모의 도움으로 세찬 파도를 수월하게 이기며 인생개척을 하지만 불행한 가정에서 태어난 아이들은 혼자의 힘으로 안간힘을 쓰며 고통의 바다에서 벗어나야 한다. 그럼에도 힘을 보태 주는 이가 없어 극복의 길이 참으로 험난하다. 대한민국 정부라는 큰 부모가 그 역할을 해 주면 좋으련만 그것 역시 한계가 있다. 그래서 스스로 극복의 힘을 길러야 한다.

난봉꾼 부모를 만났다면 훌륭한 부모를 만난 아이보다 마음공부를 더 해야 한다. 불행을 털어내자면 자신의 뇌가 스스로 행복을 느낄 수 있도록 훈련을 해야 한다. 노력하면 된다는 긍정적인 생각을 가져야 한다. 아무리 거친 파도라 해도 부서지기 마련이다. 파도는 물러났다

돌아오기를 반복하지만 열심히 노력하면 빨리 육지로 헤엄쳐 나올 수 있다. 불행하다고 생각하고 주저앉으면 인생이 구정물 속에서 허우적거리게 된다.

일부 사람들은 부모가 낳아준 것만으로도 감사해야 한다고 말한다. '내가 아니면 어떻게 태어났냐' 고 당당하게 말한다. 자식을 만든 것에 대한 권리 주장은 진정한 사랑이 깃든 의무와 책임을 완수한 사람들만이 할 수 있는 소리다. 책임을 지지 않는 부모는 그런 말을 하면 안 된다.

태어나고자 원하지도 않았고 자신의 의지와 상관없이 태어난 자식들이다. 아이가 성인이 될 때까지 부모가 돌보는 것은 희생이 아니다. 키웠다고 생색낼 일도 아니다. 자식은 부모의 소유물도 아니다. 내 인생이 불행했다면 자식의 인생에게만큼은 행복의 문을 열어줘야 한다고 생각해야 한다. 자식을 성인이 될 때까지 책임지지 않고 불행하게 만들 것 같으면 결혼하는 것까지는 말리지 않겠지만 자식은 낳지 않기를 부탁한다.

자식은 부모에게 잉태시켜 달라고 원하지 않았다. 복불복으로 영문도 모르고 태어났다는 사실을 잊어선 안 된다.

자녀를 보물단지로 키우는 가정

나는 '애물단지' 인가, '보물단지' 인가.

내 자식은 '애물단지' 인가, '보물단지' 인가.

보물단지가 되는 이치만 보면 간단하다. 내 자식들이 보물이 될 거란 믿음을 가지고 성공의 길을 찾아가도록 정성껏 키우면 된다. 그런데 그 정성껏 키운다는 것이 주관성이 아닌 객관성을 유지해야 하므로 쉽지 않은 것이다.

성인이 될 때까지 부모는 자녀교육에 객관성을 유지하며 최선을 다하면 된다. 성인이 되기 전까지 싹을 틔우고 기본 골격을 만들어 놓으면 성인이 되어서는 스스로 자신이 보물단지가 되고자 노력하든지 대충 살든지 자기가 알아서 살아갈 삶이다. 성인이 되어서도 자신의 마인드컨트롤이 잘 되지 않아 삶을 치고받으며 살아가는 사람들이 흔히 쓰는 말이 있다.

'생겨 먹은 대로 살다 갈 거야.'

생겨 먹은 대로 살다 보면 상처투성이 삶이 된다. 많이 부딪힌 단지는 금이 가서 내용물이 새기 마련이다. 금이 가서 내용물이 새면 빨리 보수를 해야 하는데 계속 생겨 먹은 대로 살다 보면 완전히 와장창 깨져버리고 만다. 옛날에는 단지가 깨지면 사금파리 놀이를 하거나 땅따먹기 놀이를 하는 데 쓰이기도 했다. 하지만 지금은 무용지물이다. 단지 파편은 타인에게 상처를 입히는 폐기물로 전락했다.

남에게 상처를 입히는 사람들을 보면 그들도 잘나고 싶고, 보물을 갖고 싶고, 보물이 되고 싶은 욕구가 강하다. 남을 이기고자 하는 본능은 뱃속에서부터 가지고 태어난다. 동물세계에서도 잘난 놈이 먹이도 먼저 차지하고 암컷도 마음에 드는 상대를 골라 종족번식을 한다. 하물며 만물의 영장이 잘나고 싶은 욕구가 없다면 인류의 발전 가능성이 없다.

사람들은 욕구충족이 안 되면 부러운 사람들을 시기·질투하고 분노표출로 자신의 사고에 합리화한다. 시기와 질투는 스스로 만족하지 못하는 마음에서 오는데 남을 시기하고 질투하다 보면 저절로 화가 오르고, 화가 오르면 머릿속이 과열되어 자신의 삶을 상처내거나 태워먹기도 한다. 시기와 질투가 없는 사람을 우리는 성인군자라 하거나 신의 경지에 올랐다고 한다. 신의 경지에 오르는 것 역시 좋은 것만은 아니다. 우리는 이 시기·질투를 잘 승화시켜 성공이란 것을 잡기 위한 수단으로 건전하게 사용하면 된다.

시기·질투로 남을 비방하고 해하려는 마음이 생기면 그 생각을 버려야 한다. 마음 다스리기를 못하면 분노 표출을 자주 하는 애물단지가 된다. 화를 잘 다스리고 분노를 잠재우기 위해 참는 방법을 찾아야 한다. 이때 참을 '인(忍)' 자가 필요하다. 이 '참을 인(忍)'을 '어질 인(仁)' 자로 바꿀 줄 아는 사람이 성공 줄을 잡는 보물단지가 된다. 잘나고 싶은 마음만 가득하고 노력하지 않으면 애물단지로 살아가게 된다.

재능을 부지런히 갈고 다듬어 남에게 도움을 줄 수 있는 능력으로 잘 승화시켜 사회 공헌자가 되면 자연히 보물단지로 살아갈 수 있다. 보물단지가 되어서도 빛나고 많은 사랑을 받으려면 남을 더 사랑하고, 더 열심히 일하고, 더 배려하고, 더 나누면 된다. 대표적인 분이 반기문 유엔 사무총장이다. 세계 평화와 행복을 위해 사랑을 베푼다. 배려하고 나눠 주고 쉬지 않고 일한다. 그래서 빛난다. 눈부시게 빛난다.

말썽부리는 자식이 애물단지가 아니라, 부모인 내가 애물단지를 대물림으로 준 것은 아닌지 한 번쯤 생각해 봐야 한다. 눈부시게 성공한 사람들 뒤에는 그 길로 인도한 부모님이나 배우자가 있다. 자신이 애물단지로 성장하고 자녀까지 애물단지로 키워 놓으면, 노후엔 깨지거나 금이 간 단지로 비바람을 피하지 못하고 나락으로 뒹굴게 될 수도 있다. 반기문 유엔 사무총장처럼 세계 중심의 큰 인물이 되어 빛이 나면 좋고, 그 정도까지 인류 공헌자가 되지 못하더라도 사는 동안 내 위치에서 보물단지가 되어 주변에 뭐든지 서로 나누며 행복하게 살다 가면 향기로운 삶이 되는 것이다.

어차피 태어난 인생, 잘 살아야 하지 않겠는가.

가시덤불을 밟고 성장하는 가정

'자식' 이라는 존재가 잉태될 때, 자녀 의지와 상관없이 부모님의 본능적 행위로 이뤄진 것이다. 사람들은 본인이 부모를 정하지 못하고 본인의 의사와는 관계없이 부모를 만나게 되는 것을 운명이요, 팔자요, 인연법이라 부른다.

물어보고 싶다.

부모님을 만난 것을 감사하게 생각합니까?

'예' 라고 바로 대답이 나오면 행운아이다.

세상에 태어난 것에 고마워하고 있습니까?

'예' 라고 바로 대답이 나오면 축복 받은 인생이다.

안 태어났으면 좋았겠다고 생각하지만 부모님을 만난 것은 감사하게 생각합니까?

'예' 라고 바로 대답이 나오면 감사한 가족이다.

안 태어났으면 좋았겠다고 생각합니까?

'예' 라고 바로 대답이 나오면 행복하지 못한 인생이다.

부모님을 만난 것을 악연이라 생각합니까?

'예' 라고 바로 대답이 나오면 불행한 인생이다.

세상에 태어난 것은 고맙지만 부모님을 만난 것은 악연이라 생각합니까?

'예' 라고 바로 대답이 나오면 그래도 은혜 받은 인생이다.

우리는 태어날 때도 내 마음대로 태어나지 못했듯이 이 세상을 살아가면서도 자신이 원하는 대로 살지 못하는 경우가 많다. 살아가면서 나보다 좋은 조건을 가진 사람들을 보면 시기와 질투를 느끼고, 누군가는 태어날 때부터 가진 것을 아등바등 수십 년을 노력해도 가질 수 없을 때는 분노와 좌절을 느낀다. 그러면서 자포자기하듯 한 마디 내뱉으며 스스로 위안을 삼는다. "팔자야! 내 타고난 팔자야!"

내 삶이 불행한 곳에 매달렸다면 그 타고났다는 운명을 팔자. "팔자야!"를 "야, 팔자."로 단호하게 결정한 뒤, 팔아 버리고 새로 시작하자. 만약 불행하다고 생각하는 그 운명을 팔고 새로운 운명을 개척하지 못한다면, 자신은 물론 자녀들까지 가시덤불 속에서 나오지 못할 확률이 높다.

내가 태어난 가정이 행복한 곳이라면 좋은 '팔자!' 에 감사하며 인류에 공헌하는 삶을 살면 된다. 좋은 부모에게 당첨되었고 편안하게 사랑받고 살았다면 사랑받은 만큼 힘든 사람들에게 덕을 베풀고 살아야 한다. 만약 가시덤불을 밟고 성장해야 하는 가정 속에서 자랐다면 자녀를 위해서라도 운명을 바꾸어야 한다.

장담하건대 운명은 바꿀 수 있습니다.

술과 도박 그리고 여자를 즐기는 아버지 덕분에 가정풍파라는 모진 인생을 배웠지만 바꿀 수 있다는 신념을 흩트리지 않고 바꿔보았기에 운명을 바꾸라고 당당히 말할 수 있습니다.

나쁜 운명은 잘사는 집의 게으른 인간에게 주고, 부지런히 일하여 잘 사는 운명을 움켜잡으면 됩니다. 행복의 문으로 들어갈 수 있는 운명을 받아들이고자 결심이 서면 뒤는 돌아보지 말고 앞과 옆을 살피며 성실하게 열심히 뛰면 새로운 세상이 펼쳐집니다.

나는 노력으로 운명을 바꿨습니다. 신바람 나는 행복한 운명으로 갈아탔습니다.

첫째, 결혼 후 내가 만든 가정생활은 가화만사성의 본보기로 만들고자 인내했습니다.

청소년기부터 아버지가 오시는 날에는 온 집안에 평지풍파가 일었습니다. 지긋지긋한 나날이었습니다. 죽고 싶은 나날이었습니다. 집안에 온통 평지풍파가 일어 작살내는 일이 지속되다가 결국 집안이 풍비박산 났습니다.

단아하고 모성애가 강했던 어머니가 중심을 잡고 집안을 끌어줘서 형제 우애는 돈독했고, 서로를 위할 수 있었지만, 참으로 고통스런 가정사를 안고 있어서 결혼은 지옥문으로 들어가는 것이라고 생각했던 적도 있습니다. 결혼을 하면 내 손에 장을 지지겠다고 호언장담하기도 했었습니다. 아이를 낳느니 혀 깨물고 죽겠다고 생각한 적도 있습니다.

그래서 결혼 후, 모든 생활의 중심을 오로지 가화만사성에 두고 가정이란 둥지를 따뜻하게 가꾸는 데 최선을 다했습니다. 집안이 화목하면 모든 일이 잘 성취된다는 가화만사성의 뜻처럼 다행히 결혼생활에 만족하도록 하는 일마다 잘 되었습니다.

남편은 회사에서 성실하고 빈틈없이 일하고 '7시 땡 맨'으로 집으로 귀가하여 늘 가족과 즐기면서 오로지 아내와 딸을 사랑하고 아낍니다.

그런 남편을 존경합니다.

신혼 초와는 달리 시어머니도 둘째 며느리가 최고라며 나를 인정해 주셨습니다.

황송하게도 어머니의 재산을 큰아들, 내 남편인 작은아들, 큰며느리, 시누이가 아닌 작은며느리인 나에게 모두 주신다고 가족들에게 공표하고 유언장을 작성해서 주셨습니다.

나는 결국 사랑받는 며느리가 되었습니다. 시어머니와의 관계 개선에 성공하여 귀염 받고 인정받는 며느리가 되었습니다. 우리 집에는 늘 웃음이 있습니다. 노력해서 안 되는 일은 없습니다.

둘째, 자식이 원하는 길을 순탄하게 가고 있습니다.

딸도 잘 자랐습니다.

공부하기 싫고 노는 것이 재밌다고 외가 시골 논밭에서 신나게 뛰어 놀던 애가 세계 명문대에서 학자의 길을 걷고 있습니다.

요즘 영국 생활이 외롭고 힘들다고 가끔 징징거리지만 잘 해내리라 믿습니다.

셋째, 부자가 되었습니다.

공자님께서 '큰 부자는 하늘이 내리지만 작은 부자는 부지런하고 지혜로운 사람에게 온다' 라고 하셨습니다. 나는 그것을 믿고 고등학교 졸업 이후부터 직장을 그만두기 전까지 5시간 이상 자본 적이 거의 없을 정도로 부지런히 일했습니다.

결혼 후에도 성실하게 맞벌이를 하여 딸이 공부하는 데 지장을 초래하지 않을 정도로 경제력을 키웠습니다. 남편의 주식투자로 집 한 채를 날리고 휘청한 적도 있었지만 그 또한 잘 극복하고 부자가 되었습니다.

돈 많은 사람들은 '그 재산 가지고 부자라고 육갑하네' 콧방귀 뀌며 '웃긴다' 고 하겠지만 스스로 부자라고 생각하니 나는 부자입니다. 물론 시대의 흐름이 도와준 것도 있겠지만 스스로 열심히 일하고, 탈세 안 하고 부자가 되어 당당하고 행복합니다. 게다가 신혼 때 가난했다가 부를 이루었기에 부를 물려받은 사람들보다 더 뿌듯하고 행복합니다.

넷째, 한 분야의 전문가가 되었습니다.

'박사'

'거리에 빨래처럼 널린 게 박사다.' 라고 말하겠지만, 하고 싶었던 공부를 했고 부단히 노력하여 교육과 상담 분야에 전문가가 된 것이 자랑스럽습니다.

다섯째, 건강합니다.

팔삭둥이처럼 태어나서 온몸이 부실했었습니다. 어머니의 사랑과 오빠들의 보살핌이 없었으면 일찍 저승길 갔을 수도 있었습니다. 성장기에 늘 허약해서 빌빌거렸습니다. 빈혈로 휘청휘청했습니다. 40세 후반에는 뇌경색과 기립성저혈압으로 뇌진탕을 겪었습니다. 뇌진탕의 후유증은 나를 무능하게 만들었습니다.

그러나 이러한 어려움도 슬기롭게 잘 극복하여 똘똘해졌습니다. 예전에는 내가 똘똘하다는 것을 몰랐습니다. 말을 어눌하지 않게 잘할 수 있고 단어를 잃어버리지 않고 말할 수 있으니 똘똘하고, 사람들 얼굴을 기억해 낼 수 있으니 똘똘하고, 이렇게 글도 잘 쓰니 똘똘합니다.

건강을 되찾고 지난 시련에 감사하며, 마음에 여유를 갖고 내 재능을 필요로 하는 사람들에게 열심히 나눠 주고 있습니다.

나는 나쁜 팔자는 팔아버리고 결국 행복한 운명으로 바꾸었습니다. 나와의 싸움에서 이겼습니다. 행복한 승리입니다.

운명(運命)에서 운(運) 자의 뜻을 보면

- 옮기다
- 움직이다
- 가지고 놀다

그렇다면

– 내가 타고난 팔자는 옮길 수 있고

– 내가 내 운명을 자력으로 움직일 수 있다

어디 그뿐이겠습니까

– 내 운명을 내가 가지고 놀 수 있다

라는 말입니다.

사람들은 관념 속에서 운명은 붙박이로 생각하는데, 운명은 붙박이가 아닙니다.

이 글을 읽는 모든 분들이 운명을 잘 다스려 모두 잘 살기를 바랍니다.

자식을 성공시키고 자신도 성공하여 행복하고 다복하게 살기를 기도합니다.

꼬리말 1

딸은 결혼할 나이가 되었는데 결혼할 생각은 없고 공부만 더 하겠단다. 공부를 하고 싶어 하는 것이 아니라 필요해서 한단다.

중학교 때 한국말만 잘하면 되지 남의 말을 왜 배우냐고 따지던 아이가 영어 원서로 공부한다. 어릴 때 천자문을 외우게 하는 데 1년이 걸려도 되지 않아 포기했던 적이 있다. 지금은 언어에 관심을 가지고 스스로 원해서 도전하니 하루에 중국어 한 단원씩 진도를 나간다.

초등학교 때 피아노를 가르쳤더니 손가락이 아프다고 배우다 중도에 하차했다. 그러더니 지금 와서 투덜댄다.

"그때 다른 엄마들처럼 강제로 가르쳤으면 지금쯤 내가 좋아하는 노래들을 자유롭게 칠 수 있잖아. 스트레스 받을 때 피아노 치며 노래하고 싶어."

"지금이라도 배우지."

"시간이 없어."

"핑계야. 핑계. 너 미술학원도 밑바탕 색칠하면 손가락 아프다고 4개월도 안 되어 그만뒀잖아.

그런데 네가 필요하니까. 혼자서도 독학해서 프로그램 디자인을 하잖어."

딸은 한 번도 부모가 되기 위한 교육을 받아본 적도 없고 받을 생각도 없다.

다른 예비 부모들도 마찬가지일 것이다. 그래도 가르쳐야 할 사명이 있다. 왜냐. 내가 어벙하게도 그 과정을 거치면서 시행착오를 많이 겪었기 때문이다.

아이가 어릴 때도 하기 싫다면 몇 번이나 반복하여 왜 해야 하는지에 대해 설명을 하고 권유를 하다, 본인 생각이 확고하면 의사를 존중해 줬다. 이제는 클 대로 크고 자랄 대로 자란 성인이라 밀어붙이기식으로 교육하기는 힘들 것 같다.

내 지식과 경험을 글로 엮어 놓으면 공부도 자기가 원해서 할 때 능률이 오르듯이 자기가 필요할 때 읽어보리라 생각한다.

"헤이, 아가. 너 메일 왜 안 열어보지?"

"그것 열어볼 시간 없었어. 나 요즘 메일 체크 안 해"

"똥 쌀 시간 있지? 화장실에 앉아 있는 시간에 보면 돼."

"한 권 미리 써 놓으면 필요할 때 읽을게."

"엄마 성의를 무시하네. 따~알."

"그건 아니구. 아직 결혼할 남자도 없는데 뭘. 나 대신 세상 모든 딸들이 읽으면 되잖어."

"서른까지는 시집가야지."

"서른은 너무 빨라."

"노산으로 힘들기만 해봐라. 도와주지 않는다."

"내가 알아서 할게."

"좋아, 마음대로 해. 네가 데려오는 사윗감은 무조건 반대한다. 오케이."

"알았어, 읽을게. 읽어."

"하루에 보내는 분량 다 읽고 소감 써서 보내라."

"소감까지는 힘들어. 잘 읽고 실천할게요. 사랑해요. 엄마."

나도 결혼할 생각도 계획도 준비도 하지 않다가 3개월 만에 결혼 날짜를 잡았다.

딸도 마음에 준비조차 되어 있지 않은 나에게 갑자기 찾아왔다.

엄마가 되어 하루하루를 어찌 할 바를 모르고 뒤죽박죽 좌충우돌 시행착오를 거치며 딸과 같이 컸다는 느낌이다.

애가 애를 키워 애가 어른이 되니 나도 어른으로 성장한 느낌이다.

딸도 결혼에 관심을 두지 않고 있다가 어느 날 결혼을 하게 된다면 나처럼 아이 키우는 데 당연히 많은 시행착오를 겪게 될 것 같다.

일을 한다는 핑계로 그동안 엄마 노릇도 제대로 못했는데, 이 글을 읽게 함으로써 엄마 역할의 한 부분을 담당했다는 것만으로도 기쁨을 만끽할 수 있겠다.

25년을 어린이집과 유치원을 운영하며 대학 강의를 했던 경험을 바탕으로 딸에게 물려 줄 지침서를 써서 읽혔으니, 남편도 잘 골라올 것이며 임신도 신중히 생각해서 할 것이라 생각한다.

왜 이런 주장을 하는지 읽어 보고 한 번쯤 깊게 생각해보는 것도 좋을 듯합니다.

많은 분들에게 이 글이 도움이 되기를 소망합니다.

꼬리말 2

오늘도 영국에 있는 딸과 인터넷으로 연결된 무료 전화로 수다를 떤다. 시시콜콜 하루 일과를 물어본다. 정신연령이 나이에 비해 낮은 것 같은 딸이 명랑 발랄하게 종알종알 재잘재잘 잘도 얘기한다. 어릴 때나 지금이나 변한 게 없다. 멀리 떨어져 있어도 같이 생활하는 것 이상으로 서로의 생활을 시시콜콜 알 수 있다.

아들이었다면 엄마, 아빠와 대화에 재밌게 동참해 줄 것 같지 않다. 남편과 난 서로 전화기를 뺏어가며 딸에게 할 말이 많다. 딸은 대화가 잘 통하는 친구 같다. 장난기 많고 매사 긍정적인 모습은 아빠를 많이 닮았다.

"아가야, 뭐하노?"

우린 딸이 스물여덟이 되도록 아가라 부른다. 그렇다고 마마걸도 파파걸도 아니다. 조기 유학을 하고 박사 과정까지 외국에서 공부하느라고 1년에 절반 이상을 외국에서 보낸다. 그래서 독립심이 강한 딸이다.

"응, 아가는 삼겹살 구워먹고 논문 자료 수집하구 있~징."

영국과 한국은 시차가 있어 통화하는 시간이 낮과 밤이 교차하기도 한다.

"야아, 이 먹보야. 새벽 1시에 삼겹살을 구워 먹었다구? 소화를 언제 시키고 자니. 에이구, 쯧쯧쯧. 내장에 지방이 덕지덕지 붙어 똥배 나오시겠네."

"집에 와서 청소하고, 빨래하고 나니 12시야. 내일 입을 속옷도 없고, 집 안은 돼지우리 같구. 그래서 달밤에 힘 좀 썼더니 배가 고프자너. 이번 달까지 논문 40,000자를 써야 해서 어차피 공부도 좀 더 해야 해. 금방 안 잘거야."

"가능한 빨리 자라."

"시러~어~용. 소화 시키라메."

휴일에는 영국에 정착한 한국인 집에 초대받아 외롭지 않게 지낼 것이니 걱정하지 말라고 한다. 어떤 분들인지 절하고 싶다. 고맙고 고맙다.

아빠에게 내일은 한국 겨울 날씨가 영하 17도까지 내려간다고 혈관 수축하지 않게 옷 따뜻하게 입고 출근하라며 챙긴다.

카카오톡에서 웃고 있는 뽀롱이(4살 된 강아지)가 살이 많이 쪄서 다리 관절이 걱정된다며 다이어트 시키라고 한다.

엄마도 행복한 하루 일과를 설계하라고 조언도 한다.

엄마 배가 많이 나왔다고 다음에 만나면 수영 다니자고 한다.

직장도 그만두고 할 일이 없어 심심한데 시간을 재지도 않고 주저리 주저리 같이 떠들어 주는 딸이 있어 행복하다. 둘이 대화를 하다 보면 유전적으로 모녀에게 푼수 기질이 있음을 알게 된다. 붕어빵 같은 모녀의 푼수 대화 중, 내 붕어빵 속에는 고지식한 팥만 들어있고 딸의 붕어빵에는 기발한 생각을 곁들인 다양한 소가 들어 있다. 그래서 대화가 더 재밌다.

지금도 서로 떨어져 있지만, 아기 때도 맞벌이를 하느라고 딸을 자주 외가와 외숙모 댁으로 보내야 했다. 아기 때부터 부모와 많이 떨어져서 살아야 했던 딸을 생각하면 눈물이 핑 돈다. 어릴 때부터 어떤 상황이라도 잘 이해했다. 엄마를 위해 재밌게 장난기를 발휘하며 의젓한 척하지만 여린 마음을 가진 딸이다.

외국에서 혼자 독립적인 생활을 많이 하다 보니 살림도 엄마보다 고수다. 부엌에 들어가면 뚝딱 요리를 해서 식탁을 차린다. 요리 솜씨도 좋다.

초등학교와 중학교 때 공부를 왜 해야 하냐고, 공부하기 싫다고 하던 아이였다.

시험을 앞두고 문제지를 사주면 한 권 모두 답지를 보고 올 100점 처리하던 아이였다.

시골에서 논과 밭, 산과 바다에서 열심히 노는 데 최선을 다하던 딸이었다.

코미디언이 되어 사람들을 재밌게 해주는 사람이 되겠다고 엉뚱한 발상으로 웃기곤 했었다.

공부와 담쌓고 살던 아이가 고등학교 2학년 때부터 공부를 해야 할 것 같다고 선언을 하더니 세계적으로 명성 있는 대학교 5군데에 장학생으로 합격했다. 그러고는 지금까지 시키지 않아도 공부는 꾸준히 잘한다. 꾸준히 하긴 하는데 열심히는 하지 않는다. 이것저것 관심사가 너무 많다. 그리고 집중하는 시간이 짧다. 집중력이 짧아 화끈하게 공부하고 신나게 논다. 목표를 향해 서두르지 않고 거북이처럼 쉬엄쉬엄 걸어서 완주한다. 그것이 특기다.

밥도 천천히 느긋하게 먹고 잠도 늘어지게 잔다. 별명이 '잠신'이다. 어릴 때 차에 태우면 뒷좌석에서 골아 떨어져 아무리 장거리를 가도 보채는 일이 없었다. 그래서 차에는 베개와 이불이 늘 준비되어 있었다. 만사가 느긋하다 보니 남자 사귈 생각도 느긋한 것 같다. 나이는 먹어 가는데 결혼할 생각도 하지 않는 것 같다. 올해 크리스마스도 방콕해서 중국어 회화를 익혔다고 한다. 저러다가 남들이 셋째 낳을 때 첫 애를 낳을 것 같다.

꼬리말 3

"흠흠, 난 지금 엄마 노릇을 참 잘하고 있지."

"응. 그것은 인정."

"할머니 노릇도 잘할 것 같지."

"그건 불인정."

"뭐야, 너를 키우며 많은 시행착오를 한 것을 바탕으로 손자 손녀들은 잘 키울 수 있을 것 같은데. 직장생활로 바빠 너는 잘 챙기지 못했지만 지금은 시간이 남아도니 경험을 살려 손주는 잘 키우겠지."

"엄마는 손자 손녀가 예뻐서 잘못된 행동을 바로 교육하기보다는 쭉쭉 빨 것 같은데요. 애들이 버릇없어도 그저 '어이구 이쁜 내 강아지들. 이뻐, 이뻐' 하며 교육은 뒷전일 것 같은데, 맡겨도 될까요. 오~ 호호호."

"내가 전문가인데 애들한테 그러겠냐. 교육은 교육이지."

"뽀롱이 입양해서 키우는 것만 봐도 손주를 버릇없이 키울 것 같네요. 제게는 엄하던 엄마가 뽀롱이한테는 한없이 약해져 뽀롱이가 우리 집에서 서열이 제일 높잖아요.

버릇없는 뽀롱이, 자기만 아는 뽀롱이, 삐침이 뽀롱이, 심술쟁이 뽀롱이, 재패질 해 놓고 엄마 뒤에 숨는 뽀롱이.

손주가 뽀롱이 서열보다 더 높아질 것 같은 예감. 히히히. 제 생각이 적중할 것 같습니다요."

그럴 것도 같다. 남의 자식은 객관적인 입장에서 판단하고 상담을 해 주는데 내 자식은 언제나 주관적이었다.

다른 집 아이들은 현명한 기준점을 세워 교육을 한 반면 내 아이는 지·덕·체 모두 갖춘 천재가 되어 주기를 내심 바랐던 것 같다.

손주가 생기면 객관적인 교육을 못할 것도 같다.

이성을 잃고 마냥 좋아할 것도 같다. 아이들에게 아부하는 할머니가 되기 위해 버릇없는 행동도 질끈 눈을 감고 감싸줄 것 같다.

가끔은 못 이기는 척 불량식품도 사서 같이 먹을 것 같다.

온갖 심술을 부려도 몽땅 예뻐 보일 것 같다.

까짓것 교육전문가 사표내고 시골 할머니로 임명받아 신나게 동심으로 돌아가면 되지 뭐.

생각만 해도 즐겁다.

여기까지 꼼꼼히 글을 읽어오신 독자님께
결혼면허증을 발급합니다.

결혼면허증

대상 : 결혼을 준비하고 있는 예비 부부
임신을 준비하고 있는 예비 부모
자녀교육에 진땀 흘리고 있는 부모
주소 : 대한민국
갱신 : 책을 통해 알게 된 내용에 공감하고
실천할 수 있을 때

가정문제로 인해 삶이 어렵고 혼란스러울 때
이 증의 소지 사실을 떠올리시길 바랍니다.

『대박! 결혼면허증 쉽게 따기』 저자 인당 **박 경 희**